「九州・沖縄縦断
徒歩の旅絵日記」

長坂 清臣
Kiyoomi Nagasaka

文芸社

はじめに

東京の日本橋から歩き始めて、「中山道六十九次徒歩の旅」、「西国街道・山陽道徒歩の旅」を終えて、九州の小倉まで到達しました。次に目差すのは「九州・沖縄縦断徒歩の旅」です。私は街道歩きを兼ねて「日本縦断徒歩の旅」をしているので、本来なら薩摩街道を歩き通して鹿児島まで行くのが正攻法な歩き方だと思います。しかし私は長崎街道を歩いて長崎まで行き、それから天草と長島を経由して出水で薩摩街道に合流して、鹿児島へ行くルートを選びました。その理由は3つあります。最初の理由は、長崎街道を歩き通したいと思ったからです。江戸時代は長崎が外国へつながる唯一の場所でした。そのメインルートは、日本橋から始まり、東海道又は中山道、西国街道、山陽道、そして長崎街道です。当時は外国の技術や医療、文化を学ぶために、たくさんの人達がこの道を歩きました。私もその仲間に入りたいと思いました。二つ目の理由は、時刻表を見ている時、長崎から茂木まで歩けば、茂木港から天草にフェリーが出ていることを知り、天草を歩いて縦断すると、牛深港から長島へもフェリーが出ていることに気が付きました。さらに長島からは、黒之瀬戸大橋を歩いて九州本土の出水に行くことができます。この出水は薩摩街道の宿場なので、ここからは鹿児島まで街道歩きを楽しめます。そして最後の理由ですが、天草では江戸時代のキリシタンの歴史を知ると共に、おいしい魚をたくさん食べられると思いました。私は刺身が大好きだからです。「徒歩の旅」をしているので、フェリーは使わないで歩いて行きたいのが本音ですが、今回のルートの選択も私らしい旅だと考えました。所詮、北海道から青森県の間には津軽海峡があり、歩いて渡れません（北海道新幹線が開通する以前は青函トンネル内を歩くツアーがありました）。また、九州から沖縄へ行く時も同様です。

さて、その沖縄です。「日本縦断徒歩の旅」なので、当然沖縄も歩きます。今回の旅をするまで、私は沖縄に一度も行ったことがありませんでした。沖縄にはたくさんの島々がありますが、その代表として沖縄本島を歩くことにしました。私は仕事や遊びを通して日本中の都道府県に行きましたが、唯一、訪問及び宿泊をしていないのが沖縄県でした。今回の沖縄の旅では、どこかの外国にでも行く気がしました。そして、飛行機の窓から沖縄の島々を囲むエメラルドグリーンの海を見た時、来てよかったと思いました。海岸線に沿って歩くので、素晴らしい景色を近くで見ることが出来ると確信しました。

今回の「九州・沖縄縦断　徒歩の旅絵日記」はデジカメやスマホは持たないで、手帳とシャープペンシルをたよりに、ゆっくりと歩き続けた旅の記録です。あらゆる分野でデジタル化、スピード化していく世の中に対して、逆行しているようなアナログ的な旅です。しかし、スケッチをするために立ち止まって観た光景は、いつまでも私の記憶に残っています。このじっくり観察して、その時に何を思ったのか記録するのが私の旅のスタイルです。時代遅れかも知れませんが、まだまだこのスタイルで旅を続けていくつもりです。

今回の旅では行く先々でたくさんの人から親切を受け、面白い話を聞かせていただきました。ここにお礼を申し上げます。

九州・沖縄縦断 徒歩の旅絵日記 目次

九州縦断 徒歩の旅

■長崎街道

沖縄本島縦断　徒歩の旅

九州縦断　徒歩の旅

小倉から長崎街道を通り、天草・長島を経由して薩摩街道、
佐多街道を歩いて佐多岬まで。

九州歩程地図一覧

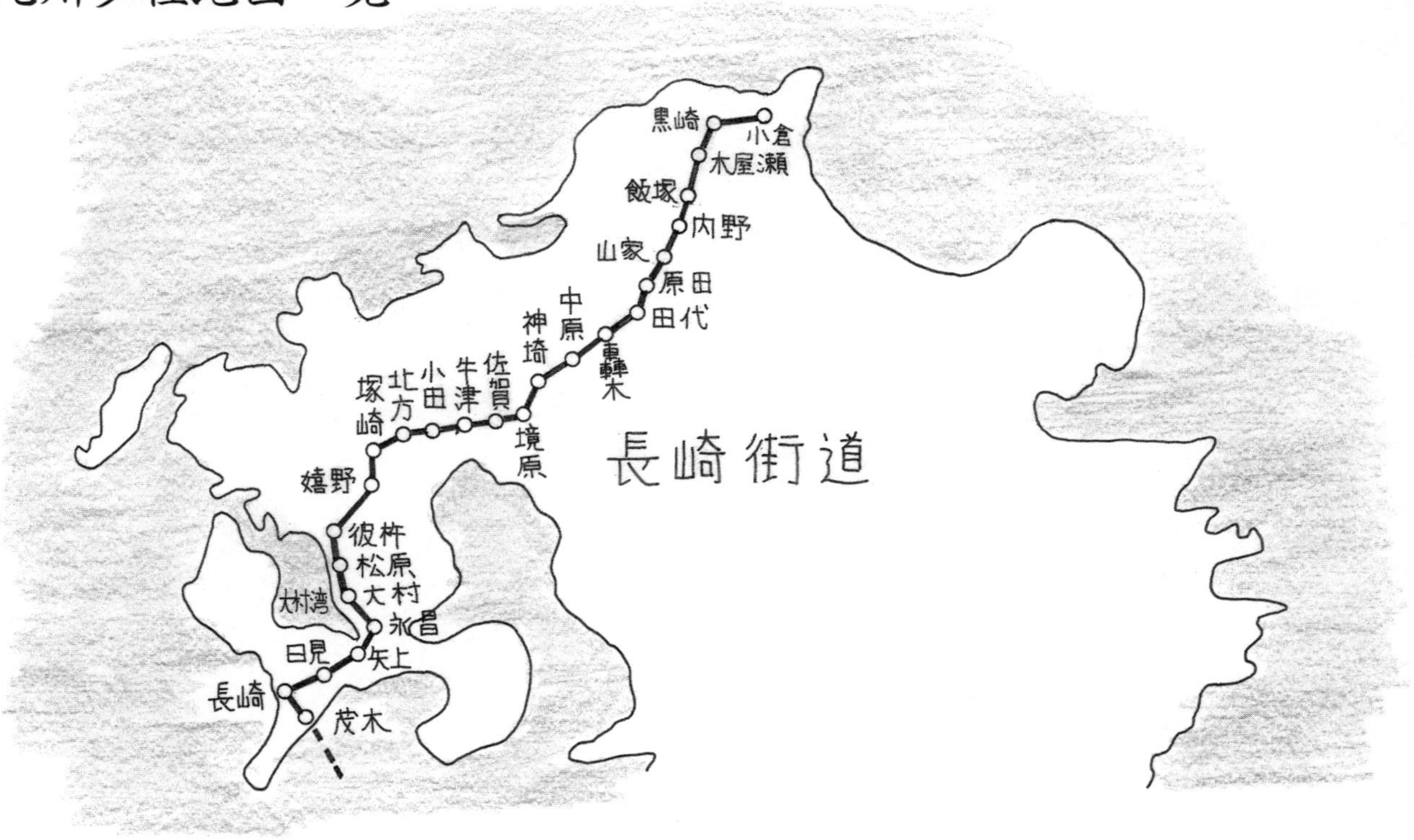
長崎街道
小倉
黒崎
木屋瀬
飯塚
内野
山家
原田
田代
轟木
中原
神埼
佐賀
境原
牛津
小田
北方
塚崎
嬉野
彼杵
松原
大村
永昌
矢上
日見
長崎
茂木
大村湾

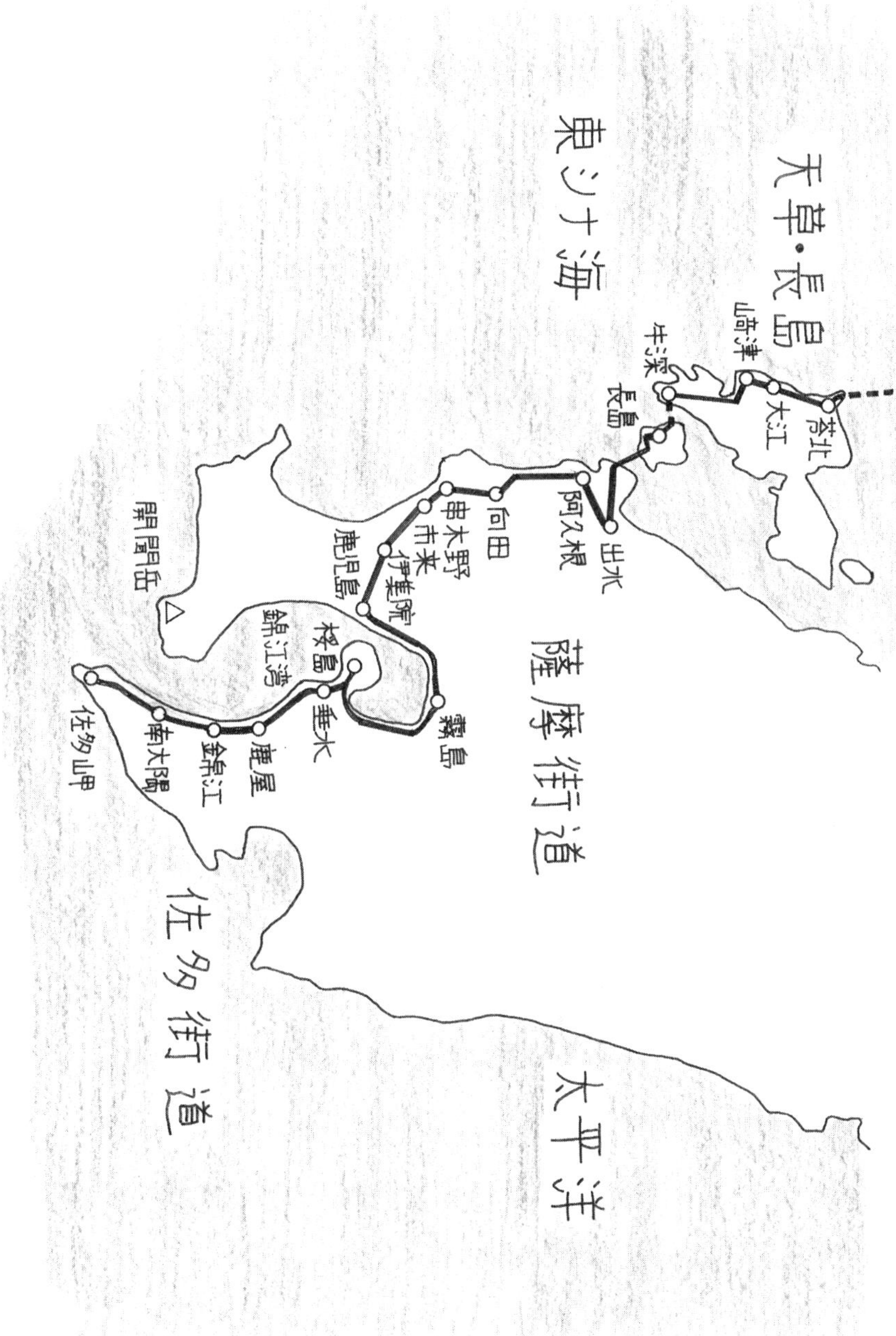
天草・長島
東シナ海
崎津
牛深
長島
大江
苓北
出水
阿久根
向田
串木野
市来
伊集院
鹿児島
開聞岳
桜島
錦江湾
霧島
垂水
鹿屋
錦江
南大隅
佐多岬
薩摩街道
佐多街道
太平洋

1　小倉

小倉　常磐橋

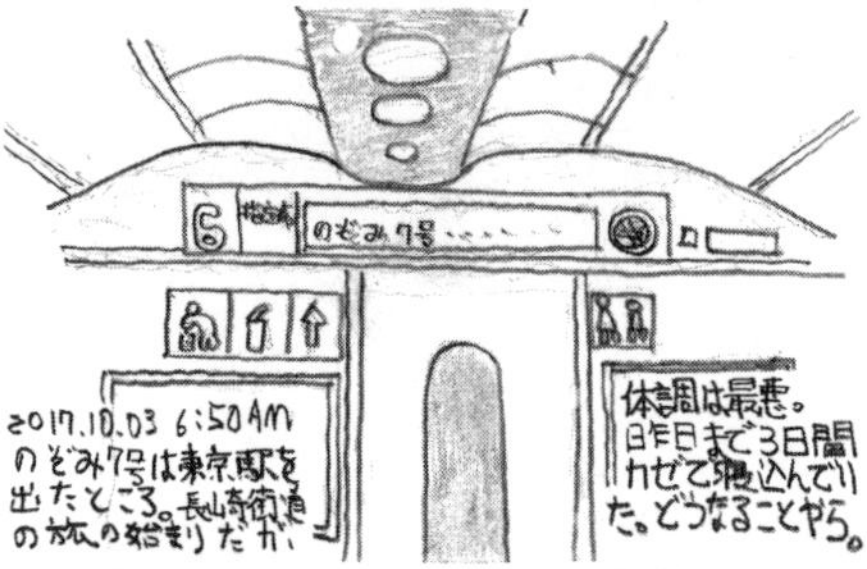
のぞみ7号
2017.10.03 6:50AM
のぞみ7号は東京駅を出たところ。長崎街道の旅の始まりだが、
体調は最悪。昨日まで3日間かぜで寝込んでいた。どうなることやら。

2017.10.03 13:20
常盤橋を渡った。長崎街道の旅が始まった。
長崎街道

小倉

２０１７年10月3日〜4日

長崎街道の旅が始まった。松本清張記念館で「砂の器」のビデオを観た。巡礼姿の親子に自分の姿が重なり、少し泣けた。

今日から「九州縦断徒歩の旅」の始まりだ。６月に「西国街道・山陽道徒歩の旅」をして小倉まで来たので、その続きである。しかし体調が最悪だ。３日前から風邪をひいて、毎晩寝汗がひどかった。それに1ヶ月前に痛めた右膝がまだ回復していない。しかし宿の予約は既に完了しているので、今更延期はできない。この様な事で旅を止めていては、最終目標の「日本縦断徒歩の旅」は達成できるはずがないのだ。行けるところまで行ってみようとの覚悟で家を出た。小倉までは新幹線を利用した。小倉駅近くの食堂でざるそばを注文したが、食欲がなくやっとの思いで食べ終えるような有様だった。泣き言と不安を抱えての旅となってしまった。

2017
10.03
15:50
松本清張
記念館
に寄る。
2階の
書斎を
見ている。

長崎街道の旅の始点は小倉の常盤橋。下を流れるのは紫川で、木造の風格がある太鼓橋だ。案内板によると伊能忠敬も通ったとのこと。そして橋を渡ると、今度は長崎街道を紹介した案内板があった。それによると、この橋は江戸時代に小倉から九州各地にのびる諸街道の起点・終点だったとのことだ。体調不良でも長崎街道を前にして気合いが充実してきたが、今日の宿泊は小倉なので勢い込むのはまだ早い。

最初に小倉城公園内にある八坂神社で今回の旅の安全を祈願する。次に松本清張記念館へ行った。見応え十分の施設で、膨大な作品と資料がすごい。映画になった作品のビデオが流れていて、「砂の器」に出演していた丹波哲郎や加藤剛が懐かしかった。戦後の混乱した時代を背景に、病気に対する差別や出世欲、親子の絆をテーマにした作品だ。何回か観た映画だが、病気の父親と子供が巡礼の旅に出た姿が、今日から旅を始める体調の悪い私と重なり少し泣けてきた。旅の初日から気弱な私であった。

この日は小倉泊まりにしてよかった。とても歩いて旅ができる状態ではなかった。ホテルでは夕食付のプランを予約していたが、食欲は全くでない。それでも、ついビールを注文してしまった。ビールの味が非常に苦く感じたことからも体調が悪いのがわかる。部屋に戻ると風邪薬を飲んで20時に寝た。咳をすると頭が痛い。やはり小倉は暑いのだろうか。それとも熱があるせいか分からないが体が熱く感じる。エアコンをつけて寝ることにした。それにしても、一年で一番気候がよい時期を歩くつもりでいたが、これでは我ながら実に情けない。窓から外を見ると、仕事を終えた人達が元気に通りを歩いている。私だけが世の中の活動から取り残されているようだ。

翌朝は5時半に起床。頭痛はしないが咳が治まらない。何とも先行きが危ぶまれる旅の出だしとなった。どうなることやら。

2　八幡

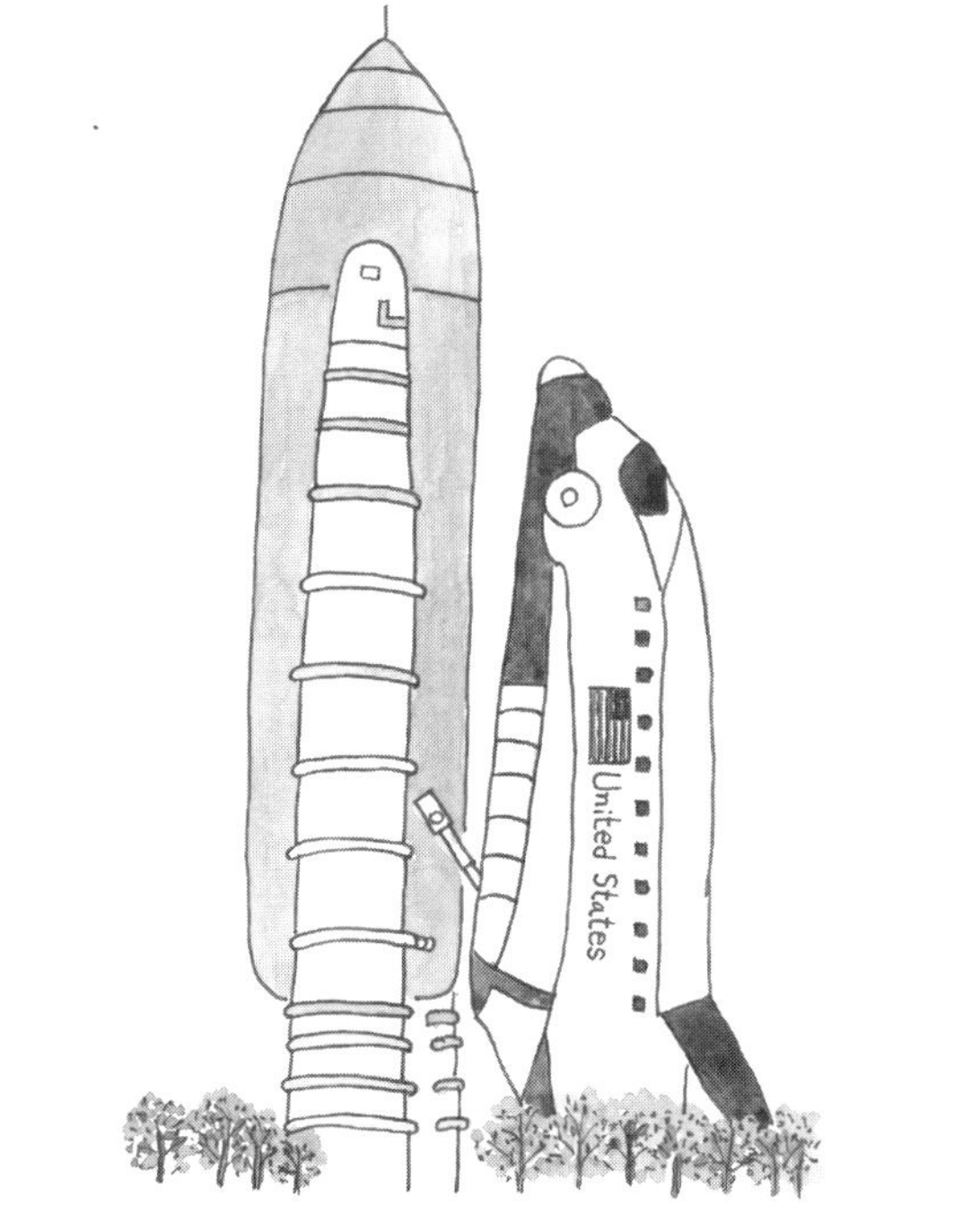

八幡　スペースワールド　スペースシャトルの展示

八幡

スペースシャトルの展示を見た。私も今、旅に飛び立つところだ。準備完了。点火！

2017年10月4日

2017.10.04 9:10 清水小学校横
黒崎に向っている。長崎街道の
プレートが埋め込まれている。

昨日は早く寝たにもかかわらず体調はよくない。今日は黒崎宿泊まりで、歩く距離は約13kmと短いのが救いだ。宿泊の手配調整で、このようなスケジュールを組んだが、それが幸いした。いくら体調不良でも普通に歩くと午前中に着いてしまうのでゆっくり歩いた。道には長崎街道を示すプレートが埋め込まれているので分かりやすい。

八幡にスペースワールドがあるので立ち寄る。そこに実物大のスペースシャトルがあった。近くで見ると本当に大きい。この施設は年内で閉館とのことで、このスペースシャトルも引き取り手を探していると新聞が報じていた。そう言えば、本物のスペースシャトルは現役をしりぞいている。この展示物は益々貴重なものになると思うのだが。「27年ありがとうございました」との貼り紙がある。この日は平日だが入場者はけっこういるようだ。私は映画スターウォーズの影響で、このような宇宙物の施設が大好きだが、体調不良で入場する気になれない。入場すると限られた時間で、急いで施設内を見学して廻らなければならないので疲れるからだ。今はその体力気力共にないのが情けない。この時の私は息が切れて、早く近くのＪＲスペースワールド駅の日陰で休みたいと思っていた。

スペースワールドの近くには、八幡製鉄所跡地の展望スペースがあるので寄ることにした。レンガ造りの事務所を遠くに見ながら、係の方が丁寧に説明をしてくれた。昼食を食べるのに適した海に面した公園まで紹介していただいた。時々大きな船が入港することもあるらしい。そこで海を眺めながらおにぎりを食べていると、突然大きな水音がしたので驚いた。思わず振り向くと、近くでミサゴが海に飛び込んで魚を捉えた瞬間だった。足に魚をしっかり捕まえて飛んで行った。私など全く眼中にない大胆さだ。体調の悪そうな私を上空から見て、警戒する必要がないと見透かしたのだろう。

2017、10.04 12:30 新日鉄住金八幡泊地
海を見ていたら
ミサゴがダイブをして
魚をとらえた。
いきなりのことで
おどろいた。

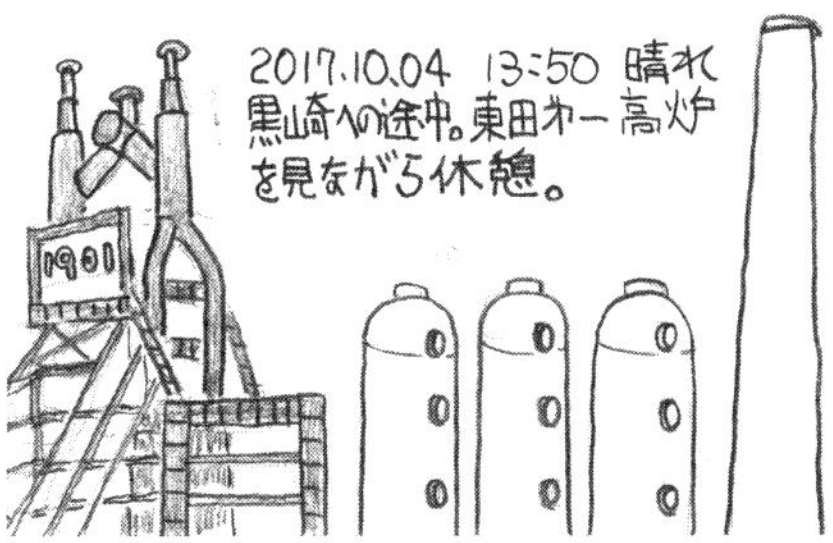
2017.10.04 13:50 晴れ
黒崎への途中。東田第一高炉
を見ながら休憩。
1901

公園の近くには東田第一高炉跡がある。明治34年（１９０１年）に創業の施設で、１９０１の数字が掲げられている。パンフレットによると、この高炉は日本最初の高圧高炉として建設され、今日の超高圧高炉時代の先鞭をつけたとのこと。明治時代は「鉄は国家なり」の時代だった。北九州は製鉄、製鋼、造船、石炭産業が揃い、当時の賑わいが目に浮かぶようだ。

3　黒崎宿

黒崎　十五夜　中秋の名月

2017.10.04
15:10
黒崎の常夜燈
長崎街道最初
の宿場に着いた。

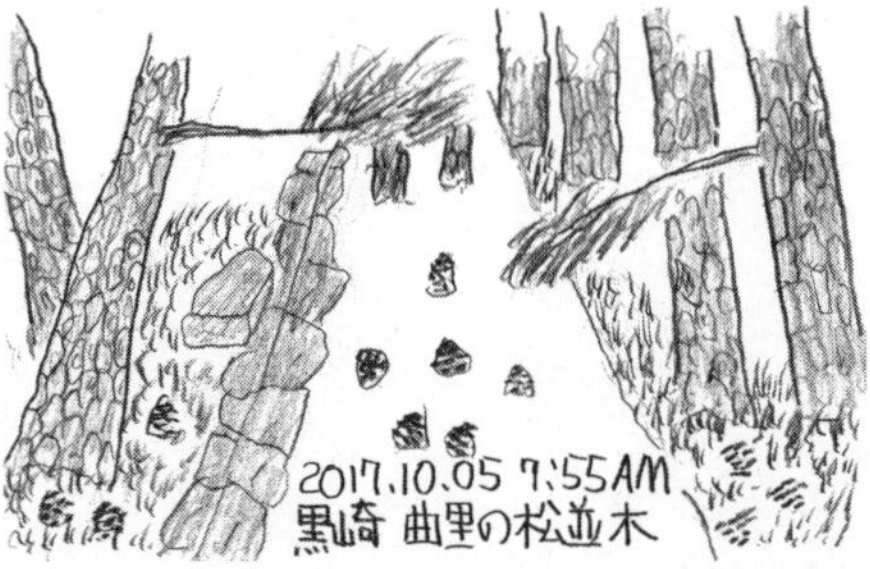
2017.10.05 7:55AM
黒崎 曲里の松並木

黒崎

２０１７年10月4日～5日

この日は十五夜。黒崎宿のホテルの部屋から見た中秋の名月は大きかった。群青色の空に包まれて浮かんでいた。

黒崎宿は長崎街道最初の宿場である。常夜燈などを見ながら、16時前にJR黒崎駅近くのホテルに到着した。相変わらず体調は良くない。歩いた距離は短いが、やっとたどり着いたというのが正直なところだ。右膝も痛み出した。それでも頑張って洗濯をし、乾燥を待つ間に、今日のスケッチの仕上げをした。

この日は「中秋の名月」で、月が大きく見えるとテレビのニュースで報じている。風呂からあがるとホテルの窓から月がよく見えた。確かに普段の満月より2割くらい大きく見える気がする。それをさかなにビールを飲み始めたが、風邪はまだ治っていないようで、ビールが苦く感じられ半分残した。ビールの味で私の体調具合がわかる。月は黒い山の上に浮かび、群青色の空に包まれたこの月のおかげで、黒崎宿の夜は印象深いものになった。

翌日、風邪はだいぶ回復したようで、ホテルを7時40分に出発。20分程歩くと「曲里の松並木」に到着。松並木の下には松ぼっくりがたくさん転がっている。ここは江戸時代、幕府が街道に松や杉を植樹させた名残である。江戸時代後期の狂言師「大田南畝」は「坂を下る赤土の岸あり。松の並木の中をゆく坂を上り下りて、又坂を下りゆけば左に黒崎の内海見ゆ。」と紀行文に描写している。「大田南畝」の狂歌に「世の中は酒と女が敵《かたき》なり。どうか敵にめぐりあいたい」がある。この様な粋な人と同じ場所に立つことができたのは嬉しい限りだ。海は見えないし、周りに女性は一人も歩いていないが、静かでいい感じの松並木だった。

4　木屋瀬宿

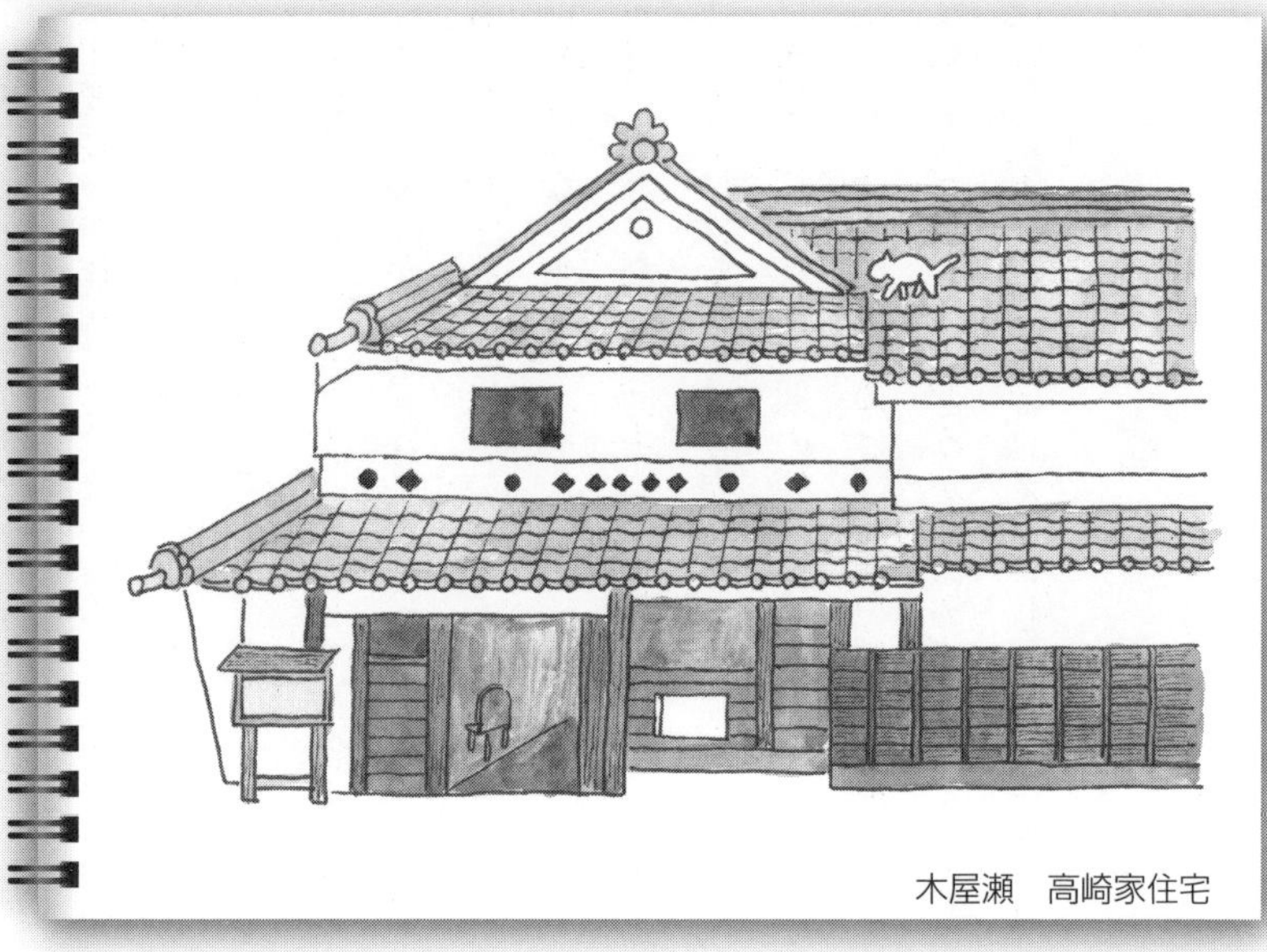

木屋瀬　高崎家住宅

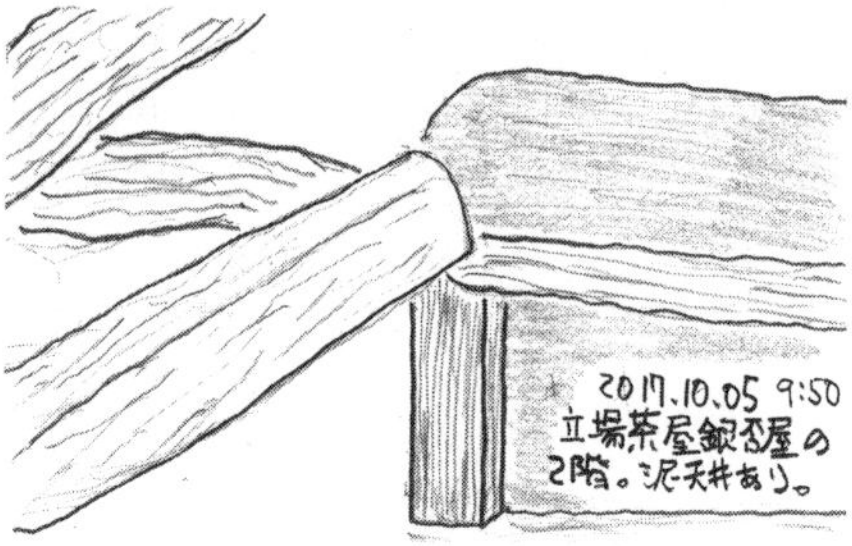
2017.10.05 9:50
立場茶屋銀杏屋の
2階。泥天井あり。

こやのせ座
2017.10.05 11:15
木屋瀬宿
こやのせ座の前で
休憩

木屋瀬

2017年10月5日

木屋瀬宿では古い建物が次々と現れた。高崎家住宅の雨戸を回転させて戸袋に納める工夫には感心させられた。

木屋瀬宿に向け歩いて行くと、「立場茶屋銀杏屋」という古い民家があった。街道筋らしい感じのする建物なので見入っていると、中で働いている人から声をかけられ、お茶を出していただいた。ちょうど開館したところのようだ。この建物は座敷の天井裏が土で塗り固められているとの説明を受けたので、階段を上がって中二階をのぞいてみた。曲がった梁が露出していて、梁と柱に囲まれた一部が土で覆われている。この立場茶屋は一般の旅人ではなく、大名の休憩所として使われたとのことだ。座敷で休憩する大名が、天井からの攻撃を防ぐための工夫かと思ったが、保温をよくするためではとのことだった。伊能忠敬もここに寄ったらしい。そしてここに来るには、大名でも籠を降りて急な石段を上がってきたとのことだ。私が長崎街道を歩いている旨を伝えると、明日の天気は雨なので、冷水峠を越えるのは大変だろうとのアドバイスをいただいた。私も今回の旅では、冷水峠を通過する時に雨だけは避けたかったが、その望みは無理なようだ。この「立場茶屋銀杏屋」を出て木屋瀬宿方面に歩いて行くと、確かに急こう配な石の階段があった。昔の面影を感じながら階段を下りて行った。

木屋瀬宿に入ると古い建物がたくさん現れてきた。やはり街道はこれでなくてはいけない。「こやのせ座」の中庭で休憩した後、近くにある「みちの郷土資料館」に入った。そこでは郷土の看板や歴史が紹介されていた。入手した木屋瀬宿の案内図を見ていると、外国人がパイプをくわえて歩いているイラストがある。やはり長崎街道は江戸時代、外国に通じていた道だった。スタンプを押すと「木屋瀬宿投宿」と書かれているではないか。私の気持ちもおおいに盛り上がる。木屋瀬宿からは昔の街道筋の雰囲気が十分に伝わってきた。もっとも私は昔の街道を知らないので、かなり無責任な言い方ではあるが。

2017.10.05 12:50 遠賀川横を歩く。
昼食を食べたいのだが店がなくてまいった。

高崎家住宅という大きな建物があった。形の良い建物なのでスケッチをしていると、屋根の上を白猫が歩いて行った。このような偶然の出会いは楽しい。パンフレットによると、天保6年（1835年）に建てられたとのこと。中に入ると土間が吹き抜けになっていて、上部には明かり取りの窓があり、私のあこがれの空間構成だ。このような家に一度住んでみたいものだ。建物の入隅や出隅では雨戸を回転させて戸袋に収める工夫が面白い。それに箱階段がいかにも昔の町屋を感じさせる。この建物は江戸時代末期の代表的な宿場建築として極めて貴重とのことだ。

木屋瀬では昼食を食べる予定でいたが、食堂が見つからないので歩き続けることになってしまった。遠賀川沿いを歩くが、13時頃になるとあまりに腹が減ってきた。長崎街道をはずれて、菜の花大橋を渡りコンビニでおにぎりを購入して、やっと一息つく。歩き旅では昼食抜きで行動はできないことを思い知らされた。その後、長崎街道に戻りＪＲ直方駅近くの商店街を歩いたが、ここにも古い建物が多数残っていた。地図を見ると近くに「石炭記念館」がある。北九州は炭鉱の地なのだ。北海道の炭鉱の町に生まれた私としては是非寄りたかった。しかしＪＲ筑豊本線を横断しなくてはならないので、遠回りになると思い行くのは諦めた。体調不良が続いている

木屋瀬　遠賀川

せいか、積極的な気持ちが湧いてこない。

　長崎街道は遠賀川と筑豊本線に沿って続いている。遠賀川のほとりの草地には牧草用の草のロールが転がっていた。牛は見えないが近くに牧場があるのだろう。のどかな景色を見ながら歩き、JR勝野駅に着いたのは2時半。ここで休憩をした。体力はまだ回復していないようで、かなり疲れてぐったりした状態だった。次の飯塚宿はまだ遠い。

5　飯塚宿

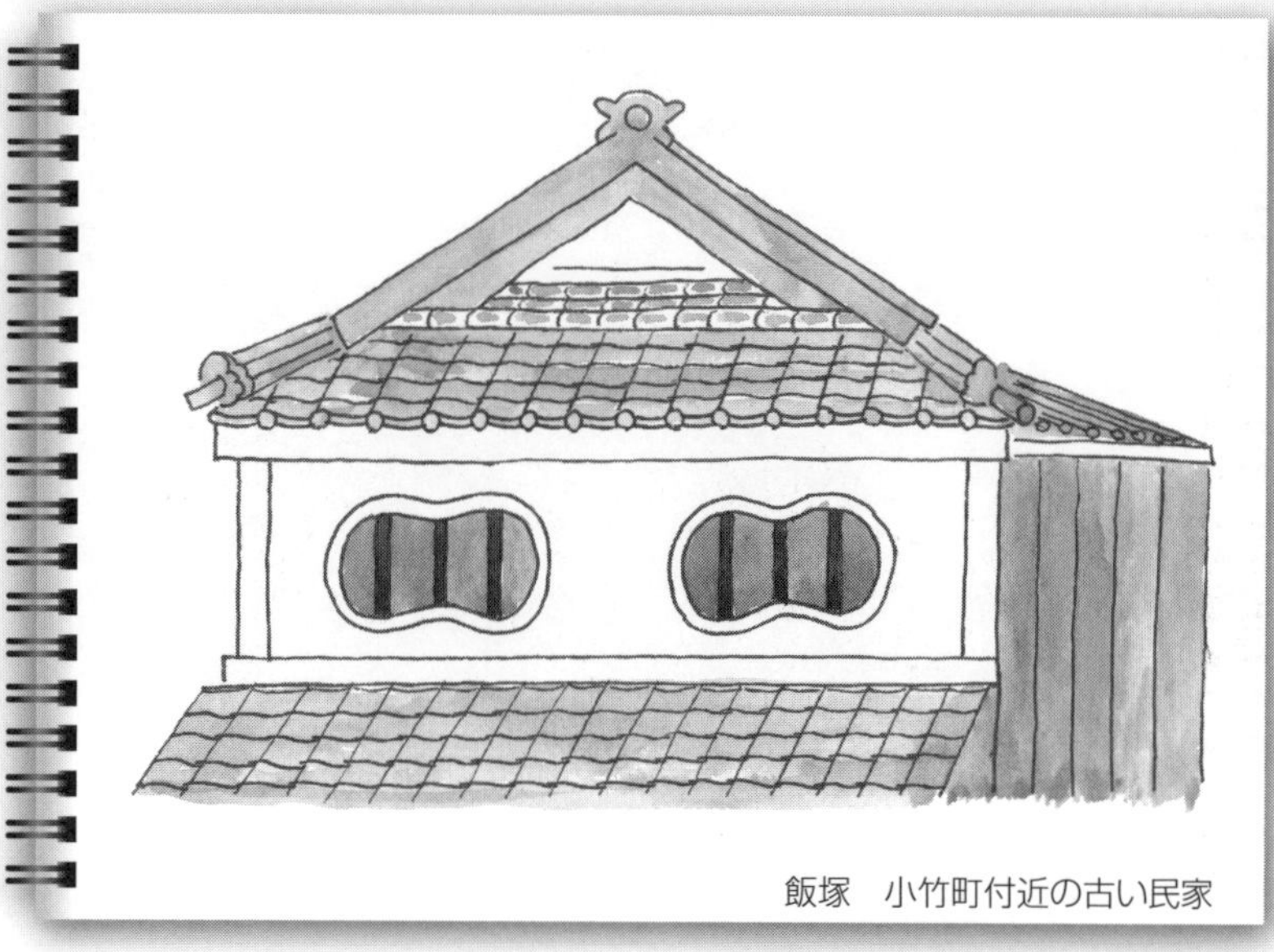

飯塚　小竹町付近の古い民家

2017
10.06
7:15
飯塚の
アーケード
街を歩く。
長崎街道 飯塚宿
史跡
恵比須石跡

飯塚

2017年10月5日〜6日

すごい雨の中を歩き、アーケードに入って一息ついている時、「長崎街道飯塚宿」の看板に象の絵が描かれているのを見つけた。江戸時代、異国へとつながっていた唯一の街道だと改めて実感した。

飯塚宿への途中で通った小竹町にも古い民家があった。もう16時で陽もだいぶ短くなってきたので、宿に急いだ方がよいのだが、疲れていたので休憩する。見ている民家は窓が変わった形をしている。今はこのような窓は作れないだろう。他にも旧家があり、楽しい気分で歩いて行くと飯塚の市街地に入った。途中で夕食を購入して、宿泊するホテルに着いたのは18時。今日は本当に疲れた。スケッチの仕上げを終えてから風呂に入った後に飲んだビールは旨かった。だいぶ体調は良くなっているようだ。私にはビールが体調を確認するバロメーターである。

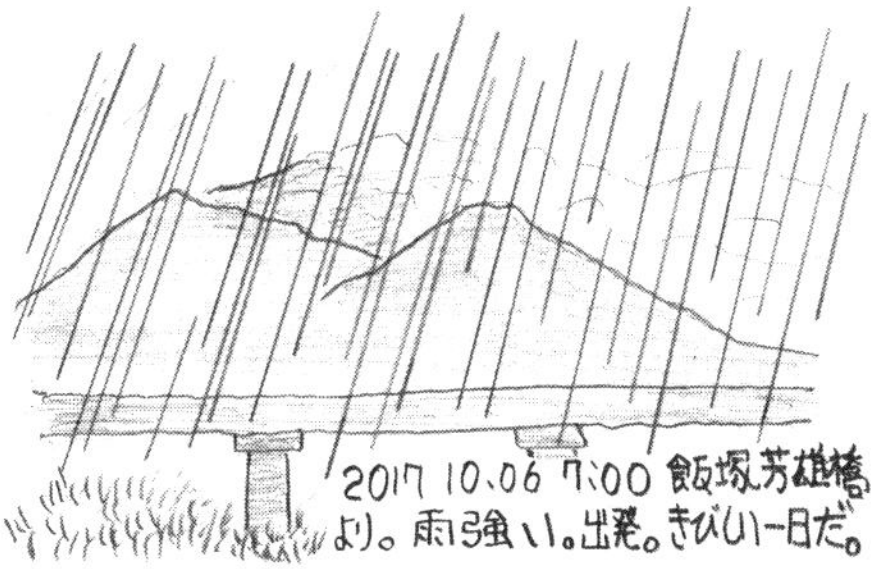
2017 10.06 7:00 飯塚芳雄橋
より。雨強い。出発。きびしい一日だ。

翌日は4時半に起床。朝食付のプランではないので、昨日購入したカップラーメンを食べる。天気予報通りで朝からすごい雨だ。今回の長崎街道の旅では次の内野宿と、そこから越えて行く長崎街道一番の難所である冷水峠を通る道が、一番のハイライトだと思っていた。それが今日である。残念な天気だがやむを得ない。この様な時でも、旅の楽しみを見つける力が私にはあるはずだ。体調が良くなったせいか、考え方が前向きになってきた。俺の旅の実力を見せてやるぞ。

6時半にホテルを出発する。いきなりすごい雨の中を歩く。芳雄橋を渡る時は、遮るものがないので風も強烈だった。きびしい一日になりそうだと覚悟した。

橋を渡るとアーケードがある商店街に入った。雨を避けることができるのであありがたい。このアーケード通りが長崎街道のようで、象の絵がある看板がたくさん目に付く。昔、外国から象が来て長崎街道を歩いたのだろう。当時の人々は驚いただろうが、遠い異国の地にやって来た象がかわいそうな気がした。以前、中山道を歩いて伏見宿に来た時、商人に連れられて江戸に行く駱駝の記録を思い出した。あの駱駝もこの道を歩いたのだろう。見知らぬ土地でひとり旅をする自分に象と駱駝の姿が重なる。悪天候のせいか、気弱になることばかりが思い出された。やがてアーケードも終わり、穂波川に架かる徳前大橋を渡る頃には、風雨が益々ひどくなってきた。

しばらく住宅街の中を歩いて行く。通学路なのだろう。傘をさした小学生達と共に歩く。分岐点を見落とさないように歩くので、頻繁に地図で確認をするが、取り出す度に地図に雨がかかり破れそうになってきた。万一、持参の地図が使えなくなったら、私の旅は先へは進めない。私の歩く旅で一番大切なのは地図だ。拡大コピーした道路マップだが、枚数が多いので一部しか持参していない。もし突風などでこの地図が飛ばされたら旅を続けることができないので、私はその時点で旅を中止する覚悟で歩いている。その地図を傷つける雨は難敵だ。地図を雨具の中にしまい、ファスナーをしっかり閉めて歩き続けた。

6　内野宿

内野　国道200号線

2017.10.06 10:00 内野宿へ向っている。
老松神社で雨宿り。

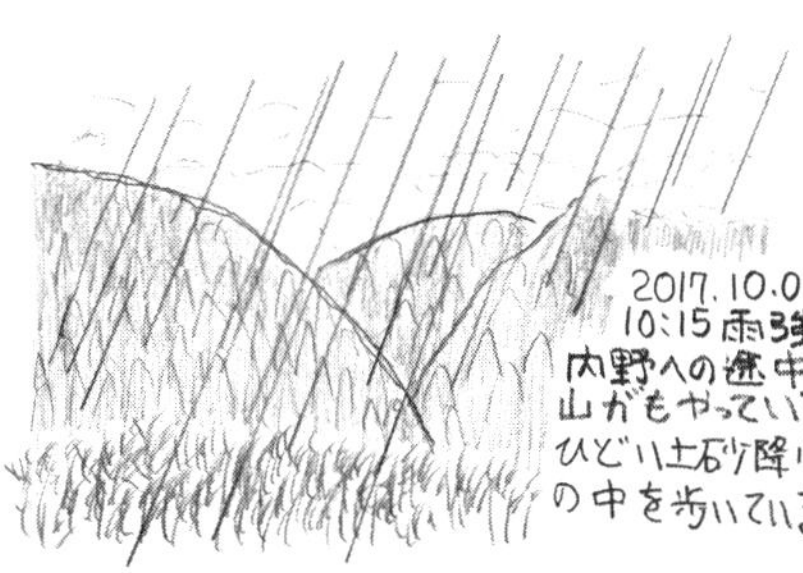
2017.10.06
10:15 雨強烈
内野への途中。
山がもやっている。
ひどい土砂降り
の中を歩いている。

内野

土砂降りの中、歩道は池の様になっていた。
足首まで水に浸かって歩くのは辛かったが、
内野宿の街並みは素晴らしかった。

２０１７年10月6日

この日の雨はすごかった。事前の調査では、長崎街道の中でも内野宿は古い建物が残っていて、一番昔の雰囲気が味わえる宿場とのことで楽しみにしていた。実に運が悪い。でもＪＲ筑豊本線沿いに歩いている道は脇道なので、車の往来が少ないのが救いだ。しかしあまりの雨に耐えかねて、老松神社で雨宿りをする。街道筋には寺社が多いので、このような時には助かる。

内野宿に近づいた頃に、道は車の往来が激しい国道２００号線に合流した。ここで今回の旅で最大のピンチが待っていた。歩道に雨が溜まり、池のような状態になっていたのだ。歩道の外側は背の高い草が茂っていて通ることはできない。しかし車道は大型車が水しぶきを上げてすごいスピードで通過して行く。覚悟を決めて、歩道と車道の境にある縁石の上を歩くことにした。私はバランス感覚には自信がある。この縁石の幅は20㎝くらいで狭く、そして雨のためすべりやすい。危ないこと甚だしい。進行方向右側を歩いているので、正面からはダンプが水しぶきを上げて迫ってくる。傘をさした状態でこの車が横を通った時は、風圧がすごくて本当に怖かった。車はスピードを落とさないで、直ぐ横を通過して行く。あまりに危険なので、結局は池状になった水溜まりの中を歩くことにした。水溜まりは20㎝くらいの深さがありズボンの裾まで浸かったが、このまま進むしか方法がない。本当にまいった。私はゴアテックス製の防水機能に優れた靴をはいているが、この様な状況では防水機能など全く効果がない。しかも今回の旅で新しく下ろしたばかりの靴だった。靴もデビュー戦でいきなり初回ＫＯ負けした気がしたことだろう。

11時頃、ＪＲ筑前内野駅に着いた時は、靴の中に水と泥が入り込んだ状態だった。歩くとジャボジャボ音がする感じだ。でもここはかろうじて雨を避けることができるのでありがたい。この先、雨宿りできるとこ

内野　民家

ろはないだろうと思い、少し早いが駅のベンチに座り昼食のおにぎりを食べることにした。

　再び雨の中を歩き出すと、内野宿の古い民家が並ぶ地区に入った。期待通り、いかにも昔の街道といった感じで、通りに面している家々には屋号が掲げられている。資料館のような民家があり、中に入って見学ができるようだ。しかし、靴の中はぐしょぐしょで泥まで入っている。迷惑をかけるので、室内に上がることはとてもできない。長崎街道の旅一番の見所である宿場の民家と街並みを前にして、実に情けない。残念だが外から眺めるだけにした。本来なら雨宿りを兼ねて内部を見学したかった。それでも外観だけでもスケッチをしたいと思い、気に入った古い民家を見つけて傘をさしながら描くが、手帳に雨がかかり鉛筆がほとんどのらない。やっとの思いで描くも、周りの民家までは描く余裕がなかった。趣のある民家がたくさんあり、内野宿はいかにも昔を感じさせる雰囲気があった。雨が激しく降るが、歩みをゆるめて雰囲気を味わうように通り過ぎた。落ち着いて見ることが出来なかった内野宿だが、暗い空模様と土砂降りの中を歩いた記憶は、生涯忘れることがないだろう。不安な気持ちと共に冷水峠へと向かう。道を間違えないように慎重に進もう。ＪＲ筑豊本線（原田線）と並行する道をゆっくりと歩いて行った。

7　冷水峠

冷水峠　石畳の道

冷水峠

２０１７年10月6日

土砂降りの雨の中、冷水峠へ登って行った。雨は坂道を川のように流れている。石畳の所はよいが、それを過ぎると土のぬかるんだ道になった。土の中に足を踏み入れると足首まで沈んだ。慌てて足を引き抜くのを繰り返しながら先へと進む。靴の中は水と泥でぐしょぐしょだ。何ともきびしい峠への道だった。峠に着いた時はほっとした。長崎街道最大の難所を越えたのだ。

内野宿を後にして冷水峠へ向かう。地図を見ると国道２００号線を歩いても行けるようだが、車の往来が多くて、この雨では危なそうだ。それに、やはり本来の長崎街道を歩きたい。この道は間違いなく江戸時代当時の道なのだ。おそらく今回の長崎街道の旅の中で、これから歩く道が一番本来の街道の匂いが感じられる場所となるはずだ。冷水峠は長崎街道最大の難所である。それを土砂降りの雨の中を歩くことになるとは、これも旅の巡り合わせだと思うしかない。この道は黒田長政の命で、内野太郎左衛門が１６１２年に冷水街道を完成させたと言われている。この峠に入る道は判りにくかったが、入り口に鳥居がありそこから登って行った。当時の石畳が残っているが、激しい雨のため、道は川のようになって雨が流れている所もある。石畳の場所はいいが、泥の所では、足首まで靴が沈んで泥だらけになった。なんともつらい登りだ。先を行くと「首無し地蔵」がある。民話が案内板に書かれているので、休憩を兼ねて読んだ。それによると『悪者がつれの男を殺した。横の地蔵に「誰にも言うな」と言うと、地蔵が「わしは言わぬが、われ言うな」と言った。びっくりした悪者は地蔵の首をはねた。何年か後、２人連れの旅人の1人が地蔵の首がないことを自慢げに話した。つれは殺された人の縁者だった。地蔵の忠告を忘れて話した悪者はかたきを討たれた』そうな。この冷水峠では山賊に襲われた人も多かったらしい。周りが薄暗い雨の中をひとりで歩いていることもあり、あまり感じのよい話ではない。

案内板を後に歩き続け、なんとか峠の頂上に着いた。そこには神社に向かう参道があった。このような天気で誰もいるはずがないと思っていたが、男の人が一人いて熱心に拝んでいる。そのため、休憩もしづらいので早々に峠を後にした。峠の様子くらいはスケッチをしたかったのだが、拝んでいる方の邪魔になると思い諦めた。それにこの雨の中で描くのは少々きつい。下りの道は舗装されていて歩きやすかった。道はやがて国道200号線に合流した。坂道を下って行くが、その路面を雨が流れていて、トラックが水しぶきをあげながら通過して行く。路面に流れる雨を避けながら歩くが、その流れを横切る時は靴の中まで雨水が入るくらいの勢いで流れていた。それでも今回の旅最大の難所を越えたので、安堵感と共に坂道を下り続けた。歩道はなく路側帯を歩くので、横を通過する車が怖かった。

8　山家宿

山家　「刈り入れ前」と「刈り入れ後」の田んぼ

山家

刈り入れ直前の田んぼは、稲穂が倒れて水に浸かっている。無事に収穫ができるのか心配だ。今日の雨はひどかった。

２０１７年10月6日

2017.10.06　15:25　山家宿より原田宿に向っている。雨はあがった。山々の中腹に雲が残こる。

国道200号線を下りながら、冷水道路の冷水トンネル出入り口を右手に見て歩いて行く。やがてＪＲ筑豊本線（原田線）を横断し、筑前山家駅に着いたのは14時半。そこでしばらく休憩をした。ここはもう山家宿だ。雨が小降りになってきたので出発する。そして刈り入れ途中と思われる田んぼの横を通った。10月上旬のこの頃は刈り入れ時期で、「刈り入れ前」と「刈り入れ後」の田んぼがある。まだ刈り入れをしていない田んぼの稲穂が倒れている。今日の土砂降りの雨で倒れたようで、水に浸かっていた。無事に収穫ができるだろうかと気になる。半年をかけて育ててきた稲作の集大成が今なのだ。無事であらねばならない。私は田んぼがある風景が好きだが、この時は心配しながらしばらく見つめていた。

雨の中を歩いたので、疲れて心にも余裕がなかったのだろう。山家宿では周りに目を配ることが出来なくて、宿場町の雰囲気を味わえなかった。途中には宝満神社があったが、今日の到着地はひとつ先の原田宿なので、寄らないで通り過ぎた。この頃に雨はあがった。遠くの山々がぼんやりと見える。山の中腹には雲が留まっており、山は雲の上に浮いているようだ。西鉄天神大牟田線筑紫駅の横を通った時に思わず立ち止まる。「西鉄」、懐かしい響きだ。西鉄ライオンズを思い出した。その球団は今、私の地元埼玉県の「埼玉西武ライオンズ」に引き継がれている。考えてみれば、福岡県はライオンズが去った後にホークスが移転してきた。最近のソフトバンクホークスは強くて、ライオンズを圧倒している。今日は埼玉県代表の私が、福岡県代表の冷水峠を越えたなどと好き勝手なことを思いながら、次の原田宿へと歩いて行った。

9　原田宿

原田　街路灯

原田

２０１７年10月6日～7日

筑前六宿最後の原田宿を通過して、福岡県から佐賀県に入った。10月なのに、朝から暑い。九州の暑さは手強そうだ。

筑紫神社の横を通り、原田宿には16時頃に着いた。長崎街道の旅を終えた後に、筑紫神社が「筑紫」の国名の由来とされる歴史ある神社と知り、寄らなかったことを後悔した。私の街道歩きの旅は、ただ歩くだけでなく、寺社の歴史を学びながら歩く旅だったはずだが、疲れてくると歩くことだけに夢中になってしまうのが私の悪い癖だ。原田は「はるだ」と読む。住宅地として開発されて、街道筋の雰囲気はあまり残っていないようだ。長崎街道筋には御影石で出来た街路灯が並んでいる。これは灯籠をイメージして設置されたのだろうか。それに沿って歩き、原田駅に到着したのは16時半。原田駅からJR鹿児島本線に乗り、今日宿泊するホテルがある鳥栖駅へと向かった。暴風雨の中を歩いたこともあり疲れていた。靴の中は濡れたままで、一刻も早く乾かしたかった。

翌日は7時55分に原田駅に戻ってきた。旅の再開だ。昨日ホテルに着いてから靴の中に新聞紙を入れて水分を吸い取ったのだが、まだ湿り気が残っているので感触がわるい。国道3号線を歩く。30分程行くと「佐賀県基山町」の表示があるので、どうやら福岡県を通過して佐賀県に入ったようだ。そこに門司から101㎞の表示があった。山陽道を通って小倉を目差して歩いたのは6月上旬だった。関門トンネルを通過してから歩き始めたのが国道3号線で、あれから4ヶ月が経過して季節は秋になった。あの時も暑かったが今も暑い。まだ午前8時半前なのに汗びっしょりだ。今回の旅は暑さで苦労しそうな予感がした。そしてこの予感は的中して、この後おおいに私を苦しめることになる。

10 田代宿

田代　田代外町追分石

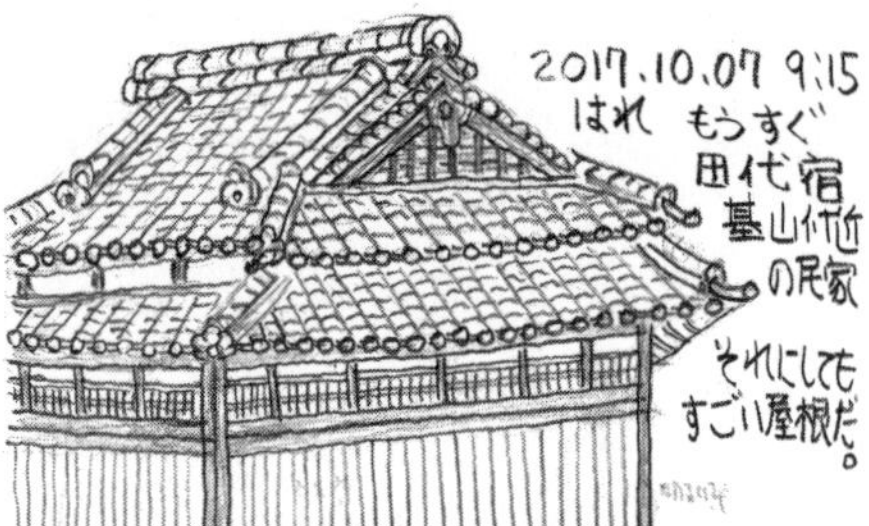
2017.10.07 9:15
はれ もうすぐ
田代宿
基山付近
の民家
それにしても
すごい屋根だ。

追分石
長崎街道 田代昌町 追分石
2017.10.07 10:10
田代宿 追分石
暑い中を歩いてきた。
『右ひこ道，左こくら・
はかた道』と刻ま
れている。

田代

2017年10月7日

田代宿には2つの追分石があった。昔から交通の要衝だったのだろう。

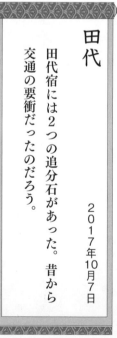

国道3号線と並行して走るＪＲ鹿児島本線の列車を見ながら進み、基山駅付近から国道を右にはずれて住宅街を通る旧道を歩いた。今日は朝から暑い。田代宿への道は街道筋の雰囲気が感じられた。基山付近ではすごい入母屋の屋根がある家の横を通り、今町付近は旧家がある家並みが続いて特にすばらしかった。途中で暑さに耐えかねて、弥生が丘駅に寄り、冷たいお茶を買って休憩した。そして少し行くと田代昌町追分石があった。「鳥栖の長崎街道」パンフレットによると、「右ひこ山道、左こくら・はかた道」と刻まれているとのこと。ここが田代宿の東口にあたり、日田・ひこ山道が分かれる道標だ。そしてこの直後に道に迷い、次の田代外町追分石を見つけるのに40分程かかってしまった。歩く旅をしていると地図を常に見ている訳にはいかないので、次の目標を頭に入れて歩く。そうでないと周りの景色や様子を見て楽しめないからだ。そして、曲がるべき道をうっかり通り過ぎ、違う道へ踏み込んでしまうことが多々ある。道を間違えると時間をロスするし、何よりも気持ちがあせる。特に今日のような暑い日に、正しい道を探して歩き廻るのはつらい。やっとたどり着いた田代外町追分石は、手摺のような鉄管に守られていた。追分石が2つもあるので、昔ここは交通の要衝で賑わったのだったのだろう。

田代宿は対馬藩田代領の代官所が置かれた所で昌元寺町、新町、上町、下町、外町の5町があったとのこと。地図を見ると昌町、新町、外町等の町名が残っており、歴史は引き継がれていると感じながら歩いた。

11 轟木宿

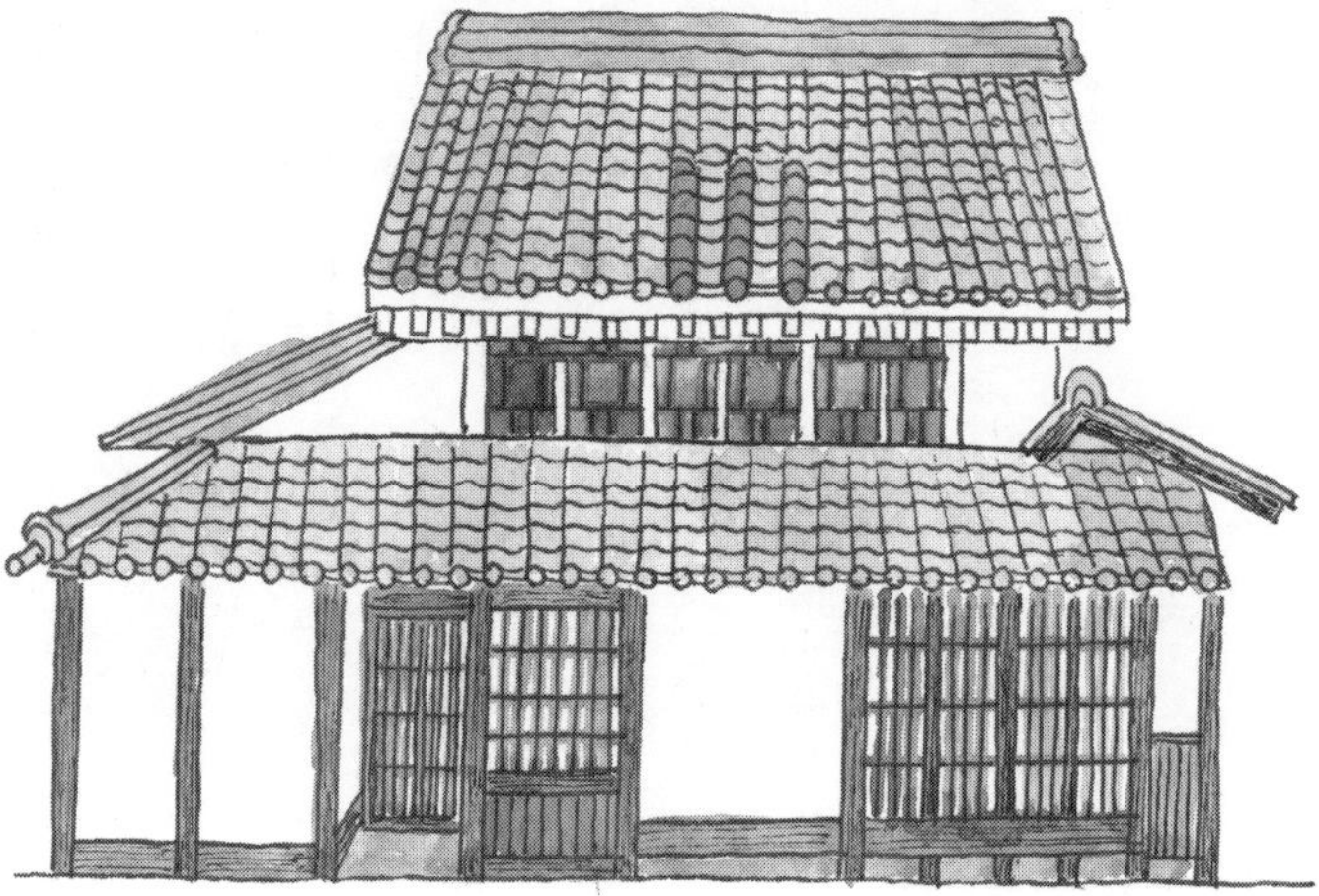

轟木　古い民家

轟木

２０１７年10月7日

轟木宿では、秋葉町付近に古い民家が見受けられた。暑くて、10月上旬に九州を歩くのは早かったと思い始めていた。

2017.10.07 12:55
轟木
大きな石碑あり。
新幹線高架下の
日陰で休憩。
通る風が心地よい!

田代宿を後に、宿泊したJR鳥栖駅近くのにぎやかな通りを過ぎて、轟木宿へと向かう。鳥栖市は福岡、佐賀、熊本、鹿児島を通る九州を縦に結ぶ国道3号線と、長崎、佐賀、大分を横に結ぶ国道34号線、さらに国道500号線の交点である。昔も今も交通の要衝だ。それにサッカーJリーグ「サガン鳥栖」のホームタウンでもある。

秋葉町付近では古い民家が目を楽しませてくれた。陽に焼けて露出した柱や、梁のこげ茶色と白壁の組み合わせは最高だ。そして建物毎に違う縦桟と横桟が創る窓の形が面白い。また窓には格子があり、格子の奥にちらりと見える障子の白色もいいアクセントだ。屋根はもちろん瓦だが、その葺き方にも特徴がある。スケッチをした民家は、2階部分中央の3か所の瓦が少し太くなっているのが目立つ。「鳥栖の長崎街道」パンフレットによると、田代宿は対馬藩田代領だったが、轟木宿は佐賀鍋島藩領で、轟木川が境界となり、橋はなく飛び石伝いに渡るとすぐに番所があったとのことだ。手持ちの地図で轟木川の名前は確認できないが、それらしき川を通過した。轟木宿は道が広くて真っ直ぐなので、街道筋らしくはないが、家並みに昔の街道の匂いが感じられた。

轟木宿を後に少し行くと九州新幹線の高架が見えてきた。この日は天気がよくて暑かった。高架の下は日陰になっていて、通り抜ける風が心地よい。大きな石碑を見ながら、10月上旬に九州を歩くのは少し早かったと思い始めていた。

12 中原宿

中原　佐賀競馬場

中原

佐賀競馬場の横を通った。開催中なので、少し迷ったが、中に入らないで通り過ぎた自分に、「あっぱれ」をあげたい。

２０１７年10月7日

2017.10.07 14:30
中原 祇園宮 今日は暑い

中原　馬小屋

長崎街道の旅なので、本来なら寺社や旧家など江戸時代を連想する事柄について書くべきだが、中原宿への途中には、佐賀競馬場があるので記載しない訳にはいかない。国道34号線を歩いて行くと競馬場があり、ちょうど開催中だった。馬券を買わないで、見るだけにして中に入ろうかと思った。しかし、ここで時間を使ってはいけない。木陰で競馬場の看板を見ながら休憩していると、悪魔の声が「中に入れ」とささやいてくる。ここで勝って今回の旅資金をたたきだそうと思いかかったが、止めておいたのはおそらく正解だっただろう。私のギャンブルの趣味は競輪だが、その前は競馬をしていた。全国に約50の競輪場があるが、その内の40場くらいは既に行ったことがある。そして競輪をすることを目的に旅行したことが何度かある。俗に言う旅打ちというやつだが、ほとんどの場合負けた。旅先でのギャンブルは慣れない場所のせか、心が浮かれて落ち着いて予想がしにくいため、普段以上に打ち方が甘くなる。今回は競馬場だったからよかったが、これが競輪場だったら冷静な判断が出来なかった気がする。長崎街道の旅では武雄温泉に宿泊する予定だが、そこには武雄競輪場がある。注意しなければいけない。

佐賀競馬場を過ぎると、五反三歩と呼ばれる地区を通る。何となく街道らしい所で、競馬場の近くだからだろうか。馬小屋があり、その窓から馬が2頭顔を出している。その馬がお互いに舐めあったりしている。仲の良い猫が舐めあっているのはたまに見かけるが、馬にもこのような習性があるようだ。

中原祇園宮に着いたのは14時半で、狛犬を見ながらぬるくなったお茶を飲む。そして競馬場に入らなかった自分の意志の強さをほめたが、これは少し大袈裟だったかも知れない。こんな私を見て、狛犬が口を開けて笑っているように見えた。

13 吉野ヶ里遺跡

吉野ヶ里遺跡　歴史公園

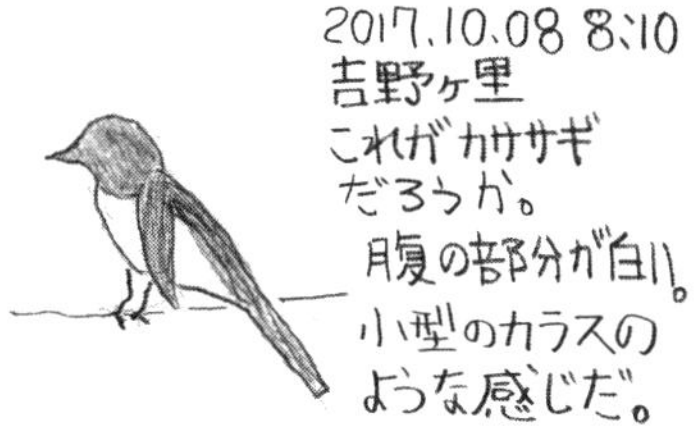
2017.10.08 8:10
吉野ヶ里
これがカササギ
だろうか。
腹の部分が白い。
小型のカラスの
ような感じだ。

2017.10.08
9:40AM
吉野ヶ里公園
今日は無料。

吉野ヶ里遺跡

２０１７年10月7日～8日

遥か弥生時代に想いをはせる。私が小学生の頃の夢は考古学者になることだった。童心に戻って、復元された遺跡を眺めていた。

中原宿を後に長崎街道を歩いて行くと、右手に吉野ヶ里歴史公園がある。吉野ヶ里遺跡は日本三大遺跡の一つで、他の2つは登呂遺跡と平出遺跡である。この2つは現地を訪れたことがあるので、残りの吉野ヶ里遺跡は今回の旅で見学したいと思っていた。そのため、この日は歴史公園近くのホテルに宿泊することにした。本当に暑い一日だった。もう10月なので、一年でも一番いい季節の中で旅をできると思っていたが甘かった。「九州の暑さ恐るべし」である。日射でアスファルトが蓄熱された道路を歩くのは非常につらい。ホテルの部屋で風呂に入った時、乾いた汗の塩分が目に入ると痛く、なめると塩辛い。今日はかなり汗をかいたようだ。

翌日はホテルを8時に出発。歩き出すと電線に、腹の部分が白く全体的には黒い鳥が留まっている。カラスよりは小さいが鳩よりは大きい。それが近くの学校の木の下に降りてきた。カササギだ。見たのは初めてだが、この付近にはたくさんいるようだ。この鳥は佐賀県を中心に九州北部に棲む留鳥で、関東に居住する私には、普段見ることができない。双眼鏡で確認ができ、じっくりと観察することができた。双眼鏡は私の旅にはかかせないアイテムで、この鳥に出会えただけでも持参してきたかいがあった。

吉野ヶ里歴史公園に着いたのは8時半。開場は9時なので待つことにする。入場料は大人420円だが、この日は何故か無料で開放とのことだ。実に運がいい。ここには弥生時代の遺跡が復元されている。弥生時代は前期（紀元前5世紀〜前2世紀）、中期（紀元前2世紀〜紀元1世紀）、後期（紀元1世紀〜3世紀）にわたり約700年間続いた時代だ。パンフレットによると、ここには集落が最盛期を迎える弥生時代後期後半（紀元3世紀頃）を復元整備対象時期として、これまでの発掘調査をもとに復元整備を行っているとのこ

2017.10.08 10:10
吉野ヶ里公園
物見櫓と
住居

と。茅葺の住居や物見櫓が多数復元されており、はるか大昔に想いを寄せて見学した。高い櫓を見ていると、これは何のために建てたのかと思う。この時代には周囲との争いがあり、ここで遠くから来る人を監視したのだろうか。

弥生くらし館では特別企画展として「よみがえる邪馬台国」を開催していた。邪馬台国の名はどの自治体でもほしいようだ。私は奈良に2年間暮らしていたが、そこでも新たな古墳などの遺跡が発掘されると、邪馬台国存在の証拠になるかも知れないと報道されていた。我が国にとって邪馬台国の場所の特定は、古代史最大のロマンのひとつだ。どのような決定的な発見があれば、邪馬台国と卑弥呼の存在は確定できるのだろう。パンフレットと共に「魏志倭人伝」の小冊子が置かれていたので一部いただいた。この「魏志倭人伝」が日本古代史に関する最古の資料とのこと。小冊子を開くと卑弥呼について記述されている箇所があった。卑弥呼の呼び名はヒミコが一般的だが、ヒメコ、ヒムカとする説もあるとのことだ。私が小学生の頃、将来なりたい職業は考古学者だった。童心に戻って楽しく企画展を見学した。

14 神埼宿

神埼　櫛田宮　石造肥前鳥居と石造の御神馬

2017.10.08 10:55
ひのはしらの一里塚
りっぱな一里塚だ。
それにしても
暑い。

2017.10.08
11:45
神埼 真光寺
さて食堂を
さがそう。
正直ないとまず
いのだが

神埼

2017年10月8日

櫛田宮の石造肥前鳥居と石造の御神馬は、素朴な造りだった。そして神埼宿場茶屋で食べた冷やしそうめんは旨かった。

吉野ヶ里遺跡に未練を残しながらも、公園を出発したのは10時40分。神埼宿へと向かう。今日もこの時刻で既に暑い。まずは「ひのはしら一里塚」に寄る。石垣の上に大きな盛り土がされ、その上に木が立っている。「ひのはしら」とは「緋の柱」のことで、昔はここに櫛田宮の赤い鳥居がそびえていたことによる。その櫛田宮だがここから少し歩くとあった。石積みの鳥居が目に付く。建立は１６０２年とのこと。何か素朴な感じがして微笑ましい。今まで神社を訪れる度にたくさんの鳥居を見てきたが、石を積み重ねた鳥居は珍しい。鳥居の奥にはやはり石で出来た馬がある。生きた馬ではないのに、何故か檻のような金網で囲まれている。人が触れて崩れるのを防止しているのだろう。後で知ったのだが、御神馬とのことだ。

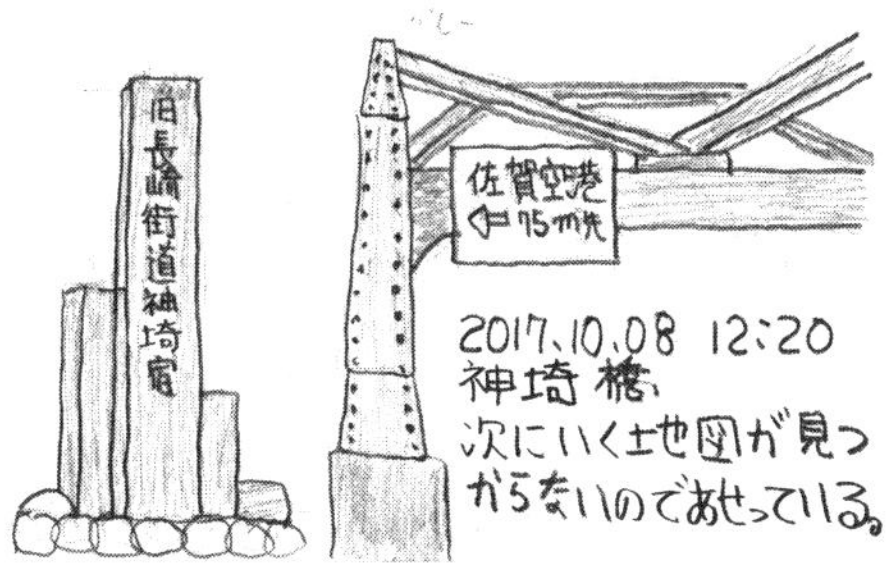
旧長崎街道神埼宿
佐賀空港
75km先
2017、10、08 12:20
神埼橋
次にいく地図が見つからないのであせっている。

古い建物や民家のある通りを歩いて行くと真光寺があった。本殿前の階段は日陰になっているのでありがたい。しばらく休憩していたが、もう正午に近いので腹が減ってきた。昼食は持参していないので、食堂を探さなければならない。真光寺を出て少し行くとにぎやかな一角があり、祭りでもやっているのか、音楽がかかって盛り上がっている。食堂もあるようだ。ここは神埼宿場茶屋と言うらしい。中に入って冷やしそうめんを注文した。暑い中を歩いて来たので、この冷えたそうめんは旨かった。もう一杯おかわりしたかったが、店の人はフェスティバルの方に行っているのか見当たらない。仕方なく出発することにしたが、最初から２人前注文すればよかったと後悔した。

神埼宿場茶屋を出てから神埼橋まで来た時に、進むべき道が分からなくなった。と言うのも、私は道路マップの拡大コピーを見ながら歩いている。前日、翌日に歩く分の地図を折りたたみ、歩く順番通りに並べてポーチに入れて準備しておく。神埼橋から次の地図に変わるのだが、その地図が見当たらない。この時は少々あせった。この日の宿は佐賀市内なので、道路標示を見ながらでも行けるとは思うが、それでは長崎街道を歩いていることにならない。ザックの中にある残りの地図を確認し、見つけた時は正直ほっとした。私の歩く旅で一番困ることは、地図をなくすことだ。お金は分散して所持しているので、その内ひとつをなくしても大丈夫だが、地図がなくてはどうにもならない。佐賀空港への案内表示が出ていたので、空港まで歩いて帰宅することも頭をよぎった程の大ピンチだった。気を取り直して歩き出したら腹が減ってきた。先程食べた冷やしそうめん一杯分のエネルギーは、わずか100メートル程歩いただけで尽きたようだ。神埼宿場茶屋から「冷や汁」のおかわりをもらったような気がして神埼宿を後にした。

15 境原宿

境原　浄覚寺

境原

2017年10月8日

浄覚寺の階段に座って休憩し、ふと顔を上げると、「佐賀まで6㎞」の表示が目に入った。この日は、あまりに暑いこともあり、気持ちが少しひるんだ。九州の暑さは手強い。

神埼橋から田んぼに囲まれた佐賀外環状線を歩いて行くと、やがて国道264号線に合流する。そして境原宿の浄覚寺に着いた。本殿の階段に座って休憩する。日陰なのでありがたい。門の横には今日宿泊する「佐賀まで6㎞」との表示が見える。この境原宿だが、街道筋らしい雰囲気はほとんど残っていないようだ。明治7年（1874年）の佐賀の乱で境原は激戦地となり、街はそのときに焼失した。佐賀の乱とは、朝鮮半島への出兵を主張するも中央政府に意見が通らなかった「征韓党」と、武士の特権を失しない封建制度への回帰を求める「憂国党」が反乱を起こしたが、大久保利通ひきいる中央政府軍に鎮圧された事件である。「征韓党」の中心人物である江藤新平は後に捕まり、裁判の後に処刑された。街道歩きをしていると、昔の建物は木造のため、大火が原因で往時の面影が薄れた宿場は多々あったが、戦いが原因の場合もあることを知る。考えてみれば、太平洋戦争における空爆で焼失した日本の都市は多い。単に内戦と外戦の違いと言ってしまえばそれまでだが、明治以降、日本の内戦は西南の役等はあったが数は少ない。そのため佐賀の乱について関心をいだいた。

浄覚寺を後に国道264号線を歩く。日差しが強くて暑く、しかも道路面からは、アスファルトに蓄熱された熱気がすごい。何ともつらい車道歩きだった。それでも歩き続けなければならないのが、「歩く旅人」のつらいところだ。しかし10月のこの時期は、台風が来てもおかしくない季節である。せっかくの晴れた天気に文句を言ったら罰があたる。私の旅は恵まれているのだ。田んぼの景色が印象に残る境原宿だった。

16 佐賀宿

佐賀　汚水マンホール

2017.10.08　15:45
佐賀宿のU字溝の蓋ははユニークだ。
この遊び心はいいね。

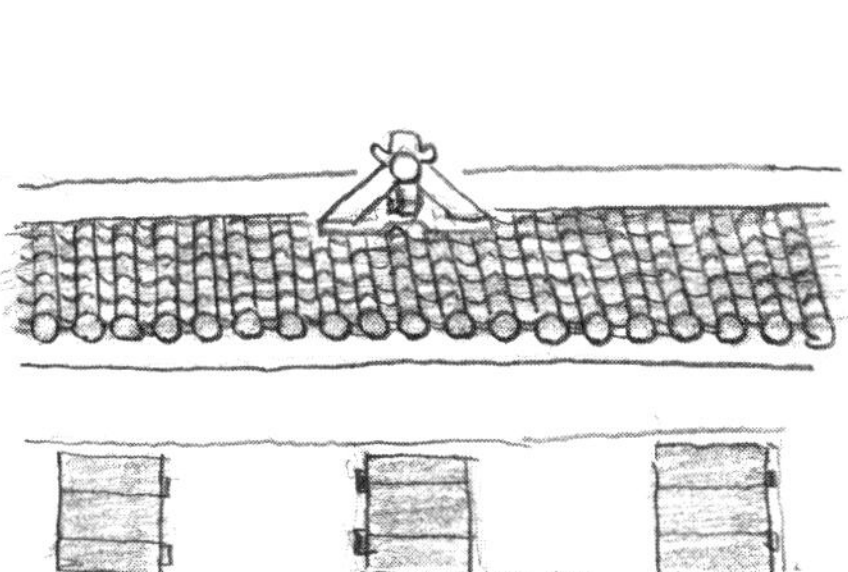

2017.10.08 16:30 旧牛島家
佐賀宿はすごい家が多い。

佐賀

2017年10月8日～9日

佐賀宿は楽しかった。ムツゴロウが描かれたマンホールはユーモア満点。宿泊した宿では温かい「おもてなし」を受けた。

国道264号線を歩いていると、道路の下水マンホールの絵柄が気になりだした。ムツゴロウが描かれているではないか。マンホールの絵には地域の特徴を描いたものが多い。以前、山陽道の明石を歩いた時は、東経を意味する「135°E」と天文台が描かれていた。そして私は下水道施設を設計、監理する法人に勤務していたことがあり、訪れた下水道局には、様々なマンホールが展示されていた。今までたくさんのマンホールを見てきたが、佐賀市のムツゴロウのマンホールはトップクラスの面白さだ。マンホールだけではない。道路横の側溝の蓋には飛脚や旅人、馬の絵が描かれている。これをたどって行けば長崎街道を歩いて行けるようだ。佐賀市の遊び心に感心した。やはり心に余裕がないといい文化は生まれない。佐賀宿の中心地に入って行くと、古い建物が目白押しのようにある。通りの両側に旧古賀銀行、旧古賀家、旧牛島家、旧福田家、旧森永家などなど。これらを総称して「佐賀市歴史民俗館」と言う。残念なのは道幅が狭く、十分な距離が確保できないので思うように描けなかったことだ。また、暑い中を歩いて16時過ぎに到着したので、疲れて手帳を開く気力が萎えていた。佐賀市がこれほど古い建物を保存していることに感謝したい。明朝にもう一度訪れてゆっくり見学したいが、先を急ぐ旅なのでそれはできない。私の旅にも「一期一会」はあてはまる。せめて記憶にとどめようと、建物を見続けていた。

この日の宿泊は「旅館あけぼの」で、いい感じの古い建物だった。朝食付プランで予約したが、食事開始が7時半からと遅いので、早朝の散歩の後、6時50分にフロントに行き、朝食を食べないで出発する旨を伝えたところ、ほぼ用意が出来ているので是非食べて行ってほしいと言われた。無理をお願いしたようで心苦しかったが、いただいた朝食は非常においしかった。それに私をもてなしてくれようとする親切が嬉しかっ

佐賀　八幡宮　多布施井樋水路

た。気持ちよく宿を出発する。朝から幸先がよく、勢いをもらった感じだ。

先ずは八幡宮に寄り、今日の安全を祈願する。多布施井樋水路に小さな石造の橋があった。小さいながらも歴史を感じさせる橋だ。木造の橋では定期的に取り換え工事が必要だが、この橋は永久に残そうとして石造にしたのだろう。時代が刻まれている気がした。

八幡宮を出て、佐賀宿の趣のある街並みを見ながら進むと伊勢神宮がある。ここには馬や様々な形をした石物があった。先程は八幡宮で石造りの橋を見た。そういえば、昨日通った神埼宿でも石造りの鳥居と御神馬があった。この地域は石造りの文化が発達していて、それを恒久的に後の世に伝えようとしたのだろう。

佐賀宿の最後を飾ったのは、「高橋」という名の橋だった。木造の趣のある橋だ。橋の近くにあ

2017.10.09 8:30 佐賀 伊勢神宮に寄る。
いろいろな石物あり。

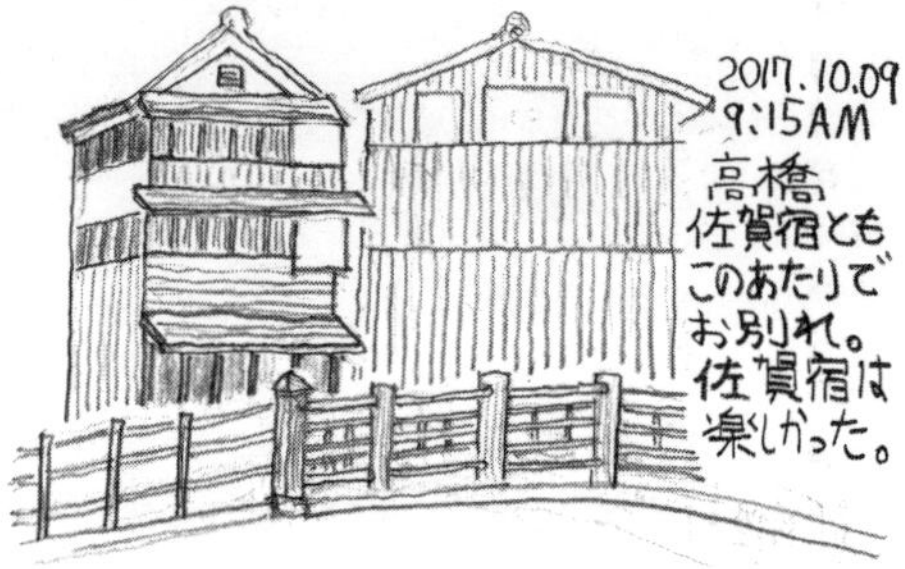
2017.10.09
9:15AM
高橋
佐賀宿とも
このあたりで
お別れ。
佐賀宿は
楽しかった。

る家も歴史が感じられる。佐賀宿は楽しかった。佐賀市歴史民俗館の建物の数々を、ゆっくり見られなかったのが心残りだ。

地図を見ると、この辺りには佐賀バルーンミュージアムなど街道歩きとは関連しないが、面白そうな施設があるようだ。私は地上を歩いての旅だが、バルーンに乗って空から私の歩いた道を見たら、違う光景に出会えそうだ。しかし「日本縦断バルーン旅」は風まかせなので、ちょっと無理だろうな。いつかまた来たいと思った佐賀宿だった。

17 牛津宿

長崎
街道牛津

牛津　牛津駅前の長崎街道の絵をピックアップ

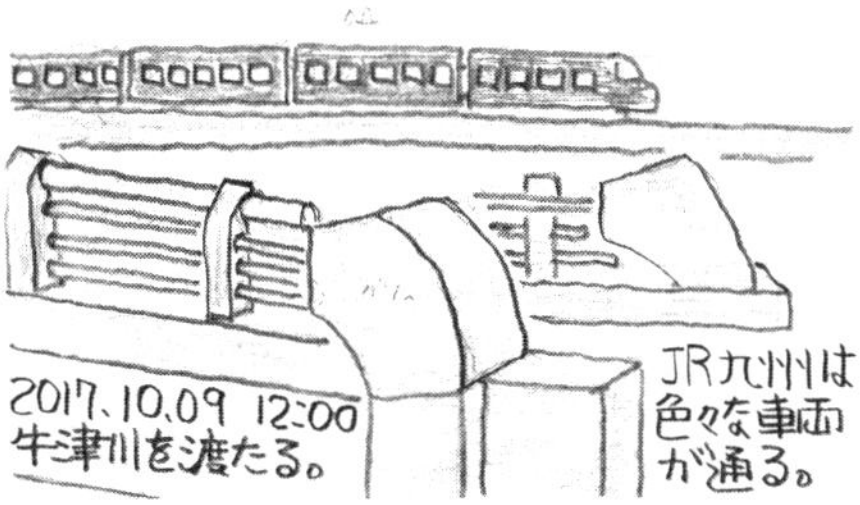
2017.10.09 12:00
牛津川を渡たる。
JR九州は
色々な車両
が通る。

2017.10.09 12:15 牛津
暑い中を歩いている。でも街路樹
の銀杏は黄色になりだしている。
もう秋なのだ。刈り取りは終
っている。

牛津

牛津駅前の長崎街道の絵には、異国の人物や動物が描かれていた。江戸時代はこの道が世界に通じている道だった。

2017年10月9日

今日も天気はよくて暑い。佐賀宿を出た後は国道207号線を歩く。JR長崎本線の牛津駅には11時半に到着。ここに長崎街道を行き交う人々を描いた絵があった。面白いので、これを見ながら昼食とした。牛や象、通り過ぎる人々、行き交う船がカラフルに描かれている。それも横幅5mくらいの壁にたくさんの絵が配置されている。私の手帳ではとても全部描けないので、気に入った絵柄をランダムに選んで描いてみた。異国の人が象に乗っているのを見て、江戸時代にこの道は世界に通じていたことを改めて思わせてくれた。そして牛津駅だが、外壁にレンガを用いた、いい感じの建物だ。レンガは江戸時代とは関連しない材料だが、門司で感じたのと同様に、異国情緒を思わせてくれる素材である。やはり、世界につながっていた長崎街道を意識したのだろうか。

牛津宿は古い民家はあまり残ってないが、街道筋の匂いを感じることができる街だ。牛津川を越えるとJR長崎本線が近くに見えて、様々な色をした車両が通過していくのを、おにぎりをほおばりながら見ていた。JR九州の車両は色や形のバリエーションが多いようだ。さらに歩いて行くと、道の両側にはイチョウ並木と刈り入れの終わった田んぼが広がっていた。今は10月上旬だが、イチョウの中には少し葉が黄色くなりだしたのもある。暑いが九州でも秋が近づいているのだろうか。まだ紅葉には早いと思うのだが。歩く旅をしていると、些細なことから季節を感じる感覚が鍛えられていく気がする。

18 小田宿

JR最長片道切符の旅ゴール
肥前山口駅
13:10
28 °C

小田　肥前山口駅前のモニュメント

2017.10.09 13:40
小田 両側は刈り取り前の稲穂の道。正面の大きな山に向かって歩く。暑い。

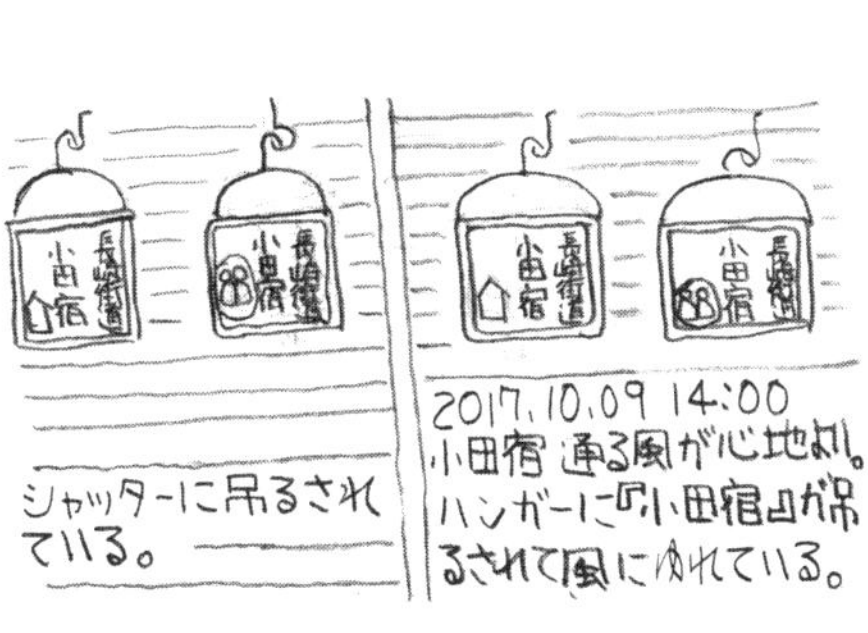
長崎街道 小田宿
シャッターに吊るされている。
2017.10.09 14:00
小田宿 通る風が心地よい。ハンガーに『小田宿』が吊るされて風にゆれている。

小田

「JR最長片道切符の旅ゴール肥前山口駅」のモニュメントを見て、鉄道と道路を置き換えたら、私の旅と同じだと思った。

2017年10月9日

小田宿へ向かう道には大きな家がたくさんあり、街道筋らしい感じの中を歩いた。そして肥前山口駅に到着。そこには「JR最長片道切符の旅ゴール　肥前山口駅」と書かれたモニュメントがあった。以前、これに関連した番組を放映していたことを思い出す。俳優の関口知宏氏がJR線に乗って、片道切符の旅をしていた。私は鉄道に乗るのが好きなので、この様な旅ができる人をうらやましく思ったものだ。旅の始点は北海道の最北端稚内駅だが、終点がこの肥前山口駅だったことを知る。このモニュメントを見ながら、鉄道を道路に置き換えたら、私の「日本縦断徒歩の旅」と同じようなものだと思った。そして今、私はその最終到着地の駅前に立っている。この時に考えたことがある。私の「日本縦断徒歩の旅」は、北の始まりは稚内で同じだが、南はここよりかなり先の場所だ。鉄道の旅より徒歩の旅の方がスケールが大きいのかも知れない。このモニュメントにはカエルが稲穂を背負った絵が描かれているが、この地域は稲作地帯らしい。

肥前山口駅を後にして国道34号線から離れ、道の両側が刈り入れ前の田んぼの中を歩く。駅のモニュメントを見て予感した光景だ。正面に大きな山があり、それに向かって直線道路が続いている。しばらく行くと小田ショッピングセンターに着いた。店のシャッターにハンガーで吊るされた小田宿の布が風で揺れていた。ここは長崎街道で間違いはないようだ。先に進むべき道を探して地図を見ていたら、地元の方が困っているような私を見かねたのだろう。声をかけられ、丁寧に道順を教えていただいた。旅で受けた親切は心に染み入る。

19 北方宿

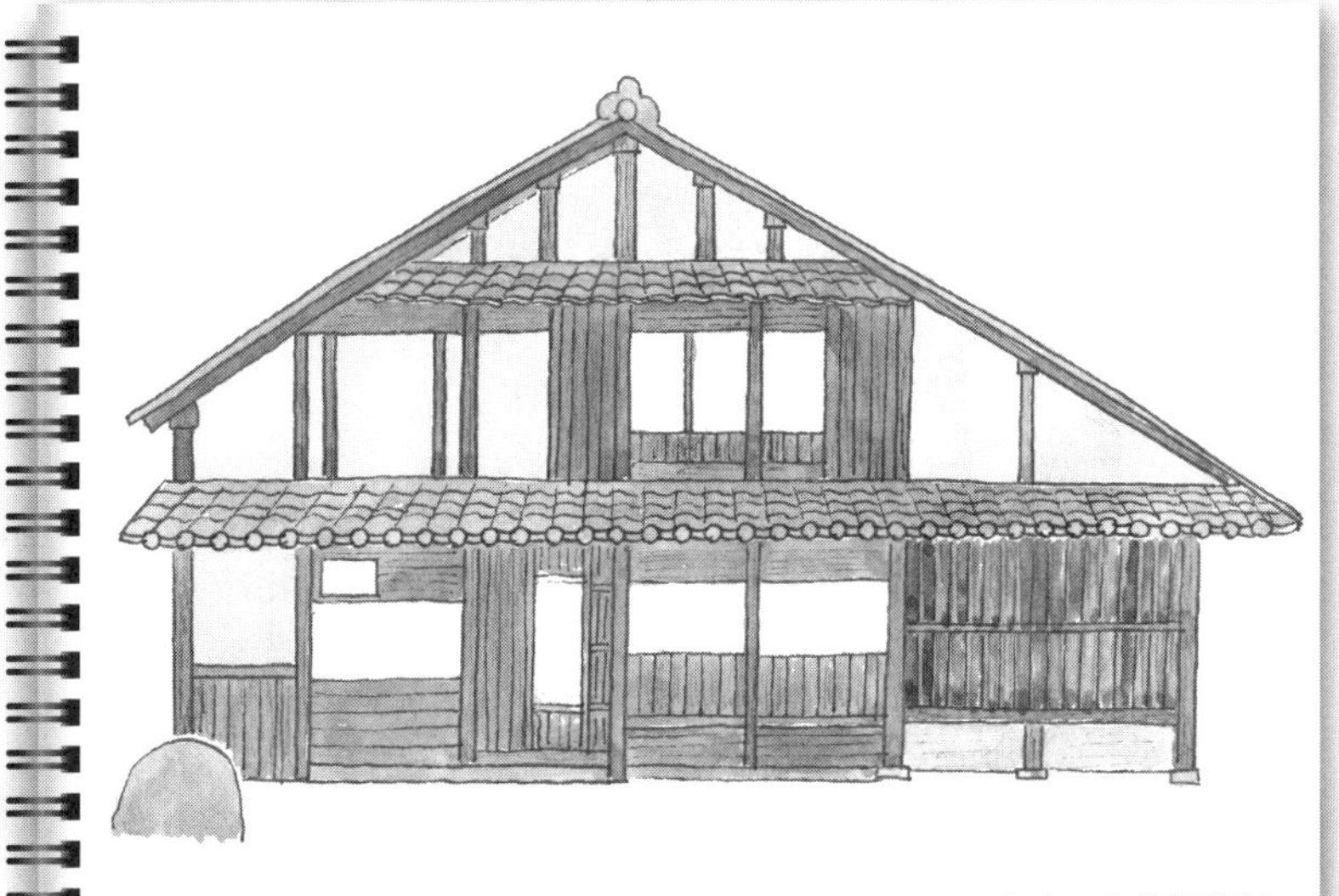

北方　土井家住宅

2017.10.09 15:20
北方への途中。
すごい妻面の家あり。

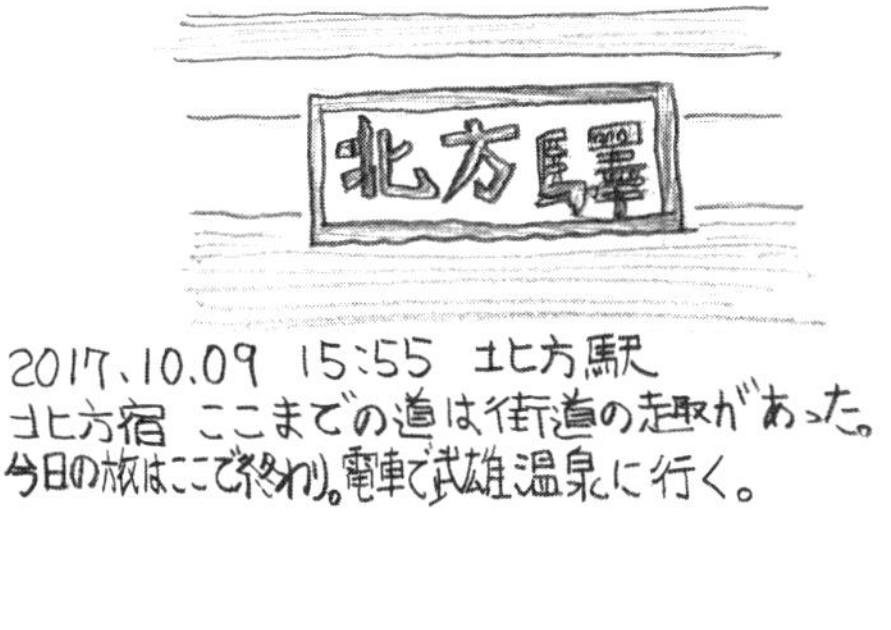
北方驛
2017.10.09 15:55 北方駅
北方宿 ここまでの道は街道の趣があった。
今日の旅はここで終わり。電車で武雄温泉に行く。

北方

2017年10月9日～10日

土井家住宅の端正な姿は美しかった。黄色い壁と、茶色の柱と梁の組み合わせに、障子紙の白色が加わり趣満点の住宅だ。

小田宿を過ぎてからは、国道34号線と並行する脇道を歩く。この道が昔の街道筋の趣を色濃く残しているので旧道なのだろう。大きな旧家が多く、その度に立ち止まり見入った。その中でも一番は土井家住宅だ。国の重要文化財で、とにかく正面から見た姿が実に端正だ。もうすぐ15時なので先を急がなければいけないが、これを見たら描かない訳にはいかない。通り側から見る妻面は、黄色い壁に茶色の柱や梁がいい感じで配置されている。そして障子紙の白色がアクセントになっていて、右側の格子もいい感じだ。この住宅を見る為に、佐賀宿から今日一日をかけて歩いてきたと言っても過言ではない。昔を感じさせる旧家を見るのは、街道を歩く旅の醍醐味のひとつである。今日の旅は間もなく終わるが、最後にいい贈り物をいただいた。

さらに歩き続けると、外壁の板が破れて下塗りの黄色い土が見えている古民家があった。土の下には竹小舞の下地が露出している。いかにも時代が入った建物だ。このような建物を見ていると、自分が江戸時代の旅人になった気分になってくる。

この付近はため池が多く、その中でも一番大きな焼米池に寄った後、北方駅に16時頃に到着。駅名を示す看板は貫禄があった。「駅」の文字が「驛」になっている。いつまでも残しておかなければいけない駅の顔である。今日の旅はここまでとして、ＪＲ佐世保線で宿泊地の武雄温泉駅へと向かった。

20 塚崎宿

塚崎　武雄温泉　国際観光旅館なかます

2017.10.10 10:05
塚崎への途中
天満神社の日陰
で休む。

2017.10.10 10:40
追分道標あり。
裏側には『長崎街道』
と書かれている。
もうすぐ塚崎宿だ。
追分
唐津往還

塚崎

２０１７年10月9日～10日

連日、暑い中を歩いてきた。武雄温泉に浸かり、汗を流し、体を癒した。旅と温泉の組み合わせに満足したひと時だった。

塚崎宿のある武雄温泉は、九州でも有数の温泉地である。武雄市観光協会のホームページによると、約1300年前に書かれた「肥前風土記」にも出てくる歴史ある温泉だ。古くは神功皇后が入浴したと伝えられ、近年と言っても江戸時代だが、有名人物では伊達政宗、宮本武蔵、伊能忠敬、シーボルトが入浴した記録が残されているとのことだ。今日の宿泊は「国際観光旅館なかます」という老舗旅館だ。本当は夕食付のプランにしたかったが、予約ができなかったので近くのコンビニに寄り、食料を購入して宿に入った。泊まった部屋は勾配天井のため、広々と感じられる空間だった。今日のスケッチを仕上げてから大浴場に行った。この風呂場が広くて気持ちよい温泉だった。体が癒された感じだ。そして部屋でビールを飲みながら、極楽気分で今日の一日を振り返るのは最高のひと時だ。小倉から旅を始めた時は最悪の体調だったが、絶好調になってきたようだ。連日の暑さで汗をかいたのがよかったらしい。夜間に寝汗をかくと、翌朝には風邪が治っていることがあるが、昼間にそれと似た現象が起きたのだろうと勝手に解釈した。

2017.10.10 10:50
塚崎宿を前にして特徴のある形をした山あり。

翌日は部屋で旅館の朝食を食べたが大変おいしかった。JR武雄温泉駅から電車で北方駅に移動して旅の再開だ。8時半に北方駅を出発する。今日も天気は良くて暑くなりそうだ。1時間半ほど歩くと、早くも汗だくとなり、天満神社の木陰で休憩する。さらに歩いて行くと、唐津往還と長崎街道の追分道標があった。唐津往還は長崎街道と唐津街道を結んでいる。こちらを歩いて唐津や

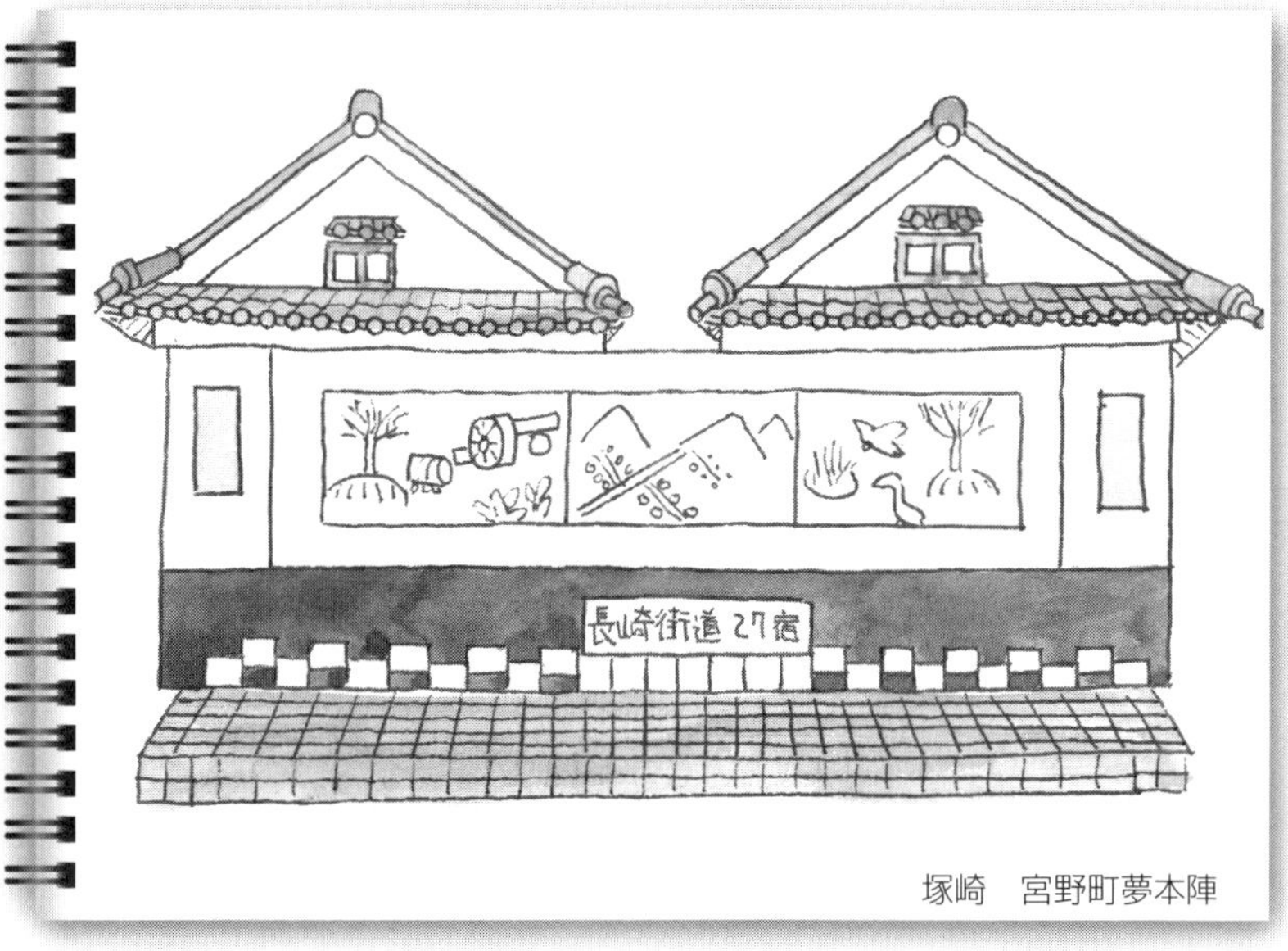

塚崎　宮野町夢本陣

伊万里を訪ねるのも面白そうだ。もっともその前に、焼き物の陶器や磁器について学ぶ必要はあるが。江戸時代の旅人になった気分で想像が膨らみ楽しい。近くにはコスモスが咲いている。まだ暑いが、秋は着実に近づいているようだ。

塚崎宿が近づくにつれてピークが二つある山が見えてきた。山の名前はわからないが存在感のある山容だ。私は登山が好きなせいか、山を見るとつい目が行ってしまう。そして塚崎宿には11時を過ぎた頃に到着した。

塚崎宿は寺社や旧家があり、街道筋らしい雰囲気を感じさせる。さらに歩いて行くと「塚崎宿宮野町夢本陣」という休憩所があった。11時半なのでここのベンチで昼食とした。中庭があり、入母屋屋根の下の壁に大きな絵がある。その下に長崎街道27宿が描かれている小さな絵が配置されていた。おにぎりをほおばりながら、既に通過した宿場とこれから訪れる宿場を楽しく見学した。このような施設を見ていると、長崎街道を盛り上げようとする地元の熱意が感じられ、「俺も頑張るぞ」と気持ちが高揚してくる。これから訪れる宿場では何が待っているのだろう。

「塚崎宿宮野町夢本陣」を後に、昨日宿泊した「国際観光旅館なかます」の前を通り過ぎる。今朝寄った武雄温泉駅で昔の武雄温泉の写真が展示されおり、そこでもこの旅館が紹介されていた。昔からの由緒ある旅館のようだ。この近くには武雄競輪場があるがもちろん寄らない。私のギャンブルの趣味は競輪である。武雄競輪場にはまだ訪れたことがなかったので、建物の見学だけでよいので行きたかった。しかし、時間的にその余裕はないので潔く諦める。競輪開催日でなかったので、冷静で迅速な判断ができた。

競輪場への若干の未練を残しつつ、街道筋の感じのよい道を通って次の嬉野宿に向かう。国道35号線を横断して山の中に入る道を登って行くと、大きな水源地があった。淵ノ尾水源地という。ここからの道は車両がほとんど通らない静かな道で、双眼鏡を取り出してバードウォッチングをしながらゆっくり歩き続けた。木々が日差しを遮ってくれるので助かる。時折吹き抜ける風が心地よかった。

21 嬉野宿

嬉野　一休荘

2017.10.10
13:20
暑い中、嬉野宿
へ歩いている。
左に稲穂、右に
コスモスの咲く
道をひたすら歩いてる。

2017.10.10 15:55 嬉野宿
シーボルトの足湯

嬉野

２０１７年10月10日〜11日

部屋の障子を開けると、直ぐ横に信号機があった。何か映画の一シーンのようで、私は主人公を演じている気がしてきた。

向かっている嬉野宿は嬉野温泉で有名だ。今日の宿泊場所なので、武雄温泉に続いて2日連続で温泉に入ることができる。この2日間は今回の長崎街道の旅の中でも、一番快適に過ごせる宿泊だろう。山道はやがて国道34号線に合流する。そして国道に並行している脇道を歩いた。刈り入れ前の田んぼとコスモスが両側にある道を歩き続ける。コスモスには蝶が集まっていて、見ているだけで楽しくなる。長谷の信号から右側に入って山の中を通るのが本来の長崎街道のはずだが、その取り付き点が見当たらない。何回か往復して探すも見つからないので、諦めて長谷の信号に戻り国道34号線を歩くことにした。街道歩きは山道を歩くのが醍醐味のひとつだがやむを得ない。

嬉野宿に入ると大きな旅館がたくさんあり、観光客も大勢歩いている。シーボルトの足湯に着いたのは16時頃。そして今日の宿「一休荘」に間もなく到着した。部屋に入ると最初にするのは洗濯だ。今回の旅は10日以上になるので、荷物を軽くするために宿では洗濯をすることにしている。そしてこの時期の九州は暑い。連日好天で日差しが強く、かなり汗をかくので、下着だけでなくズボンや上着、帽子までも汗で濡れている。そのため毎日でも洗濯したいくらいだ。洗濯機は早いもの勝ちなので、部屋で着替えを済ませると、直ぐに洗濯機に直行した。洗濯をしている間にスケッチの仕上げをして、洗濯物を取り込んで室内に干してから風呂に入る。だから私の旅は宿に着いてからでも結構忙しい。それでも今日は夕食付のプランなので楽な方だ。

この「一休荘」には岩風呂とタイル風呂の2つがあり、空いている時は貸し切り状態で入れる。最初に岩風呂に入った後に、スケッチの仕上げを終えたが、夕食までは30分以上の時間があるので、タイル風呂にも入ることにした。「一休荘」の風呂は洗い場に畳が置いてある不思議なもので、最初の岩風呂では私が一番

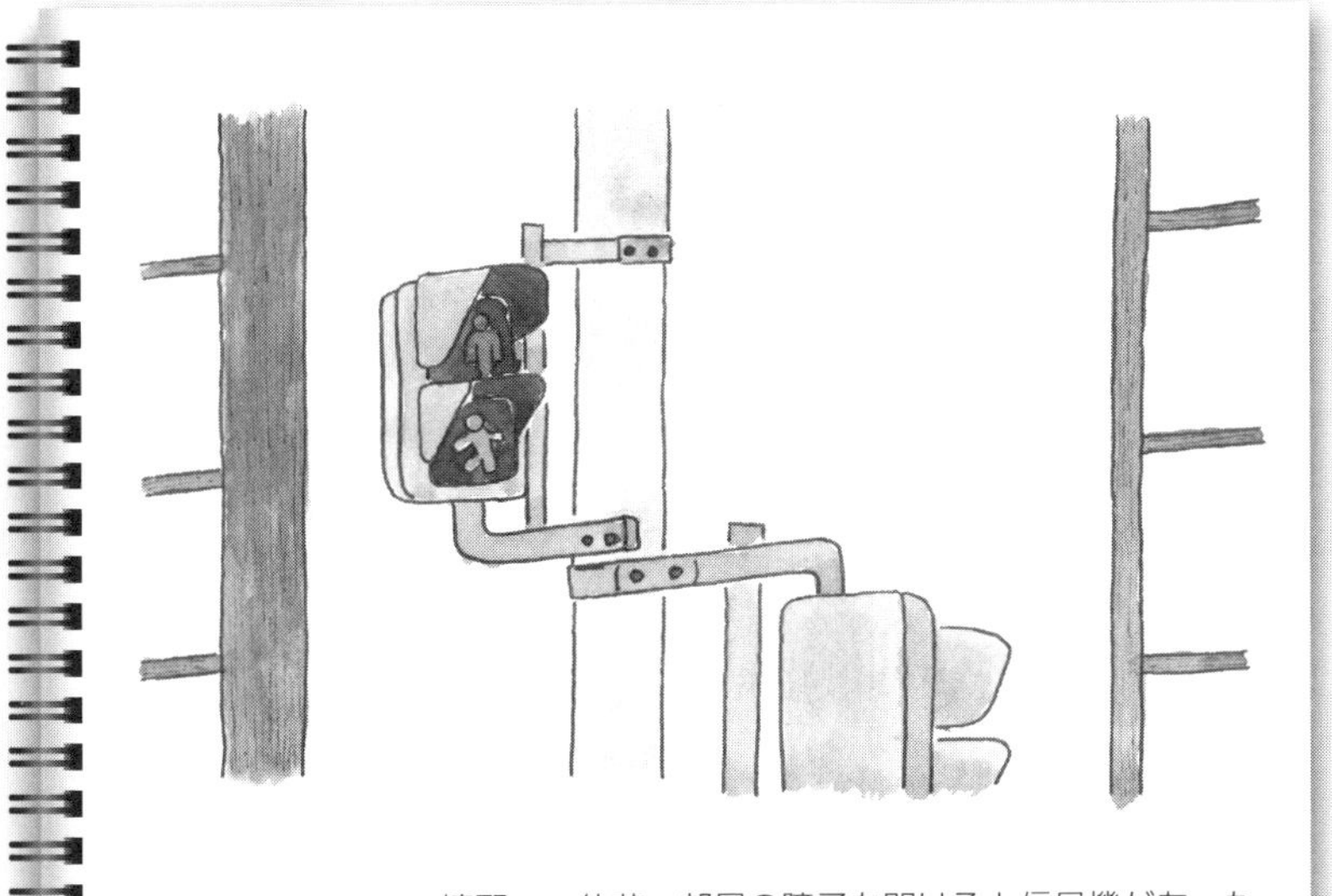

嬉野　一休荘　部屋の障子を開けると信号機があった

風呂だったこともあり、この上に水を流してよいのかとまどった。そしてこの後に食べた夕食が旨かった。昼間にかいた汗を2つの温泉で流したので気分は爽快だ。ビールを2本飲んでしまった。

　翌日は6時前に起床。部屋の窓と障子を開けると、信号機が直ぐ横に見える。何か映画の寅さんシリーズの一シーンを観ているようだ。自分が主人公の寅さんを演じているような気がしてきた。考えて見れば、寅さんも私も全国を旅している点は共通している。そしてどちらも、ホテルよりはひなびた日本旅館が似合っている。この「一休荘」も寅さん映画のロケに使える雰囲気が十分だ。「おーい、さくら。お茶をくれ」と呼びたくなる。そんなことを考えていたら本当にお茶が飲みたくなり、少し味気ないが持参したペットボトルのお茶を飲んだ。

「一休荘」での朝食を終えたのは7時半。この朝

嬉野　塩田川をはさんで湯煙の山々を見る

食もまた旨かった。「一休荘」は宿の人の応対も感じが良くて、食事がおいしく、何よりも風呂がいい。この宿では、いい時間を過ごすことができた。

嬉野温泉は「日本三大美肌の湯」に数えられている。他の二つは島根県の斐乃上温泉と、栃木県の喜連川温泉だ。確かに入ると肌がツルツルになる感じがする。「日本縦断徒歩の旅」を始めてから、肌の露出している部分は日焼けをするようになった。特に海沿いの道を歩いている時は日差しが強烈で、手の甲が水膨れ状態になるほどだ。以前は白かった私の肌は、冬になっても黒い色が残り荒れたままになった。そんな中、嬉野温泉の湯に浸かると、肌が輝くような感じがして気持ち良かった。肌にこだわる女性の心理が少しだけ理解できる気がした。

「一休荘」を8時に出発。塩田川沿いに歩いて行く途中、コスモスが咲いていて、その向こうに山々が見える。山のふもとには霧がたなびいているが、おそらく湯煙だろう。そして山の中腹には雲があり、その上の山が浮いているように見える。足元に咲くコスモスがいい景色を盛り立てている。その景色を見ながら嬉野宿に最後の別れを告げた。嬉野宿は山間《やまあい》のいい温泉街だった。

国道34号線を歩いて行くが、途中から国道を離れて右側の脇道に入る。この塩田川沿いの道がよかった。「平野の渡り」という所からの景色は素晴らしかった。昔、このあたりの川を渡るのは困難だったらしい。田んぼの向こうに山々が見える。何より、日陰なのがありがたい。今日も晴れで日が差している場所はとても暑い。この道を登って行くとやがて国道34号線に再び合流した。いつかまた訪れたい嬉野宿だった。その時は武雄競輪場も入れた旅打ちになるかも知れない。

22 俵坂峠

俵坂峠　関所跡バス停

俵坂峠

2017年10月11日

俵坂峠の関所跡に来ると、「長崎へ十八里、江戸へ三百里」の看板があった。長崎街道の旅ももうすぐ終わりだなと思うと同時に、日本橋から随分遠くまで歩いてきた。そして峠を越えて、佐賀県から長崎街道の最終到着地の長崎県に踏み入れた。そこには棚田と茶畑が広がる素晴らしい景色が私を出迎えてくれた。この時に見た光景が、長崎街道の旅の中でも、一番印象に残っている。

国道34号線を登って行くと俵坂関所跡バス停があった。このバス停に長崎街道の看板があり、旅人が描かれている。そして「長崎へ十八里、江戸へ三百里」と書かれていた。「長崎へ十八里」を見て、今回の旅の終わりも近いと感じた。そして「江戸へ三百里」だ。江戸日本橋から歩き続けている私にとってこの言葉は重い。関門海峡も人道を歩いて渡ったし、その道は全てつながっている。随分遠くまで歩いてきた。バス停はなまこ壁模様の建物で、街道筋らしい雰囲気を演出していた。

この俵坂峠だが、鍋島藩と大村藩の藩境で、キリシタンの取り締まりがきびしかったらしい。そして現在は佐賀県と長崎県の県境である。私は今回の旅をするまで、仕事や遊びで宿泊をしたことがない県は佐賀県と沖縄県だけだった。その佐賀県では佐賀宿で見た旧家が印象に残るし、武雄温泉と嬉野温泉は旅の疲れを癒してくれた。佐賀市のムツゴロウのマンホールはユニークだった。佐賀県は楽しい印象を私に残した。このバス停から少し登って行くと国道34号線の頂上となる。ここが県境でいよいよ長崎街道の最終到着地長崎県に入った。

俵坂峠を越えると、左側に小さな集落があり、そちらが旧道だ。そしてここから見た景色が今回の長崎街道の中でも一番印象深いものだった。刈り入れを終えた直後の稲穂の束が干してあり、その下には棚田が広がっている。さらに下には茶畑があり、その背後に山々が重なって見える。稲穂の黄金色と畦道の草の黄緑色、刈り入れを終えたばかりの田んぼの土がむき出しになったこげ茶色、茶畑の深緑色、山々の青緑色と空の青色。正に自然の色がかもしだすハーモニーで、これぞ日本の原風景だ。私が住む埼玉県入間市はお茶の名産地である。もちろん田んぼもある。このような景色は子供の頃によく見た。その頃、学校から帰った後

俵坂峠　刈り入れ後の田んぼと茶畑

に、近所の友達と何も考えないで遊んだ頃が懐かしく思えた。私は子供の頃に返った気持ちで、しばらくの間この景色を見続けた。そして俵坂峠の呼び名について考えた。峠からの坂道に面した斜面に田んぼが広がり、刈り入れ後の稲穂が干してある。この稲穂は間もなく米俵になるのだ。これが俵坂峠の名前の由来ではないだろうか。一般的にこの様な山奥の峠に棚田は作らない。これはあくまで私の無責任な推測である。

この後、一旦国道34号に出て、再び国道に並行する脇道を歩いて彼杵宿へと向かった。田んぼに囲まれた道を、初秋の季節を感じながら下って行った。

23 彼杵宿

彼杵　八坂神社

2017.10.11
10:55
彼杵宿
駐場跡

2017.10.11 12:00 彼杵
大村湾は静かでぼんやりとした景色だ。
今、大村線の電車が通過した。

彼杵

大村湾は穏やかだった。おにぎりをほおばりながら、八坂神社の鳥居の下を黒猫がゆっくり歩いて行くのを眺めていた。

２０１７年10月11日

長崎自動車道の高架の下を通り、彼杵宿の馬立場跡に着いたのは11時頃。立場は旅人が馬や駕籠を止めて休憩する施設である。俵坂峠の難所を前にここで馬を交代したのだろう。やがて彼杵の街に入り、八坂神社に着いたのは11時半。彼杵宿には長崎街道を示す案内板が数多くあり、東彼杵町が長崎街道のブランドを大切にしていることがわかる。ここは「そのぎ茶」の産地で名高い。私の居住する埼玉県入間市も「狭山茶」の産地なのでライバル都市だ。入間市と東彼杵町では気候が大分違うので、各々のお茶の味も異なるだろう。「そのぎ茶」も飲んでみたい。彼杵宿は大村湾に面していて、八坂神社の隣には船が停泊していた。ここで昼食にすることにした。周りは穏やかな景色で、鳥居の下を黒猫がゆっくりと歩いて行くのが微笑ましい。

八坂神社を後に、大村湾沿いに国道34号線を歩く。横にはJR大村線が並行するように通っていて、時折2両編成の車両が通過して行く。大村湾は静かでぼんやりした景色だ。長崎県は海が複雑に接しているので、大村湾の位置を手持ちの地図で確認した。大村湾は周りがほとんど陸地に囲まれていて、佐世保市と西海市の間でわずかに佐世保湾とつながっていることを知る。このため外海の影響を受けにくい、いつも穏やかな海なのだろう。海沿いの国道を歩いて行くが、日差しが強烈で暑くて無風。非常につらい車道歩きだった。

24 松原宿

松原　旧松屋旅館

2017.10.11
14:00
大村線の
踏切を渡
たる。もうすぐ
松原宿。
この案内板
を見てほっと
した。

暑い中を歩
いてきた。

暑い！

2017.10.11 14:45 ファミリーマートで買った
アイス『ガリガリくん』はうまかった。

松原

松原宿の旧松屋旅館は大きくて貫禄十分だった。この日は特に暑く、アイス「ガリガリくん」を何度も食べながら歩いた。

２０１７年10月11日

松原宿へは国道34号線を基本に歩くが、脇道がある場合はそちら側を歩く。脇道は人家が多く、地域の暮らしをよく知ることができるからだ。しかしその脇道は途中で行き止まりになっていることも多く、また複雑に入りくんでいて迷うこともよくある。路地の行き止まりから戻ったりしながら、長崎街道の案内板にも助けられて松原宿へ歩き続けた。歩く旅では道に迷った時でもその状況が楽しいものだが、この暑い中、歩いた道を戻る時は正直つらかった。

JR大村線を横断したあたりからが松原宿なのだろう。長崎街道の案内板があり、街道の街並みらしい感じがしてきた。相撲取りの墓という大きな墓石がある。案内板によると、どのような活躍をした力士かはわからないとのことだ。でも地元では英雄だったのだろう。この辺りは海岸の景色が美しかった。松原宿では何といっても旧松屋旅館が目立つ。大きな建物で、江戸時代に建てられて昭和40年頃まで営業をしていた。この日はあいにく閉館していて、雨戸も閉まっていて、中をのぞくことはできなかった。貫禄十分の建物で正に松原宿の顔である。

この日は特に暑かった。普段の私は歩く旅をしている最中、アイスクリームは食べない。腹をこわすのを恐れるためだ。この時はその考えを捨て、コンビニを見つける度に体を内部から冷やしたくてアイスを食べた。一番のお気に入りは「ガリガリくん」で、ソーダ味がする氷菓子だ。あっさりした味が旨く、時折頭がツーンと痛くなるのをこらえながらも、束の間の幸せを味わった。

25 大村宿

大村　円融寺

2017、10、11 17:30 はれ 大村宿
ホテルの窓から大村湾を見る。右側に
長崎空港がある。

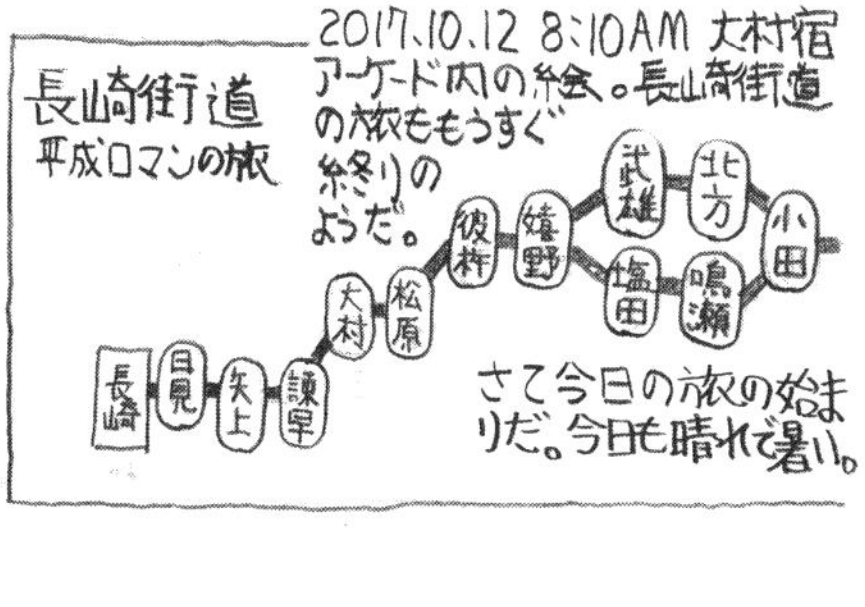
2017、10、12 8:10AM 大村宿
アーケード内の絵。長崎街道
の旅ももうすぐ
終りの
ようだ。
長崎街道
平成ロマンの旅
長崎
日見
矢上
諫早
大村
松原
彼杵
嬉野
塩田
武雄
鳴瀬
北方
小田
さて今日の旅の始まりだ。今日も晴れて暑い。

大村

円融寺の庭園はよかった。草の斜面に石がきれいに配置されていた。今日も朝から暑い。つらい一日になるのを覚悟した。

2017年10月11日～12日

国道34号線の途中に長崎空港への表示があるのを見ると、今回の旅も大詰めに近づいてきたようだ。この日の宿泊は大村湾に面したホテルで16時半に到着。部屋の窓からは、大村湾やそこに浮かぶ島々が見えてきれいな景色だ。洗濯を終えてから身の回りを確認していたら、靴底に犬のフンが付着している。どこかで踏んでしまったらしい。それを取るのに苦労した。ウン（運）が付いたと思うしかしょうがない。その後、夕食を買いに行きサラダを購入したが、ドレッシングを買い忘れたことに気が付く。何とも味気ない夕食となってしまった。ウン（運）は落ちたということだろうか。この日はたくさん汗をかいたので、ビールだけは旨かったのが救いだ。

翌日は7時半にホテルを出発。大村のアーケード街を歩く。そこに「平成ロマンの旅」と書かれた長崎街道の案内板があり、各宿場が描かれていた。小田宿から嬉野宿までは2つのルートがあることを知った。最終到着地の長崎まで宿場はあと3つしかない。今回の旅もまもなく終わりのようだ。まだ朝の8時だが既に暑い。JR大村線の高架の下を通り過ぎると円融寺があり、その階段を上って行くときれいな庭園があった。斜面の草の中に石が感じよく配置されている。それを見ながら朝のすがすがしい時間を過ごした。でも円融寺を出てから直ぐに道に迷い、付近を30分くらいうろうろした。円融寺では旅の安全を祈ったが、御利益は全くなくて、この日は散々道を間違えたが、これはまだその序曲に過ぎなかった。「ロマンの旅」とは程遠い一日の幕開けである。

26 永昌宿

永昌　峠から見た大村湾

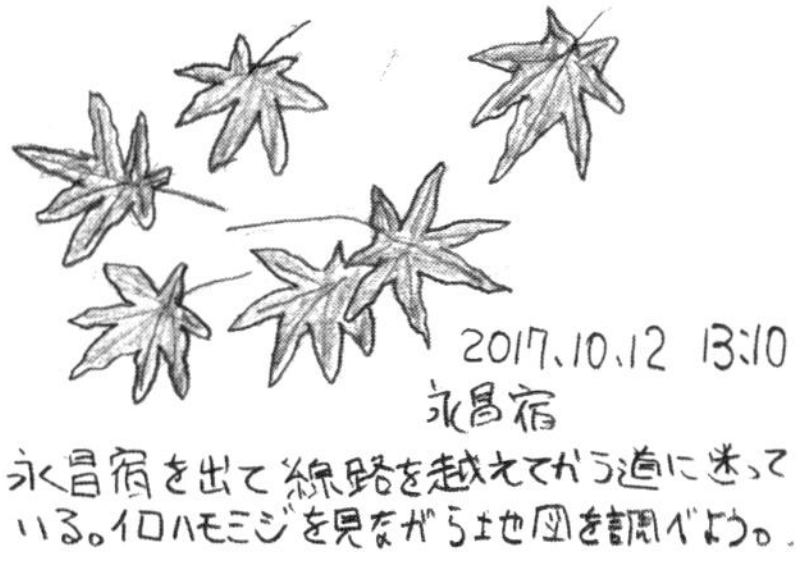
2017.10.12 13:10
永昌宿
永昌宿を出て線路を越えてから道に迷っている。イロハモミジを見ながら地図を調べよう。

2017.10.12
14:20
久山茶屋

永昌

道を間違えた時に、山と山との間に現れた
大村湾を見て心が和らいだ。それにしても
永昌では、何度も何度も道に迷った。

２０１７年10月12日

永昌宿へ向かうが、この日は何度も道に迷った。地図では国道34号線とJR大村線を横断して鈴田峠に行けると思えるのだが、峠へ入る道が見つからない。私は道路マップのコピーを見ながら歩いているが、地図には車両が通行できない道は書かれていない。おおよその方向を頼りに勘で歩くのは危険なので、確実に国道34号線を歩くことにした。私は「街道歩き」をしているが、それ以上に「日本縦断歩き」を意識しており、必ずしも昔の街道を忠実に歩くことにはこだわらない。しかし山の中の道は面白そうなので未練が残る。国道を登って行き、右側の山を見ていると残念な気持ちが湧いてきた。「鈴田峠道の駅」では少しふてくされて休憩をしたが、もやもやした気持ちを晴らすように、「オロナミンCドリンク」を一気飲みして元気を注入した。その後、右側方面に抜ける道があるので行ってみると、本来の長崎街道らしい細い道が林の中に続いていた。この道を戻って最初からやり直してみたいと思ったが止めておいた。このあたりが旅のあやで、もし反対方向に長崎から小倉へ歩いたなら決して迷うことはなかっただろう。

永昌宿（諫早駅）に着いたのは正午で、昼食を食べることができる場所を求めて先へと歩いた。左側に御館山公園があるが、地図を見ると標高約100ｍとあり登るのは止めておく。住宅街を通り、JR長崎本線を横断する手前の空き地にわずかな日陰があるので、そこで立ったままでおにぎりを食べた。後から考えると諫早駅で食べるのが正解だった。何か旅の勘がさえない。

昼食後は長崎本線の下のガードを潜り、国道34号線を横断して車があまり通らない道へと入って行く。ここからも何度か道に迷いながら歩き続けた。地図で確認をするが、現在地が確信を持って特定できない状況だった。その内に、両側が山に挟まれて、その間に大村湾が見える峠のような場所に出た。きれいな景色で、

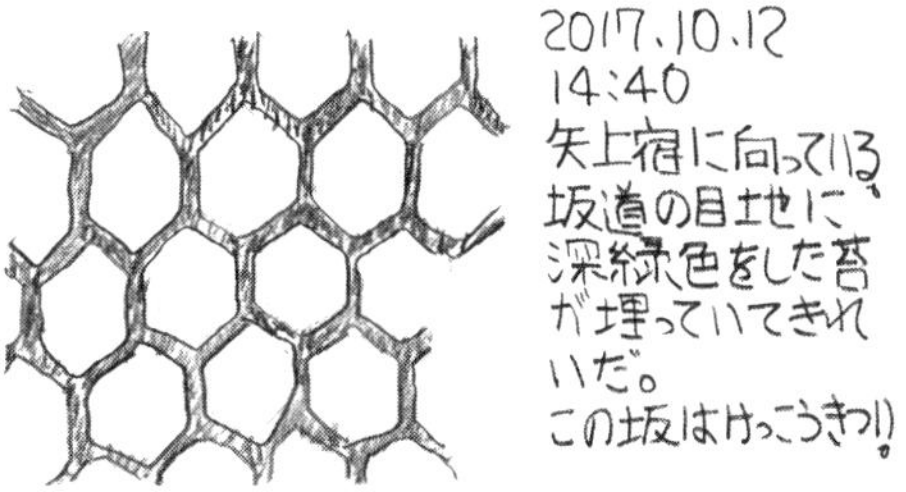
2017.10.12
14:40
矢上宿に向っている
坂道の目地に
深緑色をした苔
が埋っていてきれ
いだ。
この坂はけっこうきつい!

道に迷い続けたことなど忘れてしばらく見入っていた。そして久山茶屋のたぬきが描かれた看板を見て、県道138号田結久山線に合流した。やっと確信が持てる場所に出たので少しほっとした。

ここからは138号線を歩き長崎自動車道の下を通り、右側の山道へと入って行く。この道がかなりの急勾配だった。コンクリートの坂道にすべり止め用の亀甲模様の目地があり、そこに深緑色をした苔が埋まっている。「やはり山道はいいな」と気楽な気分で歩いて行ったが、途中の分岐を左側の花乃木神社方面に約1㎞も行った所で、何か方向がおかしいと思い引き返してきた。気持ちのよい林の中の道だったので、何も考えることもなく成り行きで歩いてしまった。ここでも約20分のロスである。分岐を右側に行くと再び道は2つに分かれていた。もうこれ以上は間違えたくないのでどちらに行くのか考えていると、ちょうど地元の人が来たので教えていただいた。そしてその方も同じ方向に行くとのことで、10分間程一緒に歩かせていただいた。私が長崎街道を歩いている旨を伝えると、その方は以前、矢上宿まで歩いたことがあるとのこと。正しい道を丁寧に教えていただいたので助かった。

井樋之尾観世音を過ぎると視界が開けてきた。眼下には刈り入れの終わった棚田が広がり、稲穂が干してある。何度も道に迷ったことなど忘れさせる見事な景色だ。しかしこの直後にまた道を間違えた。地図では棚田を下って行き長崎自動車道の高架の下を通るのだが、実際は途中で道が何本かに分かれていた。その内

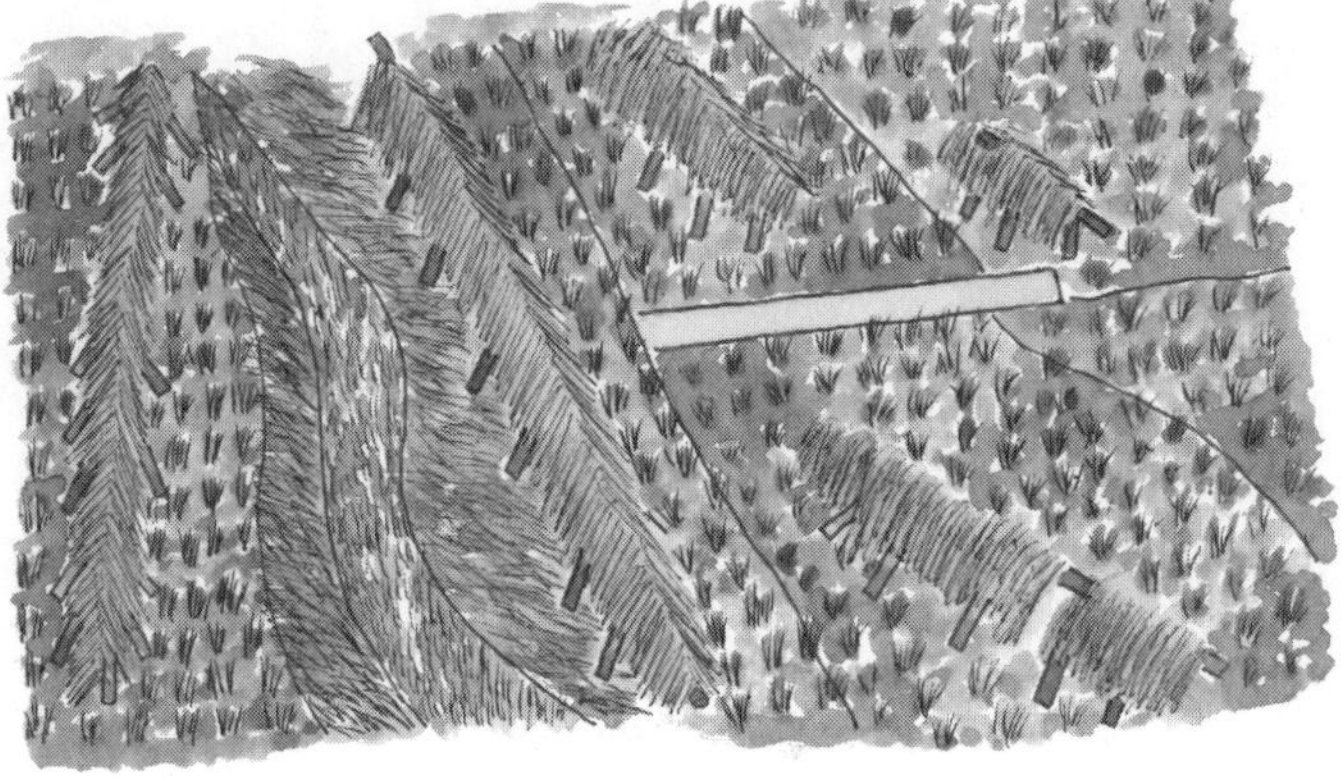

永昌　多良見町化屋　刈り入れの終わった棚田

のひとつを下りて行ったが、目差す平木場公民館が見当たらない。そのため再び登り返して、また元の地点に戻ることを繰り返す。ようやく公民館を見つけたが、それにしても今日は嫌になる程道を間違える。運と勘が共に全く冴えない。旅を始めて10日目。少し体と頭に疲れがきているようだ。久山茶屋で見たたぬきの看板を思い出す。あのたぬきに何かいたずらをされたのかも知れない。

27 矢上宿

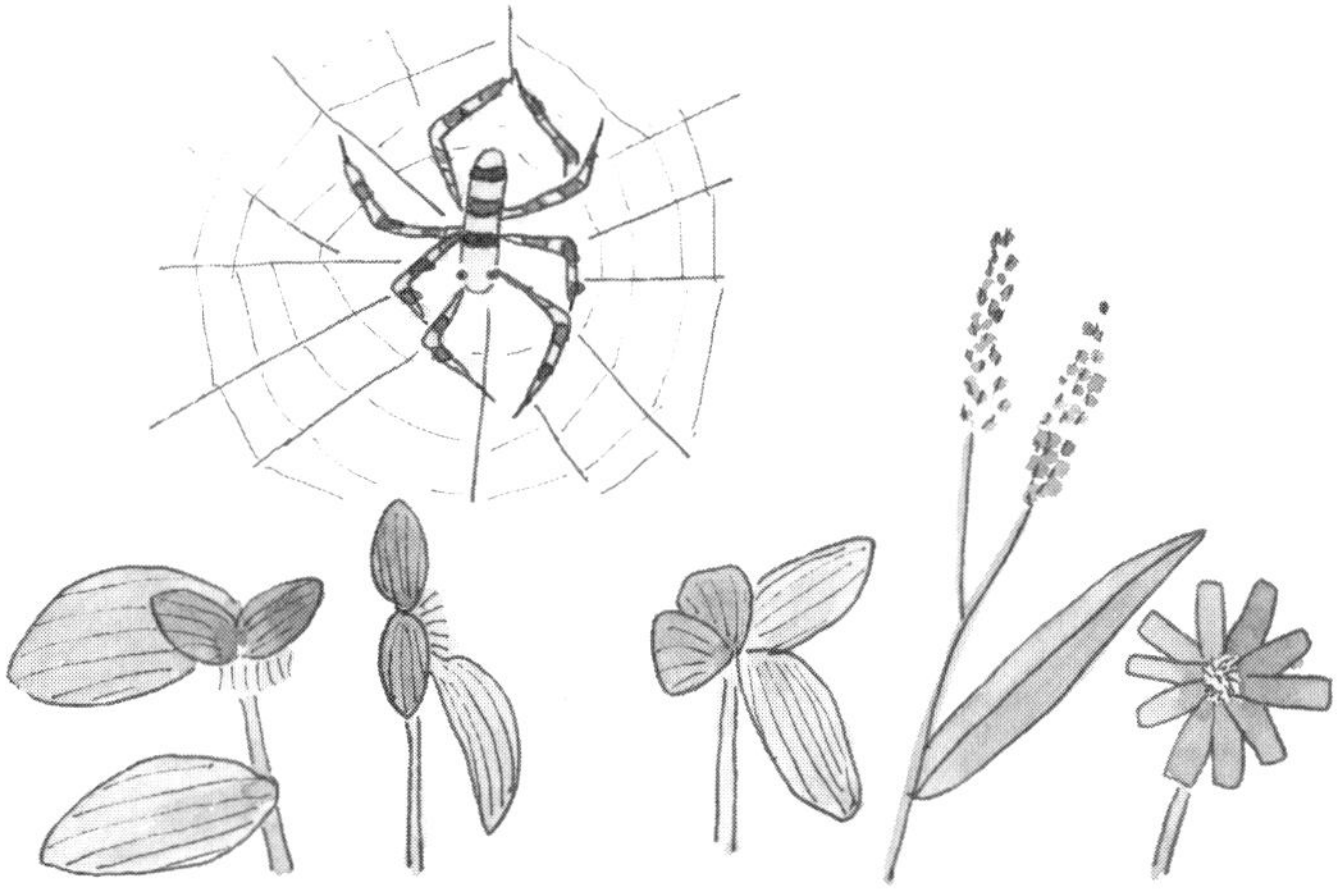

矢上　八郎川沿いに歩き、目に付いたものをスケッチ

矢上

長崎街道と島原街道の追分を見て、どちらの道を選んでも、ここには人生の一局があるなと思いながら眺めていた。

２０１７年10月12日～13日

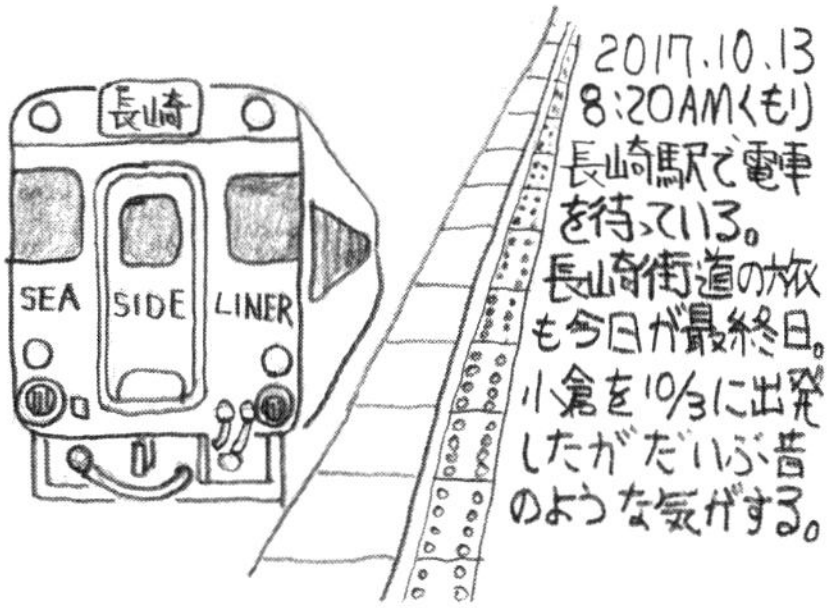
長崎
SEA SIDE LINER
2017.10.13
8:20AMくもり
長崎駅で電車
を待っている。
長崎街道の旅
も今日が最終日。
小倉を10/3に出発
したがだいぶ昔
のような気がする。

矢上宿を目差しているが、今日の予定はその途中にあるJR長崎本線の肥前古賀駅までだ。そこで16時45分発の長崎駅行きの電車に乗らなくてはいけない。この日は時間に十分余裕があるつもりで大村宿から歩き始めたが、道に何度も迷ったので、間に合うか怪しくなってきた。地図を見ると街道の近くには旧本田家住宅があるが、残念だが寄ることはできない。とにかく全速力で歩き続けた。途中から国道34号線を歩くが、信号で立ち止まる度に気持ちがあせる。最後はおおよその見当で、国道から離れて右側の急な坂道を走って登った。この道が正解だったのがこの日唯一の救いだった。肥前古賀駅に着いたのは16時40分。急いでトイレに行き、顔を洗い、定刻通りに来た電車に飛び乗った。汗まみれなので、車内の高校生達が不審そうに私を見ている。こうしている間にも、体からは汗がどんどんふき出てくる。今日の宿泊は長崎駅近くのホテルだが、チェックインの際に嫌がられそうだ。それにしても今日は道をよく間違えた。でも永昌宿からの道は、いかにも街道歩きを味わえる趣のある道だった。

翌日は長崎駅から電車に乗り、肥前古賀駅に着いたのは8時50分。今日も同じホテルに宿泊するので、荷物を部屋に置いてきたので身軽である。天気は今にも雨が降りそうな空模様だ。ここ数日は好天の暑い中を歩いてきたが、今日は多少涼しいので助かる。内野宿と冷水峠を歩いた時、激しい雨のために雨具を着たが、暑くて汗だくになったことを思い出す。やはり雨は避けたいのが本音である。

小倉から歩き始めた長崎街道徒歩の旅だが、今日が最終日だ。先ずは八郎川沿いを歩いて矢上宿を目差す。国道34号線と並行する脇道は車両や人の往来が少なくて快適に歩ける。足元にはコスモスやツユクサが咲いて、その上にジョウログモが巣を張っている。丁度この時に薄日が差してきて、巣に付いた水滴が輝いてい

矢上　長崎街道と島原街道の追分

てきれいだった。それらの生き物達や八郎川を眺めながら歩き、矢上宿には10時前に到着。古い民家はないが、街道らしさを感じさせる所だ。長崎街道と島原街道の追分を通過した。追分とは分岐点のことである。今回の旅にあたり、当初の計画では永昌宿から島原に行き、熊本に渡るつもりだった。最終的には長崎街道を完全に踏破するのが街道歩きの王道ではないかと思い、長崎まで歩くことにした経緯がある。このような分岐点を見ると何か人生を感じる。どちらの道を選んでも、それもまた人生の一局のような気がする。島原街道を選んだら何が待っていたのだろう。プロの将棋の棋士は対局を終えた後に、棋譜に沿って駒を並べ直して感想を述べあう。作戦の分岐点で実戦とは別の手を検討し、「こちらも、ひとつの一局ですね」と言うことがある。そして再び実戦の棋譜に戻して検討を続ける。それと似たような感覚で

2017.10.13
10:20
矢上神社
コマイヌの
表情が
何とも
ユーモラスだな。

追分を眺めていた。今日まで生きてきた中で、私の人生でも至る所に分岐点はあった。その積み重ねで、今日、私はこの場所に偶然立っているように思えた。
矢上神社で休憩をする。随分古い神社のようだ。狛犬の表情が面白い。一般に狛犬はこわい顔をしているが、ここの狛犬は笑っているようだ。それにけっこう時代が入った石物と見受けられた。神社では狛犬をよく見かけるが、各々表情や姿が異なる。中には犬ではなく他の動物のこともある。中山道を歩いた時は、兎やカエルの石像も見かけた。それらを写真撮影したり、紙に鼻の部分を写しとったりするのを趣味とする人がいるくらい、奥深い対象である。ユーモラスな狛犬を後に出発する。次は長崎街道最後の宿場である日見宿だ。

28 日見宿

長崎
町国
第十六番霊場

日見　岩這薬師堂

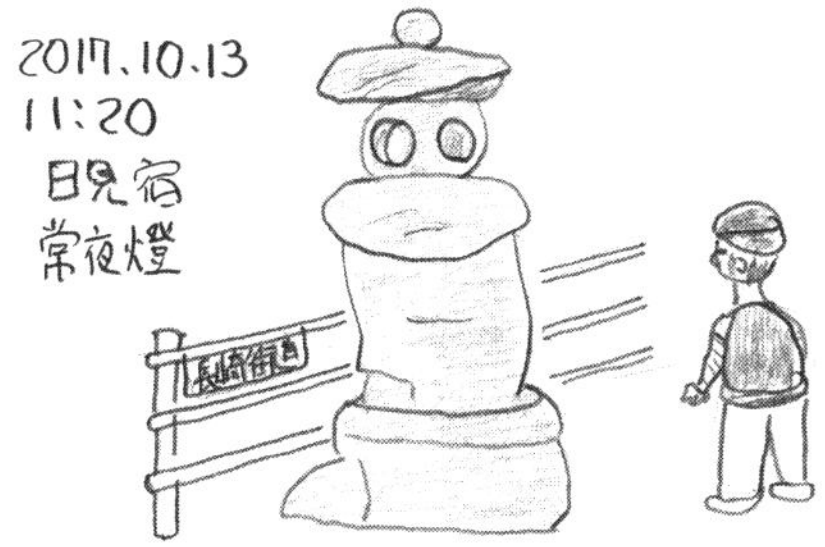

2017、10、13
11:20
日見宿
常夜燈
長崎街道

2017.10.13
11:30
日見峠への道
は急な坂道だ。

日見

日見峠への登りは急勾配の坂道で、けっこう厳しかった。思わぬ難所に遭遇した感じだ。さあ、いよいよ次は長崎だ。

２０１７年10月13日

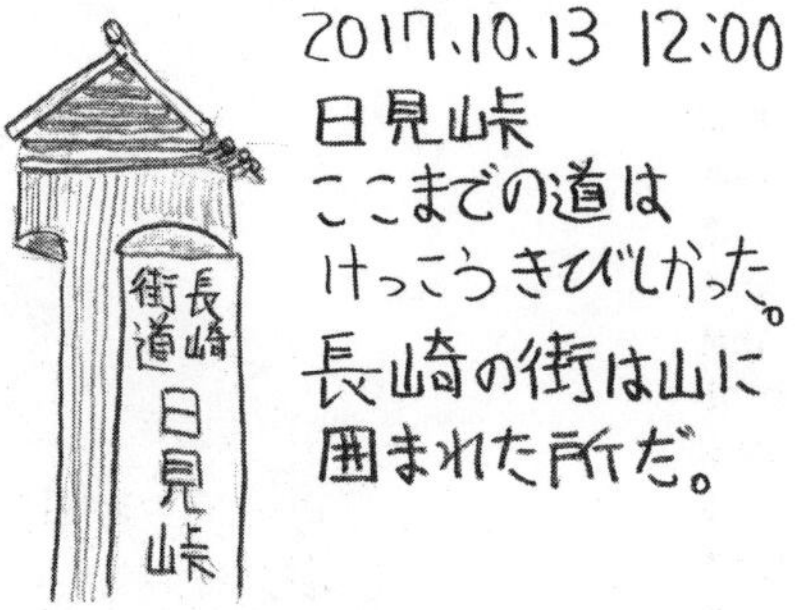
長崎街道
日見峠
2017.10.13 12:00
日見峠
ここまでの道は
けっこうきびしかった。
長崎の街は山に
囲まれた所だ。

矢上宿から日見宿は約4・5㎞と近いので、1時間程歩くと到着した。後は長崎へ行くだけだと軽く考えていたが、上方を見上げると、はるか上に長崎自動車道の高架があり、その先にある峠を越えなければならないようだ。歩いて行くと岩這薬師堂に着く。ここには歯痛観音が祀られていて、片手をほほにあずける姿が歯の痛みを抑えているように見えるため、この観音に願をかけると歯の痛みが治るとされている。

ここから日見峠を目差して坂道を登るが、この道がかなりの急勾配だった。途中で大きな常夜燈を見て一休みし、大きなミカンが実っている木を見ては、また一休みしながら登って行く。やがて長崎自動車道の高架を通り過ぎて日見峠への道に入った。途中で車道から離れて細い山道を進むが、人がほとんど通らない道らしく、クモの巣が多い。落ちていた木の枝を持ち、それを振ってクモの巣を払いながら歩く有様だった。やがて車道に出て、少し行くと日見峠の表示がある場所に着いた。丁度12時なので、昼食とする。登山を趣味にしている私だが、日見宿から日見峠への登り道はけっこうきつかった。長崎市は山に囲まれた場所と認識していたが、その一端を体験した。

29 長崎

長崎　路面電車

SHINDAIKU MACHI
シーボルト通り
2017.10.13 13:20 長崎宿
長崎街道の旅の終点。ここから
『日本縦断歩き』のため茂木港まで行く。

2017.10.13
16:10
長崎駅
NAGASAKI
STATION
茂木港まで歩いてバスで戻ってきた。次の旅は茂木から始まる。

長崎

2017年10月13日、11月8日

ついに長崎に着いた。しかし、ここは鹿児島を目差す旅の出発点でもある。淡々とした気持ちで、茂木港へと歩いて行った。

日見峠から道なりに下りてくると国道34号線に合流する。大きな水源池を右側に見ながら行くと、シーボルト通りと書かれた賑やかな場所に出た。ここを長崎街道の旅の終着点とした。時は13時20分。でも私には長崎街道を11日間歩き続けた感慨はない。この場所が「九州縦断徒歩の旅」第二弾の出発点だ。ここから天草へのフェリー発着所がある茂木港まで約９㎞を歩くのだ。せっかく長崎街道の旅を歩き終えたのだから、もう少し感激に打ち震えてもよさそうなものだが、直ぐに次の旅を考えてしまう私であった。自分でも楽しむことを味わうのが下手で、損な性格だと思う。茂木に行くには峠をひとつ越さなくてはならない。日見峠を越えたばかりなので、つらい歩きになりそうだ。私は長崎街道を歩き終えた気持ちを切り替える間もなく歩き出した。

崇福寺の横を通り、やがて国道３２４号線に合流する。ここからが茂木への登りになる。暑い中を歩くので少々きつい。茂木港から長崎駅行のバスの出発時間が15時22分なので、これには何としても乗らなければならない。約2時間で峠を越えて９㎞を歩くのはかなり厳しい条件だ。スケッチなどしないで急いで歩く。途中から国道を左側に離れて脇道を歩くこともできそうだが、万にひとつでも道に迷うことは許されないので、国道を忠実にたどる。茂木港バス停に着いたのは15時21分。直後に長崎駅方面行のバスが時間通りに来たので飛び乗った。私の「徒歩の旅」は周囲の景色を見たりして、立ち止まりながらゆっくり歩くことを基本としているが、時にはこの様に瞬発力を求められることもある。

バスは歩いてきた道を通って行く。車窓からの景色を見ながら、今回の旅も何とか無事に終了してよかった。私は登山等の旅をして、もう迷う心配のない安全な道に出た時に、ほっとした気持ちになる瞬間が好きだ。このバスに乗って座席に腰掛けた時に、長崎街道の旅を終えた安堵感と余韻が湧いてきた。バスの中では、小倉を出発してから11日間歩き続けた長崎街道の旅を思い出していた。ところで長崎は海のイメージが強いが、山々に囲まれた街でもある。車窓から見た、山の斜面にびっしりと建つ建物群が印象に残った。

　翌日、長崎駅前の歩道橋の上から、下を走る路面電車を眺めながら考えた。今回の旅は、10月上旬の好天の中を歩くことが多かった。この道中記でも、毎日のように暑さに対する弱音を何回も吐露した。しかし、この時期は台風に遭遇してもおかしくない季節だ。昨日のテレビニュースでは南の海上に台風が発生し、今日の午後から九州は雨が続くと報じていた。私は10月の爽やかな季節を歩くつもりだったが、暑さのために辛い旅になったと感じていたことを恥じた。それに、私は陽のあたる所を歩き続けたから暑く感じたのであって、日陰で過ごす人には丁度よい気温だったと思われる。暴風雨の日もあったが、総じて恵まれた天気の中を歩けたことに感謝した。

2017.10.14　10:20　長崎空港　暑さがきびしかった。
航空機を待っている。今回の長崎街道の旅はきつかった。

　長崎駅前から空港行きのバスに乗り、長崎空港に到着したのは9時半。空港のロビーで旅のメモとスケッチを見ながら思った。わずか11日前に小倉を出発したが、その頃の記憶があいまいになっている。こまめに記録を取ることは大切だ。

2017.11.08 8:00 羽田空港 くもり
九州の旅の始りだ。今日はソラシドエアーで長崎まで行く。今回の旅は鹿児島まで歩く。航空機が連続して到着するのを見ているのはおもしろい。
51
Air

旅の再開は11月8日。羽田空港で搭乗するソラシドエアの航空機を眺めている。私は飛行機を見るのが好きで、いつも搭乗の2時間くらい前には空港に着いて、航空各社の機体に描かれている絵や、離発着する機体を見て楽しんでいる。前回の長崎街道の旅では暑さに苦しんだが、今回は歩くのに丁度よい季節だろう。

そして再び長崎駅に来た。駅前の広場では賑やかな声と共に銅鑼の音がする。そこでは子供達が龍踊《じゃおどり》を披露していた。緑色の龍を子供達が持ち上げて歩いている。銅鑼がバンバン鳴って、勇ましいことこのうえない。踊りだすと龍は上下に動いたり、とぐろを巻いたりして舞っていた。この子供達はかなりの練習をしていたのだろう。大人に負けない迫力だった。龍はひげが出ていてユーモラスな表情をしていた。そのカラフルな姿と共に楽しませていただいた。本来の「長崎くんち」は10月だが、それ以外の時にも惜しげもなく披露する地元の人達の姿勢が嬉しい。これから始まる旅を前に気分が高揚してきた。大応援団からの声援を背中に受けた気分で広場を後にした。

前回の旅で茂木港まで歩いたので、駅からバスで茂木まで移動することにした。バスに乗ると、前回の旅でバスの出発時刻に間に合うよう、ひたすらこの道を走るように歩いたことが懐かしく思い出された。あの日は暑かったが、今日の気温は心地よい。

長崎　長崎駅前広場　龍踊

今回の旅では茂木港からフェリーで天草島に渡り、天草を縦断した後、再びフェリーで長島に行く。そして長島を縦断して黒之瀬戸大橋を渡って九州本土に入り、薩摩街道を歩いて鹿児島まで行く。さらに錦江湾沿いを歩いて霧島まで行く予定だ。九州縦断歩きを目差すなら、フェリーなど使わないで、陸路で薩摩街道を歩いて鹿児島を目差すべきとの意見もあるだろう。時刻表を見て、茂木から天草へフェリーで行くことが出来るのを知った時、長崎街道を踏破する今回の計画に決めた。これが私の「九州縦断徒歩の旅」なのだ。

30 茂木

茂木　茂木港　フェリー乗り場

2017.11.08 14:45 長崎 茂木港
トビが鳴きのんびりした景色だ。
天草富岡行のフェリーが出港した。

2017.11.08 15:10 茂木港
アオサギが片足で立ちじっとしている。
私のすぐ近くにいる。

茂木

２０１７年11月8日～9日

宿の部屋から見た日の出は、上半分が赤色、下半分が薄い雲のベールに覆われたピンク色。神々しい太陽の出現だった。

茂木港バス停に着いたのは13時半。今日はこの茂木泊まりなので、漁港を見ながらのんびり過ごすことにする。まずはバス停の近くにあるフェリーターミナルに行った。建物には長崎くんち龍踊りが描かれている。長崎といえばやはり龍踊りなのだろう。この龍がカラフルで勇ましいので早速スケッチした。先程長崎駅前広場で見た光景が思い出され、頭の中では銅鑼がバンバン鳴り響いている。そしてターミナルに入り、明日に乗るフェリーの時刻を確認した後、岸壁に立ちトビの鳴き声を聴きながら、天草に向けて出航して行くフェリーを眺めていた。周りには水溜まりが出来ているので、午前中に雨が降ったらしい。今は雨があがっているので暖かい。直ぐ近くにアオサギが片足で立っていて、私がいるのに逃げない。人馴れしているようだ。

2017.11.09　6:20AM
茂木宿泊の「長崎HOUSEぶらぶら」
の部屋からの眺め。静かな朝だ。
今日は天草に渡たる。

途中のスーパーで夕食を購入してから、宿泊場所の「長崎ハウスぶらぶら」へと向かった。朝食付プランだが３６００円と安いのがありがたい。部屋は海に面していて眺めがすこぶるよい。昔は料亭だった建物のようだ。風呂は18時からなので、混まないうちに入ろうと思い浴室に行くと誰もいない。私が一番乗りで、大きな浴槽を独り占めしてゆっくり入ることができた。風呂からあがり、ビールを飲みながら今回の旅の予定を確認する。明日はこの窓から日の出が見られるといいなと思い、波の音を聴きながら静かな夜を過ごした。

翌日は6時20分に起床。水平線がオレンジ色に染まり綺麗だ。海は穏やか

茂木　宿の部屋から見る日の出

で、漁船が出航して行くのを見ながら、いよいよ今回の旅が始まるのだと気合いが入る。6時45分に水平線近くの雲から太陽が顔を出した。上半分が出ていて、下半分は薄い雲にかくれてピンク色をしている。変わった姿の日の出だが、この美しい光景を部屋から見られた事は幸先がいい。何か神々しい感じがする日の出だった。

朝食を食べ終えて、宿を出発したのは8時半。停泊している漁船を見ながらフェリー乗り場に向かう。上空を見上げると鷹がたくさん螺旋状に舞っている。鷹柱だ。これから越冬地へ渡るのだろう。茂木は静かな港町だが、昔は栄えた所だったようだ。以前に料亭だったと思われる建物を数軒見かけた。トビの鳴き声が飛び交う中をフェリーターミナルへと歩いた。

乗船までに時間があるので周囲を散策する。漁船を見ては昨夜の漁の成果を想像し、トビを見ながら何故この鳥は図体が大きいのに弱いのかと思い、猫を見ては何故港には猫が多いのか等、とりとめもない事を考えながら過ごした。時間を持て余しているせいか、雑念が次々と湧いてきた。

フェリーに乗船したのは10時15分。乗客は私を含めて2人だけなのでゆったりと座ることができた。この船は高速フェリーだけあって速い。これから行く天草の富岡港は熊本県なので、長崎県とはここでお別れだ。今回の旅で天草経由としたのは、おいしい魚が食べられそうだと思ったからだ。私は刺身が大好きだ。「天草、期待しているぞ」と心の底からエールを送った。そして長崎街道、「お世話になりました」。

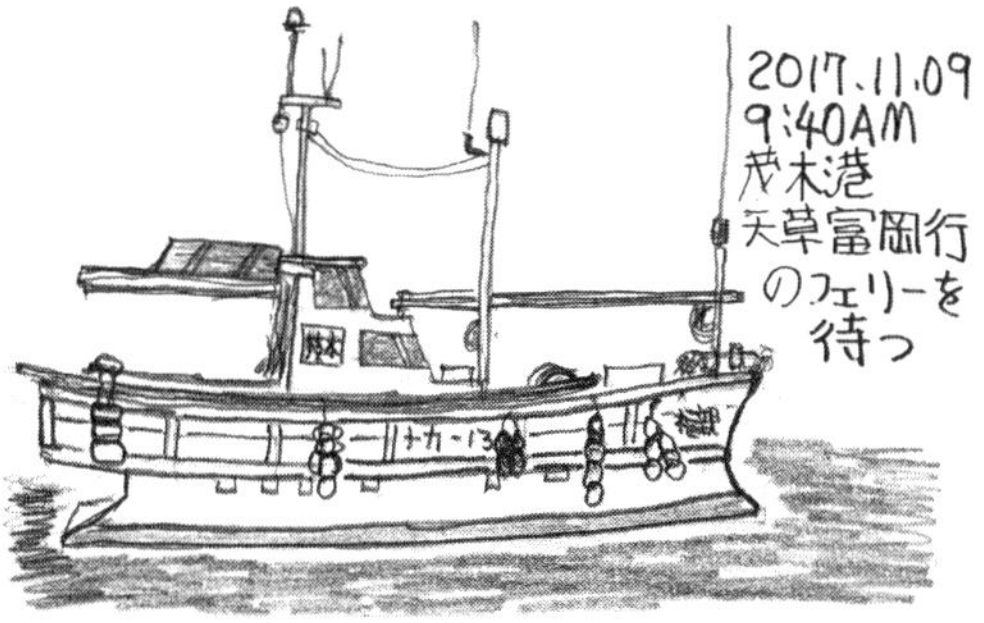
2017.11.09
9:40AM
茂木港
天草富岡行
のフェリーを
待つ

2017.11.09 10:30
苓北観光汽船
高速船「きずなII」
で天草富岡港へ
向っている。
速い。長崎とも
お別れ。

31 天草 富岡

天草　富岡　海岸

天草 富岡

２０１７年11月9日～10日

富岡の海岸は美しい光景が広がっていた。
これから始まる天草の旅への期待が高まる。
どんな事が待っているだろう。

2017.11.09 11:30 天草富岡港より富岡城を見る。
山城である。天草の乱の激戦地だ。

富岡港には11時10分に到着。天草に上陸だとの気合いをよそに、港に一人だけ取り残されると少し不安を覚える。「くまモン」の絵が見られ、熊本県に入ったことを実感した。見上げると山の上に富岡城が見える。まずはそこに向けて歩き始めた。天気は快晴。富岡稲荷神社への赤い鳥居がある石段を上って行く。富岡城は山城で寛永14年（１６３７年）の天草・島原の乱では、幕府方の拠点として一揆軍からの攻撃を受けたが、落城を免れた。本丸跡にはビジターセンターがあり、富岡城及び天草の歴史や環境を紹介していた。ここは高台なので周りの景色はすばらしい。休憩所がセンターに隣接しているので、そこで昼食のおにぎりを食べた。二の丸跡広場には鈴木重成、鈴木正三、勝海舟、頼山陽の像がある。苓北町商工観光課のパンフレットによると、４人とも苓北町にゆかりのある人物で、鈴木重成は「天草・島原の乱」後に、天領となった天草の初代代官となり天草の復興に尽くした。鈴木正三は重成の実兄で重成を補佐したとのこと。勝海舟は長崎海軍伝習所の訓練中に富岡を訪れ寺に落書きを残し、江戸後期の儒学者頼山陽は富岡を訪れ、名作「泊天草洋」を詠んだ。

今日は富岡に宿泊するので時間は十分にある。この付近を散策した後、道を下って海岸に行くことにした。畑の中の道を進んで行くと、富岡湾とは反対側に位置する天草灘が見える展望台があった。海に浮かぶ岩とそれにぶつかる波しぶき、砂浜が美しい景色を創り出している。私は海を見るのが好きだ。高校生の頃は、将来の職業として航海士になりたいと思い、商船大学の受験を本気で考えていた。この草地でうたた寝をして、高校生の頃の夢を見れば気持ちよさそうだと思い、寝ころんできれいな海と青空を眺めていた。

展望台を後に、海岸まで下りると白い石が一面に広がっていた。苓北町のパンフレットによると、これは

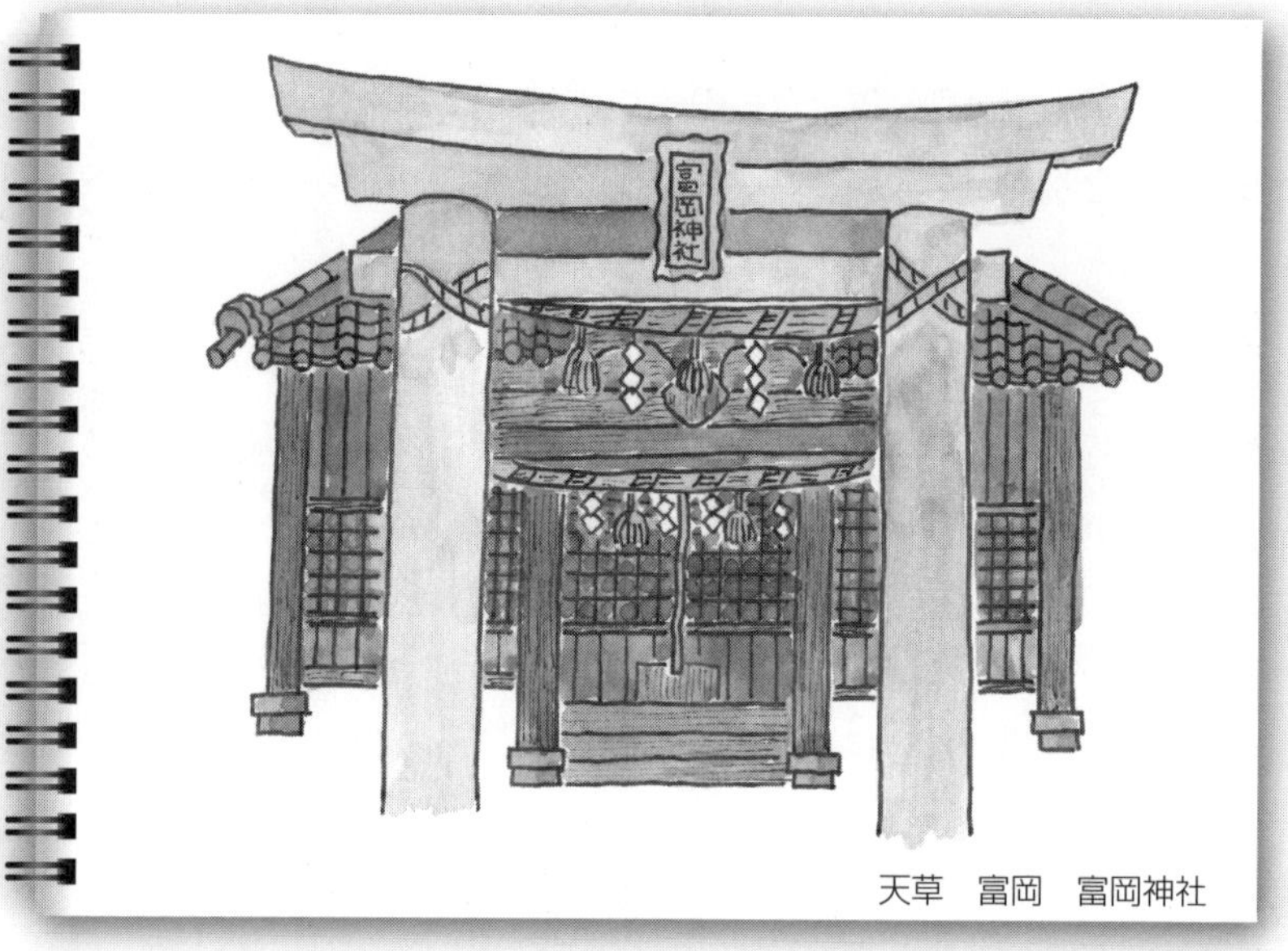

天草　富岡　富岡神社

世界に誇る良質な磁器の原料である天草陶石とのこと。遊歩道を進み、富岡海水浴場を通り富岡神社に向かう。富岡神社は階段を上った所に静かに佇んでいて、今回の旅の安全を祈願した。

今日の宿泊は「あまくさ温泉ホテル四季咲館」で、建物の前は海水浴場で砂浜が広がっていた。ところでこのホテルで二つありがたいことがあった。ひとつはランドリーが無料で使えたこと。もうひとつは、最初に入った私の部屋はエレベーターの横で、その駆動音が気になった。ホテルのフロントに部屋を変えてほしいと頼むと、こころよく変更してくれたことだ。ささいな事かも知れないが、嬉しい出来事である。

展望がすばらしい大浴場に入った後は夕食となるが、ビジネスコースにもかかわらず、食事の内容はすばらしかった。ビールの後には焼酎「天草四郎」のお湯割りを注文。煮魚を食べながら飲む酒は旨かった。

翌日は6時20分に起床。ホテルの部屋からは、今日歩くサンセットライン方面がよく見える。実質、今日から本格的な徒歩の旅が始まる。サンセットラインの名前からもわかるように、天草灘が西側に開けている道路だ。夕日がきれいなのだろう。もっともこの道を歩いている最中に太陽が沈んだら、非常にまずい事態となる。そう考えると、天草で夕日を見るのはむずかしいかも知れない。昨日のうちに、このホテルから見ておかなくてはいけなかったようだ。

明日から本格的な徒歩の旅なので、これ以上は飲まないようにしよう。実に飲みやすい焼酎なのだが…。
LAGER
2017.11.09
19:10 夕食中。
魚の煮付けを食べ、ビールがなくなったので焼酎『天草四郎』を注文した。

2017.11.10
6:30AM
『あまくさ温泉四季咲館』の部屋より、今日歩く方面を見る。下は富岡海水浴場。

朝食はバイキング形式ではなく、個別に席に運ばれてくるので落ち着いて食べることができた。特に味噌汁が美味だった。朝食はしっかり食べられたし、体調はよさそうだ。気合いが充実してきた。天気はすこぶるよい。海は陽を受けて青く輝いている。今日は楽しい旅が期待できそうだ。

32 天草 苓北

天草　苓北　レタス畑

天草 苓北

２０１７年11月10日

頼山陽公園に来ると、「泊天草洋」の詩碑があった。そのスケールの大きな詩に感銘して、意気揚々と歩いて行くと、レタス畑がある。そこでは、秋空を強い風に吹かれて鷹の姿をしたタコが勢いよく舞っていた。ビュンビュン音がする。これではスズメやカラスは近づけないだろう。そのタコの勢いに励まされるように、サンセットラインを目差して歩き出した。

「あまくさ温泉ホテル四季咲館」を8時に出発。海水浴場を右手に見て、松林に囲まれた道を歩く。防風林なのだろうが、日差しを遮ってくれるのでありがたい。この辺りは「天草・苓北オルレコース」というハイキングコースだ。苓北町商工観光課のパンフレットによると、「オルレ」とは韓国済州島から始まったもので、済州島の方言で「通りから家に通じる狭い路地」という意味とのこと。自然豊かな済州島では、トレッキングする人が徐々に増え、「オルレ」はトレッキングコースの総称として呼ばれるようになった。九州オルレは、済州オルレの姉妹版で、九州の魅力を再発見してもらうために整備され、「天草・苓北コース」は15番目のコースとなった。「武雄コース」や「嬉野コース」もあり、私も意識しないまま、長崎街道を通ったときにその一部を歩いてきたようだ。

そして頼山陽公園に着いた。頼山陽は、海に落ちる夕日を眺めながら「泊天草洋《あまくさなだにはくす》」を詠んだ。その詩の冒頭は「雲耶山耶呉耶越」で始まり、その意味は「雲か山か呉か越か」である。何とも壮大で勢いにあふれた詩である。私では目の前の天草灘を見ても、中国大陸まで想いを馳せることはできない。せいぜい水平線の手前に浮かぶ小島くらいまでだろう。つまり私は目に見える範囲しか物事を考えられないのだ。このスケールの違いは教養、経験、度胸、それ以外にもたくさんの要素がありそうだ。

パンフレットによると、ここ苓北町には多くの文人が訪れている。近くには林芙美子の文学碑があり、「旅に寝てのびのびと見る枕かな」と刻まれている。これなど昨日私が海を見ながら草地で眠たくなり、そこで寝ころんでうとうとしたのと同じ様なものではないか。ただ文才が劣るので、私には句を詠むことはできないのが口惜しい。明治40年（１９０７年）には与謝野鉄幹、北原白秋ら５人が東京から九州天草に降り立ち、旅を始めたのもこの苓北とのことだ。

今日はサンセットラインを、天草灘を右側に見ながら歩くが、その前に昼食を購入するため、１㎞程寄り道して苓北町の中心部にあるスーパーに行った。昼食を買える店はどこにでもある訳ではないので、事前に店のある場所を把握して、確実に購入しておくことは徒歩の旅の鉄則だ。その途中の道では両側にレタス畑が広がっていた。そこに鷹の姿をしたタコが舞っている。この日は風が強いので勢いがすごく、ビュンビュン音がしている。案山子よりは効果がありそうだ。パンフレットによると、ここ苓北町では、４月~８月までは早期米、10月~３月まではレタス栽培の二毛作が行われているとのことだ。おもしろい景色なのでしばらく立ち止まって見ていた。この後スーパーでおにぎりを購入したので何の憂いもなくなった。畑の中の道を歩いてサンセットライン国道３８９号線を目差す。空には鷹の形をしたタコ、地上では案山子に見立てた黒いビニールが強風で揺れていた。

33 天草 サンセットライン

天草　サンセットライン　海岸線

天草 サンセットライン

２０１７年11月10日

天草灘に広がる青い海と岩が繰り出す絶景を見ながら歩いた。太陽が沈む時の景色を想像しながら歩く旅は楽しかった。

2017、11、10 10:50
天草サンセットラインを歩いている。もうすぐ下田。
風は温かく心地よい。

サンセットライン国道389号線を歩き始めた。右側は天草灘で左側は山だ。しばらくして白い大きなプラント施設が見えてきた。火力発電所のようだ。それにしてもこのサンセットラインから見る海側の景色は絶景が続く。海側は崖になっていて、海岸近くに岩がそびえるように立っている。そこに波が当たって砕けて白い泡となる。見ていて爽快だ。この日の天気は快晴で、海の青い色が特に鮮やかに感じられた。やはり海には太陽がよく似合う。岩には釣り人がいるが、よくその岩場まで行けたものだと不思議に思って眺めていた。

下田大橋を渡ったところで昼食とした。この辺りには下田温泉がある。ここに宿泊したら、素晴らしい日の入りの景色が見られるのだろうなと想像する。何と言っても道の名前はサンセットラインだ。その後、宮の本トンネルを通り、海沿いから離れて山側に道は続く。天草は山深い島でもある。小さなトンネルをいくつか通った。車で通過する時は特に意識しないが、歩いて通る時、幅の狭いトンネルは怖い。トンネル内を歩いている時は、車が来ないことを願いながら足早に歩く。そして、天草中学校の手前からサンセットラインから離れて、上河内の街へと入って行った。この街を抜けると、道は山への急な登りとなる。車や人はほとんど通らない。そして登り切った峠付近にトンネルがあった。このトンネルが不気味だった。長さは80mくらいだが、トンネル内に照明がないのだ。トンネルの真ん中付近まで来た時に前を見ると、出口はギラギラと白く光っている。しかし足元は真っ暗で全く何も見えない。ひんやりした風が通り抜ける。背中がぞくぞくして思わず後を振り向いた。それにしても足元が何も見えない所を歩くのは非常に怖かった。歩いていても、空中を浮いているような感じになる。何よりも危ないことこの上ない。小さな石でもつまずきそうだ。

もし蓋が開いたマンホールがあって、その中に落ちたら、そこから永久に出られなくなるなど、悪いことばかり想像してしまう。この時の私はトンネル内の涼しさを味わう余裕はなかった。またこの様な照明のないトンネルを歩く時は、懐中電灯が欠かせないことを痛感した。トンネル内で車と出合わなかったからよかったが、トンネル内を歩く時は、交通誘導員が着ているような光を反射するベストを着用した方がよさそうだ。

34 天草 大江

天草 大江 八幡宮

2017、11、10
15:30
大江教会
に寄る。
少し寒くな
ってきた。
さて、今日の
宿へ急ごう。

2017.11.10
19:30
タイの兜煮
皿うどん
魚の塩焼
赤貝とエビ
カンパチの造り
日本酒
平野屋旅館
すごい夕食。
食べきれない。

天草 大江

2017年11月10日〜11日

「平野屋旅館」の料理はすごかった。刺身が好きな私でも、食べきれなかった。そして旅館の人達からは温かい親切を受けた。

料金受取人払郵便

新宿局承認

3971

差出有効期間
2022年7月
31日まで
(切手不要)

郵便はがき

1 6 0-8 7 9 1

1 4 1

東京都新宿区新宿1－10－1

(株)文芸社

愛読者カード係 行

お名前《ふりがな》		明治 大正 昭和 平成 年生 歳
ご住所《ふりがな》	□□□-□□□□	性別 男・女
お電話番号	(書籍ご注文の際に必要です)	ご職業
E-mail		

ご購読雑誌(複数可)	ご購読新聞 新聞

最近読んでおもしろかった本や今後、とりあげてほしいテーマをお教えください。

ご自分の研究成果や経験、お考え等を出版してみたいというお気持ちはありますか。

ある　ない　内容・テーマ(　　)

現在完成した作品をお持ちですか。

ある　ない　ジャンル・原稿量(　　)

書　名			
お買上 書　店	都道 府県　　　　市区 郡	書店名	書店
		ご購入日	年　月　日

本書をどこでお知りになりましたか?

1.書店店頭　2.知人にすすめられて　3.インターネット(サイト名　　　)

4.DMハガキ　5.広告、記事を見て(新聞、雑誌名　　　)

上の質問に関連して、ご購入の決め手となったのは?

1.タイトル　2.著者　3.内容　4.カバーデザイン　5.帯

その他ご自由にお書きください。

(　　　)

本書についてのご意見、ご感想をお聞かせください。

①内容について

②カバー、タイトル、帯について

弊社Webサイトからもご意見、ご感想をお寄せいただけます。

ご協力ありがとうございました。

※お寄せいただいたご意見、ご感想は新聞広告等で匿名にて使わせていただくことがあります。

※お客様の個人情報は、小社からの連絡のみに使用します。社外に提供することは一切ありません。

■書籍のご注文は、お近くの書店または、ブックサービス(0120-29-9625)、セブンネットショッピング(http://7net.omni7.jp/)にお申し込み下さい。

トンネルを通過して峠を下って行くと分岐があり、畑で作業をしている方に「大江へはどちらの道を行けばよいのですか」と尋ねると、「ここが大江だ」と言う。全くその通りなので、「大江教会への行き方を教えてください」と再度尋ねると、丁寧に道順を教えていただいた。天草ロザリオ館から石段を上って大江教会に着くと観光客が大勢いて、皆が写真を撮っている。私も見ていたが寒くなってきたので、今日の宿「平野屋旅館」に急ぐことにした。

旅館を探していると、女将さんから声をかけられた。私のなりを見て宿泊者だとわかったらしい。この「平野屋旅館」は思い出に残る宿だった。まず夕食の量がすごい。刺身の造りは鰺のような小さい魚でなくカンパチである。そしてタイの兜煮と鮎の塩焼き、ホタテとエビ、小鉢が7品、さらに日本酒までついている。ビールを飲みながら食べていたが、そこに皿うどんが出てきた。さすがに食べきれなくて、残して申し訳ない旨を伝えて席を立とうとしたとき、これからごはんと味噌汁を出すところだったとのこと。私は出された料理は全て食べる主義だが、この料理を食べきることはできなかった。「九州縦断徒歩の旅」で天草経由とした一番の理由は、大好きな刺身が旨そうだと考えたからだが、これで目的は完璧に達成された。

「平野屋旅館」の宿泊する場所は食事した場所とは別で、少し離れた一軒家である。その家には部屋が複数あった。今日の宿泊者は私一人なので、本来ならリラックスできるところだが、大きな家の中にたった一人なので何か落ち着かない。そして夜の9時頃に激しい雷雨となった。玄関横の窓が開いていて雨が吹き込んできたので、あわてて窓を閉める。私は従業員ではないが、他の部屋の窓もこの様に開いていないか心配になり見て廻った。また、同時に戸締まりがしてあるかも確認した。ようやく安心して、暴風雨の音を聴きな

2017.11.10 20:55
大江
平野屋旅館
離れの3つの
部屋を一人占
めしている。
夕食の料理は
あまりにすごか
った。大満足。

春暁　　孟浩然
春眠不覚暁
処処聞啼鳥
夜来風雨声
花落知多少

がら眠りについた。これが昼間の歩いている時間帯でなくてよかった。天の神様は、私の歩き旅の味方をしてくれている。

翌日は5時20分に起床。夕食の食べ過ぎと、激しい風雨の音でよく眠れなかった。明け方にうとうとしていると、鳥の鳴き声が聞こえてきた。昨夜の雨はあがったようで、散歩をしようと思い立ち隣の八幡宮に行くと、地面には小枝や葉がたくさん落ちている。かなり激しい風雨だったらしい。正に孟浩然の詩「春暁」のような感じだ。高校の履修科目に漢文があったが、一番最初に習ったのが「春暁」だった。私が全文を覚えている唯一の漢詞である。もっとも今は秋なので「秋暁」だと思ったが、その題名では朝の気だるい感じがでないようだ。

ところで「平野屋旅館」の朝食がまたすごかった。ここでも煮魚が出た。私は煮魚が好きで、そ

天草 大江　平野屋旅館の猫

の食べ方を女将さんに褒めていただいた。私が歩いて天草を縦断していることを話すと、天草の名所を色々教えてくれた。そしてやはり食べきれずに鯵の干物を残したら、昼食のお弁当の中にそれを入れてくれた。実はお弁当は注文していなかったが、ここの女将さんが私の徒歩の旅を知って用意してくれた。本当にありがたかった。部屋に戻ろうとすると猫がやってきた。そして座敷の座布団に寝転んだ。茶色の縞模様が特徴的だ。手を出すとじゃれてかわいらしい。しばらく猫と遊ばせてもらった。「平野屋旅館」は実に楽しく過ごせた宿だった。歩く旅では景勝地が次々と現れるので、スケッチをした場所以外はだんだん記憶が遠のいていく。しかし人から受けた親切は決して忘れはしない。

35 天草 小高浜

天草　小高浜

天草 小高浜

２０１７年11月11日

小高浜もまた、岩と海とが創り出す素晴らしい景色が続いていた。岩の上に生えた松に力強さを感じた。海風に負けまいというより、それに合わせて形を創りあげているようだ。そのしなやかな生き方からは、何か大切なことをお教えられたような気がした。

8時に「平野屋旅館」を出発。その際、女将さんに﨑津教会を是非見てほしいとのアドバイスを受けた。それと﨑津教会へ行くには小高浜経由の道を勧められた。当初はここから首越峠を越えるつもりだったが、サンセットラインの唐崎トンネルを通って行くことにする。このトンネルは広い歩道があり歩きやすかった。長さ500m程のトンネルなので7分程で歩き終えたが、もし峠越えの道を歩いていたら40分以上はかかっただろう。トンネルを出て、サンセットラインから離れて小高浜方面の海沿いの道へと進んだ。せっかく天草に来ているのだから、出来るだけ海を見ておきたい。そしてこの景色がよかった。湾内の海は穏やかで、天気は晴れなので、太陽に反射した海の青さが映えている。近くの岩には松が生えていて、背後の山もきれいな絶景だ。そこには「平野屋旅館」の女将さんが推奨する景色が広がっていた。少し冷たい海風が心地よかった。そして松を見ながら考えた。松は海風に逆らわないように幹を傾け、枝を伸ばしている。それは自然に負けまいという姿ではなく、自然にはどうせ勝てないのだから、それに合わせて生きていこうというしなやかな姿勢だ。何か大切なことを教えていただいた気がした。

﨑津へはサンセットラインに出て富津トンネルを歩く予定だったが、トンネルの手前に海沿いの道があるので、少し遠回りになるがこちらを歩くことにした。この道は﨑津教会にも通じているようだ。小さなトンネルを2つ通り、双眼鏡で周りの景色や鳥を見ながらのんびりと歩いた。この頃になると、最初は怖いと思っていたトンネルにも慣れてきて、楽しく通過できるようになった。金比羅山を巻くように海に沿って歩いて行く。地図で見るとこの付近は「番所の鼻」と言うようで、岩と海とが創り出す素晴らしい景色を十分に堪能した。

36 天草 﨑津

天草 﨑津　﨑津教会

天草 﨑津

漁港の街に建つ﨑津教会は、グレー色の緊張感が漂う建物だった。

２０１７年11月11日

2017.11.11 12:30 牛深に向かっている。久留で
コスモスの群落
あり。秋なのだ。

9時半頃に﨑津地区に入った。そこは漁港の街で明るい感じがする。その中に﨑津教会があった。尖塔の上に十字架が掲げられていて、グレー色の外壁が引き締まった緊張感を醸し出している。ゴシック様式の気品のある建物だ。観光客も大勢いて、教会の前で記念写真を撮っていた。教会の近くに「みなと屋﨑津資料館」があるので見学することにした。パンフレットによると、昭和初期、﨑津は海産物や隣町の木材や木炭などの交易によって栄え、街なかには木賃宿や旅館が建ちならび、日中から三味線の音が鳴り響くなど、とても繁栄していたとのこと。この建物は、昭和11年に建てられた旅館「みなと屋」を資料館として改修したとのことだ。﨑津の歴史やキリスト教信仰について紹介し、潜伏時代の品々が展示されている。展示物は目立たないように気をつけたためだろう、小さな物が多い。解説文を読むうちに、「潜伏キリシタン」と「かくれキリシタン」とは違うことを知った。キリスト教が禁じられていた17世紀～19世紀の日本において、ひそかにキリスト教由来の信仰を続けてきた人々を「潜伏キリシタン」と呼ぶ。そして、キリスト教が解禁となった19世紀後半以降、カトリックに戻らず独自の信仰を続けている人々のことを「かくれキリシタン」と呼ぶとのことだ。私も含めて間違った解釈をしている人は多いと思われる。再び﨑津教会に戻ると、観光客が少なくなったので建物の内部に入った。きれいで格調高い空間だった。この﨑津集落も含めて12か所の潜伏キリシタンに関する長崎と天草の施設は、２０１８年に世界文化遺産登録をされた。

﨑津教会を出発するとすぐに﨑津トンネルがある。約１㎞の長いトンネルだが、歩道が広くて歩きやすい。しばらく海沿いを歩いて行く。歩いている道路は南側に海を見るようになったので、サンセットラインの呼び名は地図から消えている。久留川近くの公園で昼食としたが、「平野屋旅館」で弁当を持たせてくれたことに感謝した。ここまで来る途中にコンビニなどはなくて、昼食を購入できる店は見当たらなかった。朝食で食べられなかった鯵の干物も加わった豪勢な弁当だ。周りに咲くコスモスを見ながら食べる弁当は、真心がこもっていて旨かった。この天草は秋本番だ。

37 天草 牛深

天草 牛深　牛深港　牛深ハイヤ踊りモニュメント

天草 牛深

2017年11月11日～12日

牛深では何と言っても「牛深ハイヤ踊り」だ。その「ヨイサー・ヨイサー」で始まる賑やかな唄は、今でも私の耳に残っている。

2017.11.11 15:40牛深 やっと着いた。アジサシが何度も海に飛び込んでいる。

2017.11.12
6:30AM牛深
民宿とみかわに泊った。
今日も天気は晴
民宿
とみかわ

路木川に架かる路木橋を渡り、海沿いの道から離れて牛深を目差す。道は山の中へと入って行く。今日も晴れて暑く、時々木々で日差しが遮られるのでありがたい。牛深温泉センターの横を通り過ぎると、やがて久玉浦に到着。牛深の市街地を通って海を左側にして歩いて行くと、鳥が何度も急降下して海に飛び込んでいるのが見えた。双眼鏡で確認をするとアジサシのようだ。全国を旅していると、普段は見られない鳥に出会えることが多い。私はバードウォッチングが好きなので、常に携帯している双眼鏡が役立った。アジサシを見たのは初めてで、嬉しい出会いだった。天草を歩き出して3日目だが、道ですれ違う人達は大人も子供も皆が挨拶をしてくれる。目が合うと頭を下げてくれる人も多い。天草は風景、人柄共に明るい所である。

今日の宿は牛深港の横にある「民宿とみかわ」だ。夕食は魚づくしの内容で、魚好きの私としては大いに嬉しい。食事をしながら、今日一番の出来事は「潜伏キリシタン」と「かくれキリシタン」の違いを知ったことかなと思った。それにしても、何故私は信仰を特に意識することなく、日々の暮らしが出来るのだろう。難しい問題なので、これ以上考えるのは止めておく。

翌日は5時半に起床。朝食の時に同宿の人と会話をする。彼は港近くの工事現場で電気工事をしているとのこと。私の仕事も建築設備なので、同業者であり話が合う。彼は工事中の建物の設計図がいいかげんなので苦労していると嘆いていた。それを聞いた時、私が建築設備設計の仕事に携わっていることを言いそびれてしまった。

牛深での第一印象は何といっても「牛深ハイヤ節」である。牛深港に着くと女子高校生だろうか。着物を着た姿で唄と踊りの練習をしている。この日は日曜日なので、全体練習なのだろう。若々しくて、見ている

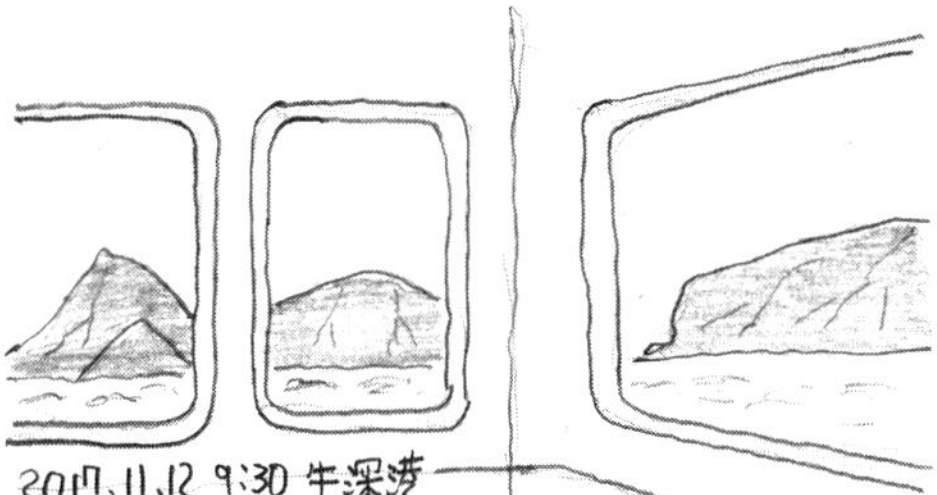

2017.11.12 9:30 牛深港
蔵之元 行のフェリーは出港した。天草ともお別れ。長島に向う。

私も元気を注入された感じだ。観光客は彼女達も入れて写真を撮っていた。「牛深ハイヤ節」は「ヨイサー、ヨイサー」の掛け声で始まる唄で、踊りを加えたものが、「牛深ハイヤ踊り」となる。この唄は時化《しけ》待ちなどで牛深港に寄港した船乗り達を持てなすために、女性達が唄ったのが始まりとされている。それが船乗り達によって全国に広められた。港にはこの踊りのモニュメントがあった。女子高校生達もこれと同じような着物、髪型をして踊っていた。

この牛深で天草ともお別れだ。フェリーで長島の蔵之元港に向かう。振り返ると牛深ハイヤ大橋がきれいな弧を描いているのが見える。最後まで景色のきれいな天草だった。それに今見たばかりの「牛深ハイヤ踊り」もよかった。これで熊本県ともお別れだ。結局、熊本県で歩いたのは天草だけだったことになる。でも充実した時間を過ごすことができた4日間だった。

38 長島

長島　鬼塚古墳

2017.11.12 11:50 鬼塚古墳付近より。長島古墳公園に寄る。牛深ハイヤ大橋が見える。

2017、11、12
11:30 はれ
長島 はにわの構築物。
素朴な表情がいいね。

長島

２０１７年11月12日～13日

国道の両側に、手入れが行き届いた花壇がたくさんあった。旅人を歓迎する長島町の人々の優しさが感じられた。

牛深港を後にフェリーで長島の蔵之元港に着いたのは10時。九州を縦断して歩く旅も、ついに鹿児島県に入った。今日の歩程は約14㎞と短いので、普通に歩くと直ぐに宿に着いてしまう。ゆっくりと歩き始めた。今日も天気は晴れ。長島では海沿いに国道389号線を歩いて、黒之瀬戸大橋を渡り九州本土に出る旅だ。右側に見える海は日本海ではなく東シナ海。この日本海と東シナ海の境界だが、対馬海峡が分岐点のようだ。長島も天草と同じで、海岸沿いは崖になっていて道は高台を通っているので見晴らしはすこぶるいい。地図を見ると古墳がたくさん記載されている。この島は昔栄えた所らしい。最初に鬼塚古墳に寄った。草地の中に石が積みあがっている。奈良県の飛鳥に有名な石舞台古墳があるが、それを小型にした感じだ。横穴式の石室があり、6世紀後半の築造とのこと。ここからは天草の牛深方面が望め、牛深ハイヤ大橋が見える。先程まで牛深港で見た、女子高校生達が甲高い声で唄う牛深ハイヤ節を思い出した。そして少し国道を行くと、埴輪の形をした構築物がある。目を丸くして、口をぽっかりと開けた素朴な表情がいい。この付近から海側に下りて行けば小浜崎古墳群があるが、天気がよい中を長島の自然に長い時間浸りたくて、ゆっくり先を進むことにした。

国道389号線の両側は花壇になっている。長島町の耕作課や水道課の表示板があり、その部署が各々の花壇を管理しているのだろう。ここでは町の人々が花で旅人をもてなしてくれている。海側を見ると南国風の木の下には赤や黄色の花が咲いていて、その奥には東シナ海が広がる色鮮やかな景色だ。そして正午頃に「道の駅長島」に到着。ここのベンチでおにぎりを食べる。目の前の海は光を反射して、青くキラキラと輝いていた。地図を見ると、近くの長島温泉センター横の坂道の上に歴史民俗資料館があるようだ。見学しよ

長島　国道389号線のお花畑

うと思い、道を登って行ったが、かなり奥の方にあるようなので途中で引き返してきた。車では多少の距離は問題ないが、徒歩の場合は戻る時間をどうしても気にしてしまう。それに街道歩きをしている時の癖で、寺社を優先的に見ようとするため、その先に踏み込むことに躊躇してしまった。

道の駅を出発して指江古墳を見るため、指江の信号から海側の道に入ったが、古墳を見つけることが出来なかった。時間を持て余し気味に歩いているせいか、今日の私は行動にキレがない。普段なら見つけるまで引き下がらないが、遅すぎる歩きが自分のペースに合わなくて、判断基準に狂いが生じていたようだ。こんな状態で歩き続けていると長島護国神社があった。ここの狛犬の表情が面白い。本殿や鳥居などもあるが、それらより長い年月を風雨にさらされて、苔や地衣類が付いた小さな狛犬が何となく愛おしく感じられた。

長島での宿泊は「民宿夕暮荘」で15時前に到着。テラスの前では敷石を敷く工事をしていた。あまりに早いので宿の人に迷惑をかけると思い、そのまま通り越して漁港を見に道を下って行った。漁港ではこの日が日曜日ということもあり、釣りをしている人が多い。今日の宿の場所は既に把握したので、私は安心してぼんやり海と釣り人を眺めていた。そして再び坂道を上り「民宿夕暮荘」に着いたのは16時。声をかけたが、誰も出てこないので、敷石を敷く工事をしている人に尋ねるとこの方がご主人だった。先程、前を通った私を見て今日の宿泊者だと思ったとのことだ。部屋に入るといつものルーチンをこなす。洗濯をしながらスケッチの仕上げを終え、風呂に入ってから部屋でくつろいでいた。その時、隣の部屋の人が間違って私の部屋のドアを開けたので驚いた。その後夕食を食べながら、今日は古墳を丁寧に見て廻ればよかったと反省をした。その反省時間が長すぎたのと料理が旨いので、大瓶ビールを2本飲んでしまった。先程ドアを開けた方は隣の席で食事をしており、その際の失態を恐縮していた。ここには仕事で宿泊のようだ。

2017.11.12 14:10 長島護国神社
小さな狛犬あり。宿に早く着いてしまうので休憩

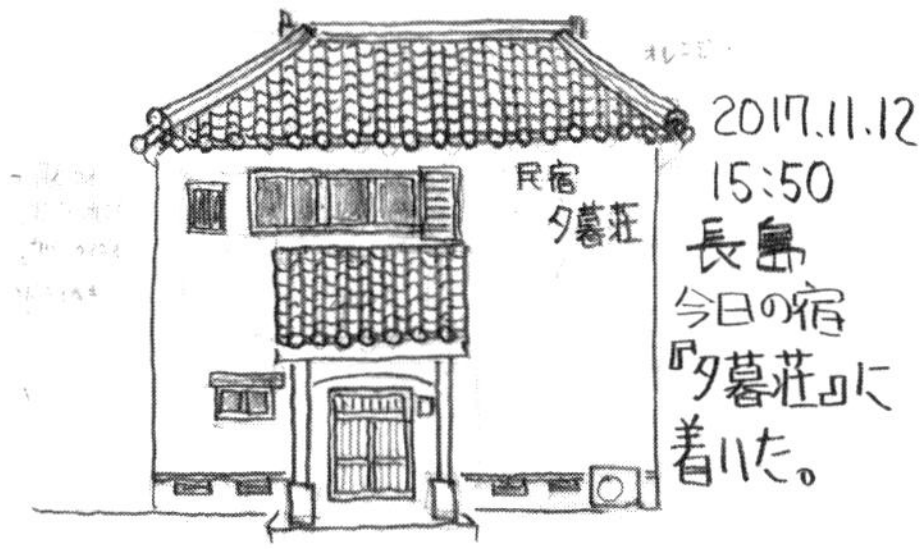
民宿
夕暮荘
2017.11.12
15:50
長島
今日の宿
『夕暮荘』に
着いた。

　翌日は6時10分に起床。宿を8時前に出発。歩いて行くと、国道389号線の横にひまわりの形

長島　国道389号線の花壇と東シナ海

に石が並べてある。その草地には黄色い花が咲いていて、背後の東シナ海は穏やかだ。昨日は役所が管理している花壇を見たが、これは地元の会社が管理しているらしい。ここ長島では役所と企業が一体となって、国道389号線の道端に花壇を作り花を育てている。長島は花と古墳の島だった。何か南国的な明るい感じのする島である。

先を歩いて行くと黒之瀬戸大橋が見えてきた。青い色をした美しい姿をしている。この橋を渡ると九州本土である。この黒之瀬戸だが、日本三大急潮のひとつと言われている。この橋が架かるまでは、定期船で往来しなければならなかったが、1974年に供用が開始された。当初は有料だったが、1990年からは無料開放された。そして日本三大急潮だが、鳴門海峡と関門海峡の他は諸説あるようだ。黒之瀬戸大橋の手前にある「道の駅黒之瀬戸だんだん市場」に着いたのは9時40分。

長島　黒之瀬戸大橋

トイレ休憩をしてから幅の狭い歩道を歩き出す。長島と九州本土との間は近いこともあり、さすがに風が強く吹き抜ける。歩き始めて直ぐに帽子をザックに入れた。下を見ると海面ははるか下で少々怖い。確かに潮の流れはかなり速いようだ。こんな状況でもイルカが泳いでいないかなと見続けるのが、私のしぶといところだ。せっかくなので、橋の途中でスケッチをするために立ち止まる

2017.11.13 9:50
黒之瀬戸大橋を渡っている。下を見ると少しこわい‼

が、体が宙に浮いている感じで気持ちが落ち着かない。それに風が強くて、手帳やシャープペンシル、消しゴムを落とさないように細心の注意をしながら描くので大変だ。手帳の紙がちぎれそうになるくらい風が強かった。橋を渡り終えたのは10時。鳴門海峡と関門海峡は近くで見たことがあり、これで日本三大急潮を全て見たことになる。今日の宿泊地は阿久根市なので、ここから県道365号線を約10km歩くと行くことができる。そして今日の天気予報は午後から雨だ。しかし、かなり遠回りになるが出水市の「ツル渡来地」に行くことにした。バードウォッチング好きの私には迷いのない決断だった。

39 出水宿

出水　ツル渡来地　ナベツル

2017.11.13　11:40 柿
出水のツル飛来地に向っている。

2017.11.13　12:40　出水
ツルが3羽いる。
廻りでもさかん
に鳴声を
あげている。

出水

出水で薩摩街道に合流した。ここで見たツルが舞う光景は、壮観の一言につきる。一生忘れないだろう。

２０１７年11月13日

出水市は日本最大のツルの渡来地である。その数はナベツル、マナヅル、クロヅルなど一万羽以上と言われている。そしてこれらのツルが見られる場所は、日本国内ではここ出水と山口県の一部の地域くらいしかない。長崎県の茂木から始めた今回の旅だが、開始を11月としたのはこの出水でツルを見るためである。言わば今回の旅のメインイベントに行こうとしている。ツルは10月下旬くらいから飛来するので必ず見られるはずだ。気がかりは午後から雨の予報である。雨が降ると双眼鏡のレンズに雨が付き観察しづらくなる。

黒之瀬戸大橋を渡り、宮崎神社信号から県道３６７号線を歩き始めた。木串地区では、まだ緑色をした夏みかんくらいの大きさの柑橘類を栽培していた。何と言う名前の果物だろうか。この道は車両の往来がほとんどないので歩きやすい。公園に寄り、おにぎりを食べながら、もうすぐ見られるツルに期待感が膨らんでいた。

江内の交差点を過ぎてから田んぼを見るとツルが見えだした。田んぼで落穂をついばんでいる。双眼鏡で初めてツルを確認することができた。さらに歩き続けて「鶴観察センター」付近に来ると、まるでツルの楽園のようだ。広大な田んぼの中にすごい数のツルがいる。そして時折一斉に空を舞うのが実に壮観だ。ここまで見に来たかいがあった。この光景は一生忘れないだろう。上空の雲は厚いが、この時まだ雨が降っていないのは幸運だった。時刻はまだ13時で、近くにある「鶴観察センター」に寄るか迷った。しかし、間もなく雨が降り出すのは空模様からして明らかだ。センターには寄らないで先を急ぐことにした。歩く旅人のつらい決断だった。

肥薩おれんじ鉄道を横断して、野田郷駅を過ぎると薩摩街道に合流した。ここからはこの街道をひたすら

歩いて鹿児島を目差す旅になる。そして大日集落の仁王像を見ている時に雨が強くなってきた。この仁王像、住宅地の中にあるのが面白い。仁王像は寺の門の入り口にあるとばかり思っていたが、そのような決まり事はないようだ。通りの様子もさすがに薩摩街道出水筋の雰囲気十分だが、この雨ではゆっくりと見ることができない。そして天神の交差点に着いた時に土砂降りとなった。ここに門の遺構があり、その下に入ってかろうじて雨宿りができた。急いで雨具を着る。雨が降ると、地図を頻繁に確認できないので、道を間違わないように気を付けよう。気を引き締めて阿久根宿に向け歩き出した。

ところで、出水からは薩摩街道に入ったので、この道中記でもかつて宿場だった街は、「宿」を付けることにする。この項のタイトルは「出水宿」とした。

40 阿久根宿

阿久根　県道46号阿久根東郷線からの風景

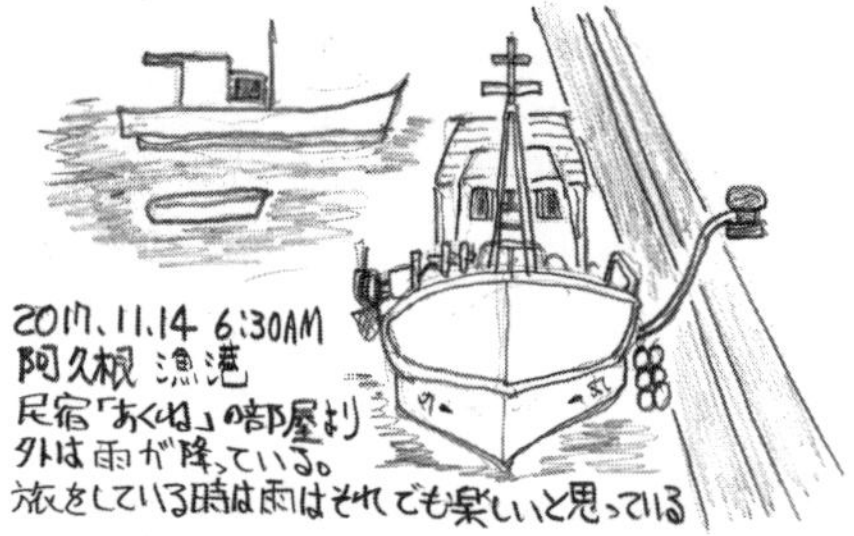
2017.11.14 6:30AM
阿久根 漁港
民宿「あくね」の部屋より
外は雨が降っている。
旅をしている時は雨はそれでも楽しいと思っている

2017.11.14 8:00AM
阿久根
「民宿あくね」を出発。お世話になりました。
民宿あくね
民宿あくね
民宿

阿久根

２０１７年11月13日〜14日

雨の中を歩いて、暗くなり始めた頃に阿久根の街に着いてほっとした。途中、山々の中腹に雲が漂う景色は幻想的だった。

土砂降りの雨の中、阿久根市に向けて歩く。山の中なのでアップダウンの多い道だ。道の斜面を側溝に入りきらない雨水が勢いよく流れているので、車が通ると水しぶきがすごい。雨水が流れていない側の道を注意しながら歩いて行く。そのため、頻繁に道を横断するのでかなり危険な状況だった。本来なら、薩摩街道を歩き続けるべきだが、地図を見ると分岐点が多くて道が分かりにくそうだ。またこの雨が強い中で道を間違えるのはまずいので、少々遠回りだが、県道46号阿久根東郷線に出て分かりやすい道を歩くことにした。時刻も遅くなってきたのでやむを得ない。県道46号線に出ると、このまま真っ直ぐに行けば阿久根市街に着くので気が楽になった。道の左側には田んぼが広がっている。背後の山々の中腹に雲が溜まっている景色は幻想的だった。

今日宿泊する「民宿あくね」には17時頃に到着。天気が悪いこともあり、周りは暗くなりかけていたので、直ぐに宿を見つけることができてほっとした。今日の宿泊は私一人とのことだ。8帖と6帖がある広い部屋をあてがわれる。こたつがあり快適だ。いつもなら、風呂場が混む前に真っ先に入ろうとするが、その必要がないのでのんびりできる。お茶を飲んでから風呂に入り、女将さんと話しながら食べた夕食は旨かった。ビールは置いてないとのことで、外は雨だし購入を諦めたら、自分の家の分から缶ビールを出してくれた。この一缶だけ残っていたとのこと。実にありがたかった。

翌朝は6時に起床。部屋からは阿久根港がよく見える。雨はあがったようだ。朝食を終えて、支払いの時に1万円札を渡したら、おつりがないとのことで、女将さんが近くのコンビニへ両替に行った。そこで2万円あるとコンビニの店員さんに言われたとのこと。新札がくっついていたらしい。女将さんから注意するようにと指摘を受ける。親切で明るい女将さんでした。爽やかな気持ちで「民宿あくね」を出発したが、直ぐに立ち止まり建物をスケッチした。これでこの民宿と女将さんの記憶が、私から消えることはないだろう。

この後、阿久根市街を通過したが、国道3号線が通ったためか、あまり古い建物は残っていないようだ。

41 肥薩おれんじ鉄道

肥薩おれんじ鉄道　西方海水浴場　人形岩付近の海岸

肥薩おれんじ鉄道

２０１７年11月14日

風が強い中、右側に見える東シナ海は、白波が立ち荒々しかった。そして、薩摩街道に並行して走る「肥薩おれんじ鉄道」の車両には、名前の通りミカンが２つ描かれていて、私を和ませてくれた。しかし、この鉄道に乗れなかったのは残念だ。

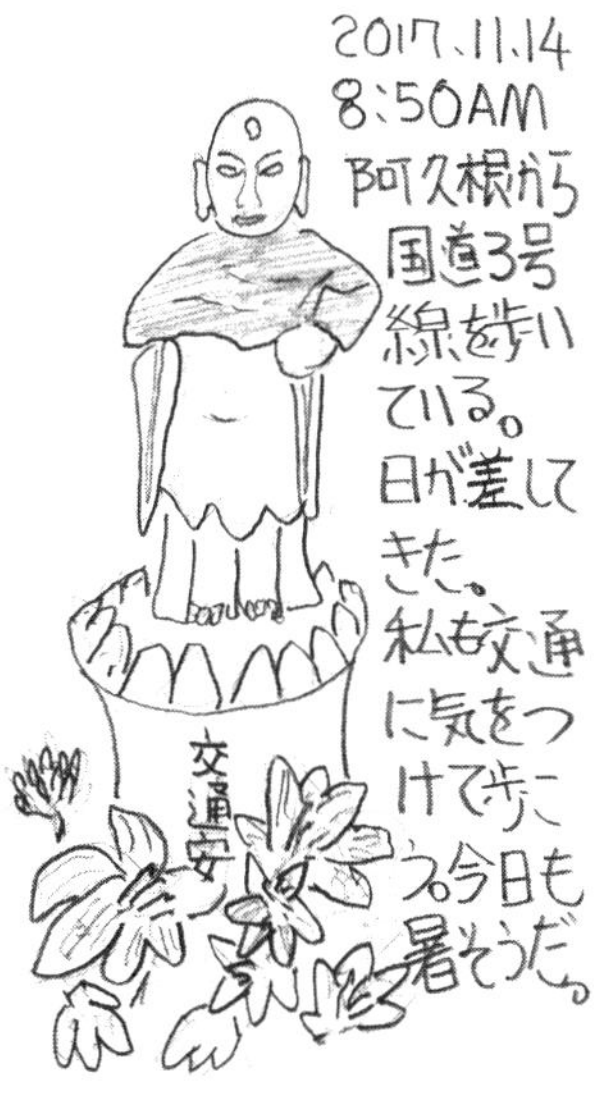
2017.11.14
8:50AM
阿久根から
国道3号
線を歩い
ている。
日が差して
きた。
私も交通
に気をつ
けて歩こ
う。今日も
暑そうだ。
交通安

2017.11.14.9:35
牛の浜より
風が冷たい。

2017.11.14 10:45 肥薩おれんじ鉄道
薩摩大川駅
の横を通る。

阿久根宿を出てから薩摩街道は、肥薩おれんじ鉄道と並行するように国道3号線を進む。この肥薩おれんじ鉄道は、熊本・八代と鹿児島・川内間約117㎞を28駅で結んでいる。車両は白を基調として、緑色とオレンジ色のストライプが入っていて、ドアの横にミカンが2つ描かれているのがかわいらしい。鉄道好きの私としては、この路線を目の前にして乗れないのが口惜しい。牛ノ浜駅を過ぎて、長迫信号から国道と分かれて山側の道に入って行く。「薩摩大川駅」の横を通った時に車両が駅のホームに入ってきた。一瞬だがこの車両で隣の駅まで行き、再びここに列車で戻ろうと考えた。しかし、次の駅で都合よく列車が接続しているとは思われず、時間は貴重なので止めておく。先を行くと西方海水浴場に着き、丁度正午なので昼食とした。左側を見ると岩があり、地図ではその中に「人形岩」と呼ばれる岩が記載されている。人形の形が見える場所まで移動しようと思ったが、風が強くて寒くなり早々に退散した。そして鉄道と離れて山側の県道339号線へと入って行った。

42 向田宿

向田　川内駅前の川内橋とガラッパ

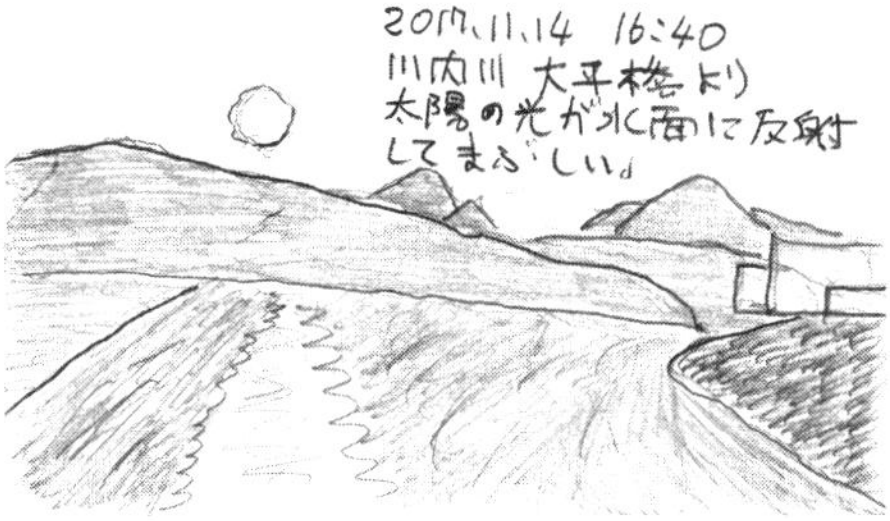
2017.11.14　16:40
川内川　大平橋より
太陽の光が水面に反射
してまぶしい。

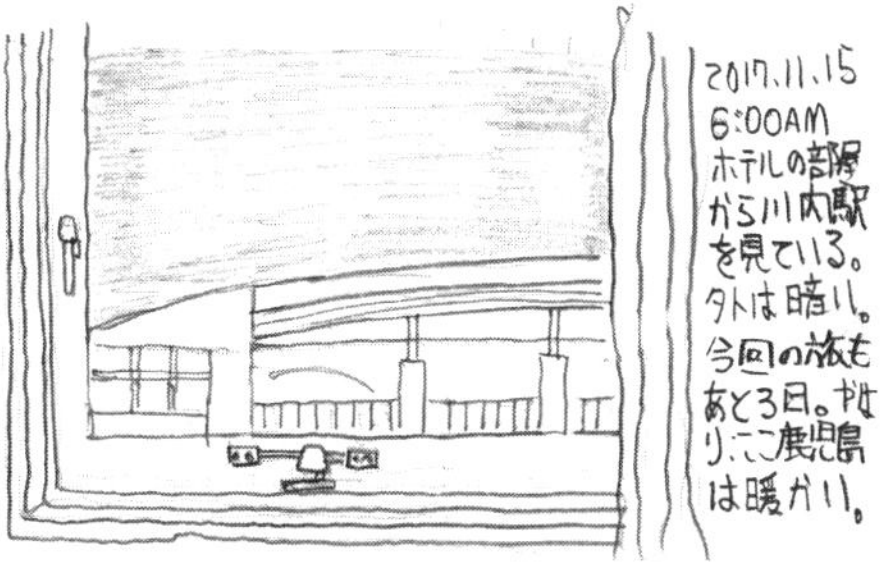
2017.11.15
6:00AM
ホテルの部屋
から川内駅
を見ている。
外は暗い。
今回の旅も
あと3日。やはり
ここ鹿児島
は暖かい。

向田

２０１７年11月14日～15日

向田宿では、薩摩街道の案内表示板がいたるところにあった。この様な配慮は嬉しい。「ガラッパ」からのエールと受け取った。

西方海水浴場からの山道は川内高城温泉への分岐を通り、峠路の集落を過ぎてからさらに山の中へと続く。正しい道かわからないまま半信半疑で登って行くと、やがて木々に覆われた峠に出た。そこから下りになり、成り行きで歩いて行くと、薩摩街道の表示案内があったのでほっとした。この道が旧道なのだろう。落ち葉が分厚く積もった道で山の奥へと続いている。その道を歩き出した途端に、靴が濡れた落ち葉の中に足首までもぐり込み、慌てて引き抜いた。今朝まで降っていた雨のため、道はかなりぬかるんでいるようだ。さすがにこの道を歩くのは無理だ。引き返して舗装された道を歩くことにした。やがて一篠神社に出て田んぼの横の道を通り、県道３４０号線に合流する。車の往来はほとんどないので歩きやすい。観光案内の表示板があり、西方海水浴場で見た人形岩を写真で紹介している。人形のように見える岩と、そこから夕日が沈む景色は素晴らしいとのこと。あの時、岩をスケッチしておけばよかったと思うが既に遅い。寒さに負けた自分が悪いと思うしかない。

京セラの大きな工場の横を通り、川内駅方面を目差すが、何故かこの付近で道に迷ってしまった。地図を見ながら気をつけて歩いているが、それでも道を間違えることはよくある。雨が降っていないので、心にも余裕があるからだろう。迷うことで予定外の場所も見られることを楽しんだ。やがて正しい道に戻り、川内川に架かる大平橋を渡る時は太陽が沈む直前で、夕日と川面に反射した光が直接目に飛び込んできて眩しかった。まもなく暗くなるが、しばらくの間、この輝く光に満ちた景色を見続けた。そして「人形岩」を思い出していた。人形に見立てた岩の、真っ赤な夕日を背景にした黒いシルエットは、さぞかし美しいだろうと。

この日の宿泊は川内駅近くのホテルで、17時半頃に到着。この時間に着いても洗濯はしなければならないので慌ただしい。スケッチの仕上げを終えて部屋で夕食をとっている時、テーブルの向こうに鏡があり、疲れた表情をした私が映っていた。何で俺はこの様な旅をしているのだろうと思うのはこんな時である。「デジカメを使え」、「電車やバスを使え」、「スマホは便利だぞ」等の声がささやいてくる。時代に逆行するような私の旅は少々疲れる。

翌日は５時に起床。朝食を終えて、コーヒーを飲みながら今日歩くルートを確認する。８時前にホテルを出発し、最初に川内駅に行くことにした。鉄道に乗るのが好きな私は、街道を歩いている時、駅の近くを通

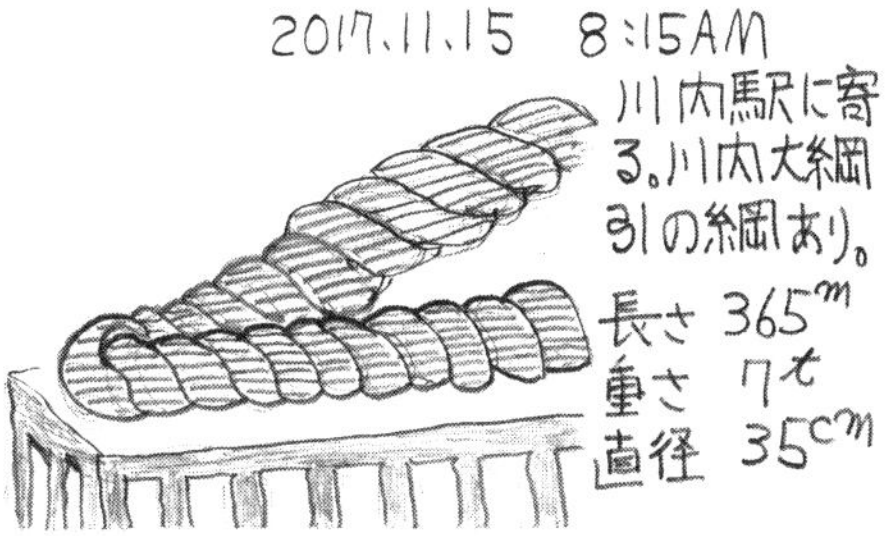
2017.11.15　8:15AM
川内駅に寄る。川内大綱引の綱あり。
長さ 365m
重さ 7t
直径 35cm

ると多少離れていても立ち寄ることが多い。それはトイレ休憩と共に、行先案内板や列車が掲げている表示板を見て、列車がどこに行くのかを知りたいためだ。旅心が疼くと言ったところか。川内駅には川内大綱引きの綱が展示されていた。この綱引きは４００年の歴史があるらしい。綱の長さは３６５ｍで重さ７トン。これを３千人の男達が引き合うのだから、ものすごい様子が想像できる。駅を出ると石積みの小さな橋があった。川内橋である。そこにある河童の像の楽しげな姿と噴水を見ながら旅の支度を調える。ここでは、河童ではなく「ガラッパ」と呼ぶとのこと。向田宿は薩摩街道の案内板がいたる所にあり、街の人達が薩摩街道を支援しているようだ。私の旅にエールをもらった気がして嬉しい限りである。

43 串木野宿

串木野　田園風景

門司から
From Mo's
350
km
2017.11.15 11:15 はれ
国道3号線を串木野に向け
歩いている。門司を出てこの道を
歩いたのは、西国街道の旅の
最終日だった。今年の
6月でその日は
暑かった。
今は寒い。

2017.11.15
12:15 風あり寒い。
串木野はこのような
案内板が多くあり
助かる。
自分の歩いている
道が正しいとわかり
ほっとする。

串木野

串木野は田園風景が広がり、心が和む所だった。薩摩街道の案内表示が多く見られ、街道を大切な財産としているようだ。

２０１７年11月15日

向田宿を後に串木野宿へと向かう。九州新幹線やJR鹿児島本線を横断しながら、道はやがて国道3号線に合流する。そして山の中へと道は続く。金山峠を越えて旭小学校の横を過ぎると、道は下りになり、ここで門司から350㎞の表示板を見つけた。門司を歩いたのは6月の暑い日で、「西国街道・山陽道徒歩の旅」の最終日だった。あれから5ヶ月が経過して今は秋。そして今日は寒い。時の流れと共に、私の旅も着実に進んでいる。この国道3号線は、北九州市門司区から九州西岸部を経由して鹿児島市に至る一般国道である。熊本市も通過している九州を代表する道路だ。以前東海道を歩いた時は国道1号線、山陽道を歩いた時は国道2号線が旅の主役だった。それが今回の旅で国道3号線に引き継がれている。やがて国道を離れて左側の細い道に入るが、「薩摩街道出水筋」の案内表示が多くあり助かる。歩いている道が間違っていないことが確認できるので、歩く旅人にとっては大変ありがたい。薩摩川内市に続いて、いちき串木野市も薩摩街道を大切な財産としているようだ。五反田川を渡り、近くの公園で昼食とした。このあたりは市街地から離れているので、静かでゆったりと過ごすことができた。

串木野宿は古い建物は残っていないが、歩いている道は街道らしい感じがする。車はほとんど通らないし、両側には木々が多い。道はアップダウンがあり、前方の道が見えないときは、その先に何があるのだろうと心がときめく。そして道の両側に広がる田園風景を見て心が和んだ。この風景は江戸時代からあまり変わらないのではなかろうか。串木野宿はのんびりとした雰囲気が味わえる所だった。

44 市来宿

市来　石像

2017.11.15.13:00　神村学園前駅を見て休憩

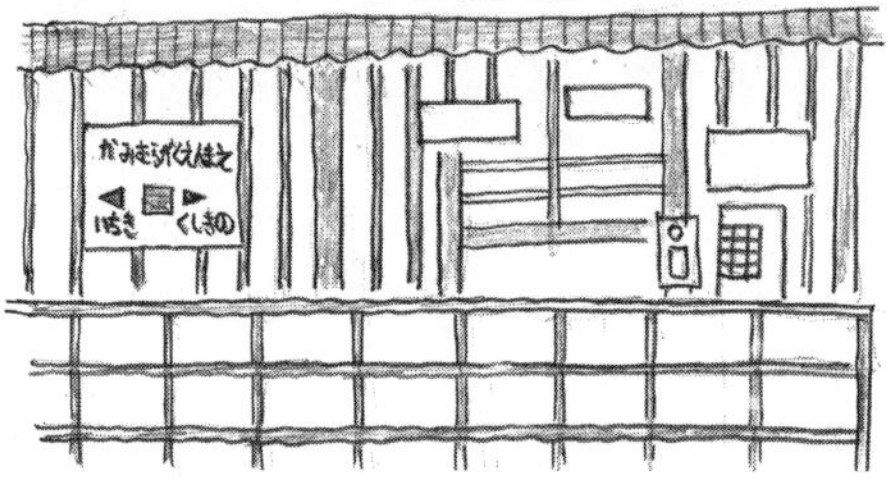

2017、11、15、13:05　神村学園前駅を見ていたら電車が入ってきた。鹿児島本線2両編成。

市来

市来で見た石像はユニークだった。顔が真っ平で頭巾をかぶっている。付着した黄色い地衣類が、着物の柄のようだ。

２０１７年11月15日

周りが田畑の道を歩いて行くと、右側にＪＲ鹿児島本線が現れ、「神村学園前駅」があったので立ち止まる。高校野球や駅伝の全国大会によく出場する高校だ。表示板では前後の駅名は「くしきの」と「いちき」なので、ここは宿場間の中間地点だろう。２両編成の電車が入ってきたので、それを描いてから出発。直ぐに国道３号線に合流し、八房川に架かる八房橋を渡る。下を見ると、東シナ海に注ぐ河口付近の干潟にはイカルチドリがいる。目の縁が黄色いのが特徴でかわいらしい。近くではカワセミとアオサギが魚を狙っていた。

国道３号線から離れて国道２７０号線に入ると、古い建物はないが、歩く道からは街道筋の雰囲気を感じた。川南交流センターの先を左折して湯之元温泉へ行く道を歩き始めた時、道端の草地の中に奇妙な石仏を見つけた。顔には目や口、鼻が彫られていないので真っ平だ。頭には頭巾をかぶり、所々に付着した黄色の地衣類が着物の柄のように見えるのが面白い。石仏なのか何かの石像なのか、説明板がないので分からない。何ともユニークな像である。

国道２７０号線から左側の細い道に入り、今日宿泊する湯之元温泉へと向かう。暗くなる前に宿に着かなくてはいけないので少し早歩きになった。もう陽が短い時期なので注意しなくてはいけない。

45 湯之元温泉

湯之元温泉　江楽園　個室風呂

湯之元温泉

2017年11月15日〜16日

湯之元温泉「江楽園」の個室風呂はすばらしかった。浴槽からあふれるお湯が、ザーと音をたて、贅沢な気分に浸っていた。

この江楽園では
離れの一軒屋
に泊ったの
でのんびりで
きた。
薩摩街
道の旅も
今日、鹿児島
に着く。
2017.11.16
6:30AM
湯之元温泉
江楽園に
泊まる。
風呂が個別
になっていて
昨夜は大
満足だった。

今日の宿泊は湯之元温泉の「江楽園」だ。一人旅のため夕食付プランにできなかったので、コンビニで缶ビールと夕食を購入してきたが、冷蔵庫は部屋にないという。そしたら女将さんが、冷蔵庫のある離れの部屋をあてがってくれたのでありがたかった。そしてここの風呂がよかった。時間を予約して入る個室風呂である。一番大きい風呂に入ることにした。ヒノキ風呂で湯が縁まで満ちている。浴槽に浸かるとザーと湯がこぼれた。何とも贅沢だ。個室風呂は屋外に独立した建物なので浴室内は寒いが、お湯に長い時間入っているうちに体が温まってきた。スケッチをしながら旅をしている私だが、さすがに風呂までは手帳を持ってこない。でもこの風呂は私だけで独占できるので描きたくなった。一旦風呂からあがり、急いで部屋に手帳を取りに行った。再び戻ってスケッチをしたが、体はすっかり冷えてしまった。この後、安心して風呂に入り直した。最高に贅沢な二度風呂だった。

入浴後、部屋で夕食をしていると、入り口のドアを開けようとしている人がいる。離れの部屋なので、到着の遅れた宿泊客が、灯りのついている私の部屋を受付場所と間違えたらしい。「江楽園」の玄関を教えたが、今度は部屋の勝手口のドアをノックされたので再び玄関の場所を教えた。何とも落ち着かない夕食となってしまった。テレビのニュースを見ていると、明日の朝6時頃に上から火星、月、木星、金星が縦に並んで見られる現象があると報じている。明朝が楽しみだと思いながら布団に入った。

翌朝まだ暗い中、個室風呂の建物外観を描いていると、昨日部屋のドアを開けようとした人に声をかけられた。この人は山家宿から鹿児島へ薩摩街道を歩いているとのこと。もう出発するらしい。私も小倉から長崎街道経由で鹿児島まで歩いていると伝える。そこは旅人同士、昨夜に受けた迷惑な気持ちは吹っ飛んで、話が大いに盛り上がった。

ところで、惑星や月が縦に並ぶ現象だが、周囲が街路灯で明るいこともあり、月しか確認できなかった。双眼鏡で懸命に探したが、天文学に無学な私には火星、木星、金星が特定できない。これからの歩く旅人は天文学の知識も必要だ。「でも夜に歩く訳ではないし、あまり関係ないかな」と考えた時に伊能忠敬を思い出した。忠敬は下総の佐原（現在の千葉県）で事業をして財を残したが、49歳で隠居して50歳から江戸に出て天文学を学び、日本地図を作ったのは有名な話だ。忠敬は昼間に約40㎞歩いて距離を計測し、夜は星を観測しながら旅を続けた。私は気力、知識力、体力及び財力の全ての面で足元にも及ばない。もっとも、歴史上に名をなした人物と自分を比較するのが間違っているのだが。財力は今更どうしようもないが、私はもう少し「心技体」を鍛える必要がありそうだ。一日に30㎞程を何となく歩いて、毎晩ビールを飲むのを繰り返すパターンを少し改めた方がよさそうだ。昼間はもう少し正確で上手なスケッチを心がけ、夜はビールを飲むのを控えて、読書などをして教養を高めよう。

46 伊集院宿

伊集院　薩摩街道歩道横の水路

2017.11.16 9:50
美山を通る。
窯の煙突があり
趣のある町だ。
さて伊集院宿
に向おう。今日は
寒い。
薩摩焼の里
美山
WELCOME

2017.11.16 10:15
美山からの坂を下って
いる。このような
案内表示が
多くて助かる。
これがないと
ひたすら車道
を歩かなくては
ならない。感謝。
薩摩街道
出水筋
薩摩街道
出水筋

伊集院

島津義弘像、兜を描いたマンホール、島津の家紋がある街路灯があった。ここでは戦国時代の「島津」は街の誇りである。

２０１７年11月16日

2017.11.16 11:00
伊集院駅
島津義弘像を見て
いる。薩摩街道
出水筋の旅もあと
鹿児島宿を残す
だけになった。

湯之元温泉「江楽園」を後に、ＪＲ東市来駅の手前で国道3号線に合流し、まもなく県道24号鹿児島東市来線に入る。地図を見るとこの道は「かごしまロマン街道」と言うらしい。坂道を登って行くと、美山という陶芸窯がたくさんある地区に到着した。レンガの煙突がありいい雰囲気の街並みだ。美山は「薩摩焼の里」として名高い。鹿児島県のホームページによると、薩摩焼の歴史は戦国時代までさかのぼる。朝鮮出兵の際に、島津義弘が朝鮮から陶工約80人を連れ帰り、その内40人あまりが串木野に着船した。その後に美山に移住して、島津藩の庇護の下で開窯したのが薩摩焼の始まりとされている。毎年11月初旬に「美山窯元祭り」が開催され、先人達をしのび、工芸品に親しんでいるとのことだ。近くに東郷茂徳記念館があるので、寄ってみたが開館していなかった。残念に思いながら、竹林に囲まれた狭い路地を通り抜けて工房を見ながら歩いた。美山は文化的な匂いのする街だった。

ＪＲ伊集院駅の横を通ると、駅前広場に島津義弘像があった。関ケ原の戦いで東軍の大軍に囲まれながらも、中央突破をして地元鹿児島に戻った英雄だ。伊集院宿は街道筋の雰囲気はあまり感じないが、島津の家紋が街路灯に付いていたり、マンホールに兜のマークを描いたりして、薩摩街道を盛り上げようとしているのが感じられる。道路の法面のコンクリート壁には、関ケ原の戦いでの両軍の配置や旗が描かれていた。旗には島津義弘の他に、共に戦いに参加した島津豊久の旗もある。関ケ原の戦いの後でも徳川家康に屈しないで、本領を守ったことの誇りが感じられた。以前、鹿児島市内を観光で訪れた時、西郷隆盛や大久保利通ら明治維新の元勲達に関連する施設はたくさんあったが、戦国時代に関する物はあまり見当たらないのを不思議に思っていた。それがこの伊集院の地にあった。どうやら伊集院は武骨な気風の地域らしい。

伊集院の市街地を進む。歩道の横は水路になっているが、蓋がないので大きな鯉が泳いでいるのが見える。水路には手摺がないので、酒に酔った通行人が落ちたらあぶないのではと思ってしまうが、薩摩焼酎を多少飲み過ぎても、足元がしっかりしているのが薩摩の人達なのだろう。鯉も上から人が落ちてくる心配などないかのようにゆったりと泳いでいた。

47 鹿児島宿

鹿児島　北部清掃工場付近から桜島を望む

鹿児島

2017年11月16日〜17日
（2018年4月10日）

鹿児島では、何と言っても「桜島」。その存在感は抜群だ。

2017.11.16
12:40
「清藤」から
入った山道を
歩いている。
木もれ日が差し
いい感じだ。
薩摩街道

2017.11.17 ホテルの部屋より。
桜島がよく見えてきた。

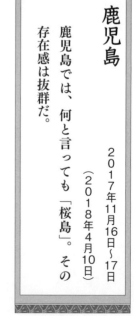

伊集院宿を出てから県道２０６号線を歩き、石谷川を渡ると薩摩街道の標識があった。川の土手で昼食とし、ここから山道へと入って行く。この道がよかった。江戸時代からの雰囲気を今に留めたような道である。道の両側が木々で覆われて、足元にはシダ類が茂る道を歩く。そして時々木漏れ日が差すと、その周りはキラキラと黄緑色に輝いて見える。山道だが行先表示が要所で現れるので安心して歩いて行ける。このような案内表示がないと、私の様な街道の知識のない旅人は、無難にひたすら車道を歩くことになってしまう。案内表示を設置していただいた地元の人達に感謝する。この山道が終わりになる頃、一軒の家があり、車を洗っているご主人らしい人に声をかけられた。九州縦断歩き旅をしている旨を話すと、この付近の薩摩街道は、来年ＮＨＫで放映する大河ドラマ「西郷どん」を収録するにあたり撮影に来たとのこと。ただし放映には使われないらしい。道に車や自転車のタイヤ跡があったりして、時代物の収録に使える場所を見つけるのは大変とのことだ。いつも思うのだが、地元の人との会話は旅の印象を深くする。これは、私が一人旅をしていて、歩いている最中は自分の心だけと、声に出さない会話しかしていないので、どこかに人を求める寂しい気持ちを秘めているからだと思う。

楽しい気分になり先を歩き続けると、再び県道２０６号線に合流した。そして北部清掃工場の横に来た時に、大きく視界が開けて桜島が現れた。ついに鹿児島まで来たことを実感した瞬間だった。日本橋から歩いてよくぞここまで来た。山陽道を歩き、下関で関門海峡を見た時に似た達成感が体を貫く。荒々しい姿をした桜島をしばらくの間見続けていた。

住宅街へと続く急な坂道を下って行くと、下校途中の小学生の一団と出会う。私が地図を見ながら歩いているのを心配してか、「どこに行くのですか」と聞かれた。「鹿児島中央駅の方に行く」と答えると、「歩いている方向が違う」と言う。さらに地図で確認をしていると、「日本人ですか」と聞くので、「そうだよ」と答える。明るい小学生達だ。私の事を案じてくれたようで、おもしろいやりとりだった。私が歩いている道でもJR鹿児島中央駅には行けるので問題はないが、小学生といえども地元の人だ。素直にアドバイスにしたがうことにした。

16時に甲突川に架かる西田橋に到着。この橋は鹿児島城下の玄関口で、先代の橋は江戸時代から150年間使われた石橋だった。甲突川には江戸時代に架けられた石橋が5本あったが、平成5年（1993年）の集中豪雨で、その内の2本が失われた。西田橋は流出を免れたが保存することになり、当時の橋は石橋記念公園に移築された。現在の橋もなかなか趣がある。そして鶴丸城跡に16時40分に到着。ここで薩摩街道の旅も終了だ。周りは暗くなり始めているので、近くの城山まで足を伸ばすのは止めにした。薩摩街道歩きの旅を終えたのに、あまり感慨がわかないのは、ここが九州本土最南端佐多岬への旅のスタートでもあるからだ。私の旅はまだまだ続く。そう言えば、長崎街道を歩き終えた時も同じような感覚だった。先程桜島を見た瞬間から、私の気持ちは切り替わっていた。

今日の宿泊は桜島へのフェリーターミナルに近いホテルである。部屋からは桜島が正面に大きく見える。今回の旅も残り2日間なので、もう洗濯をする必要がない。時間に追われないで、のんびりと今日の出来事を振り返った。また、時間と心に余裕があるせいか、風呂に入ってから飲んだビールが旨かった。しかし、ビールを飲みながら思い出した。今朝、湯之元温泉を出発する時、伊能忠敬の厳しい旅を想い、毎晩のビー

鹿児島　ホテルの部屋から見た日の出前の桜島とフェリー

ルを控えようと誓った事だ。そして読書をして教養を深めようとも思った。しかし、この酔った状態では本を読む気にならない。持参している文庫本が泣いているように思えた。自分の意志の弱さが情けない。

翌朝は5時に起床。日の出前なので外はまだ暗いが、桜島とその麓で暮らす家々の灯りが見える。そして、フェリーターミナルからは電球の灯りで、オレンジ色に輝く船体が濃紺の海の中を桜島に向け出港して行く。桜島上空の空が少し白いのは噴煙のせいだろう。夜明け前のきれいな景色だった。それにしても桜島の存在感はすごい。

今日は錦江湾沿いに霧島市のＪＲ国分駅まで歩く予定だ。鹿児島空港が国分駅から近いので、霧島を今回の旅の最終到着地とした。最初はフェリーで桜島に渡り、島を横断して佐多岬を目差そうと考えた。しかし桜島をいろいろな角度から見た

鹿児島　石橋記念公園　西田橋

いので、錦江湾に沿って歩くことにした。そしてフェリーを使わない理由がもうひとつある。長崎の茂木から天草経由で始めた今回の旅では、茂木港から天草へ渡るのにフェリーを使い、天草から長島へ渡るのにもフェリーを利用した。歩いて日本縦断を目差している私としては、出来るだけフェリーは使いたくないのが本音だ。ただ私は是非とも天草を歩いて、美味しい魚を食べ、江戸時代のキリシタンの歴史や風土を知りたかった。日本縦断歩き旅と言うなら、全てを歩き通すのが本筋だと思うが、これが私の選んだ「日本縦断徒歩の旅」だ。そのような訳で錦江湾沿いに歩くことにこだわった。

この日の天気予報は午前中から雨である。8時前にホテルを出発。JR鹿児島駅の横を通り石橋記念公園に寄る。ここには江戸時代の西田橋が移築されていた。四連アーチ型石造橋でさすがに貫緑がある。橋の下のカラスを見ながら休憩し、橋の由来などが書かれた案内板を読む。昨日、現在の西田橋を見たので、現地保存ができたら一番よかったのだろうが、ここで隠居した橋をゆっくり見ることが出来るのもいいと思った。公園を出ると直ぐに仙巌園に到着。有名な庭園なので、観光で来たのなら当然寄るべき名所だが、先を急ぐ旅なので通り過ぎる。近くのコンビニで昼食を購入し、国道10号線日向街道（高岡筋）を歩き始めた。ＪＲ日豊本線が国道と並行するように通っていて、時折通過する列車を見ながら歩いて行った。

【2018年4月10日】

翌年の4月に、九州本土最南端の佐多岬への旅を再開した。その際、鹿児島空港からバスでＪＲ鹿児島中央駅に移動して、西田橋を渡って維新ふるさと館に寄り、近くの加治屋町巡りをして明治の偉人たちの誕生の地を見学した。西郷隆盛誕生の地を始め、大久保利通、東郷平八郎、大山巌など明治時代に活躍した人達の石碑が多数あった。その中でも西郷隆盛の石碑が一番大きい。日本全体でもそうだが、地元でも人気は西郷隆盛が一番のようだ。

ANA
2018.04.10
8:00AM
羽田空港
晴れ。
今回の旅
は鹿児島
大隅半島
九州本土最南端
佐多岬まで歩く。

2018.04.10 12:40
鹿児島 はれ
西郷隆盛誕生の地
さて、明治に活躍した
人達の誕生の地
を廻ってみるか。

大久保利通
誕生の地碑
東郷平八郎
誕生の地碑
大山巌 誕生の地碑
2018.04.10
加治屋町めぐり。ツツジの季節

48 錦江湾

錦江湾　国道10号線

2017.11.17.9:40AM　霧島の山々が見えてきた。国道10号線を歩いているが、道幅が狭くて、実にあぶない。

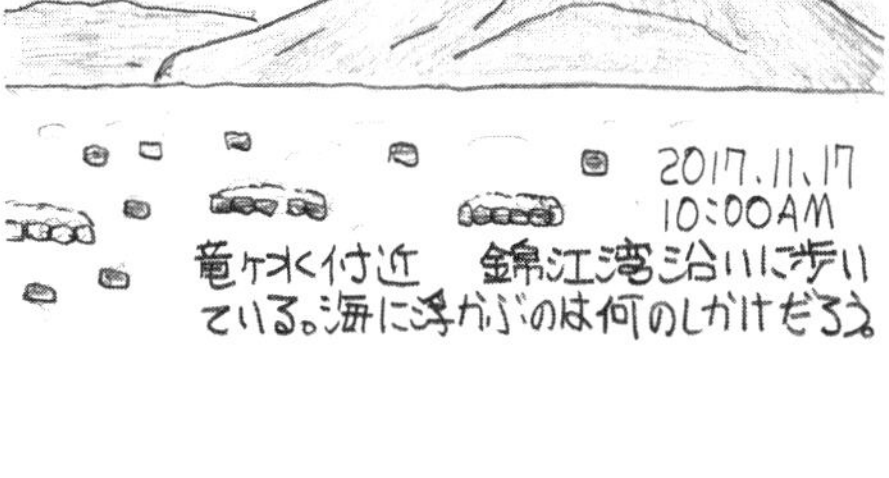
2017.11.17
10:00AM
竜ヶ水付近　錦江湾沿いに歩いている。海に浮かぶのは何のしかけだろう。

錦江湾

国道10号線を歩いた。道幅が狭くて、木の枝が路側帯にはみ出していた。大型車の通行が多く、非常に怖かった。

2017年11月17日

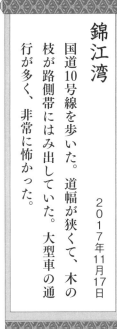

錦江湾沿いに国道10号線日向街道（高岡筋）を歩くが、この道が怖かった。道幅が狭いうえに大型車両が多い。歩道はなくて、路側帯の幅が非常に狭い。その上、海側でなく山側を歩いたのが失敗だった。木の枝や下草が路側帯にはみ出ているので、車道を歩かざるを得ない場所がほとんどだ。私の横を通過する車は、私に気を遣って減速してくれるので助かったが、私との距離は30㎝くらいだ。横断歩道や信号はなくて、しかも車両の通行が多いので、海側に渡ることができない。歩くには何とも危ない道だった。

この日の天気予報は午前中から雨なので、意識して速足で歩き続ける。このような状況ではとても傘を差すことが出来ないし、それに雨具を着ることが出来る場所がない。しばらく歩き続けると、海側になんとか横断することが出来た。こちらの方が路側帯に木の枝が出ていない分だけ歩きやすい。そして海の向こうに霧島の山々が雲の上に浮かぶように現れた。高千穂の峰が確認できる。霧島の韓国岳へ登ったのは30年くらい前だ。新燃岳の火口の横を通る楽しくて美しいコースだった。その新燃岳は、最近噴火活動が激しくなっている。

ＪＲ竜ヶ水駅近くを通ると海に何かが浮いている。地図で確認すると養魚場である。この辺りから海側に歩道が現れた。やっと安心して歩ける。ここまで雨が降らなかったのは本当に幸運だった。もし雨が降ったら、傘がさせない中、車の水しぶきも浴びて悲惨な状況になっていただろう。何とか危険な状況を逃げ切ったようだ。

49 霧島

霧島　鹿児島空港

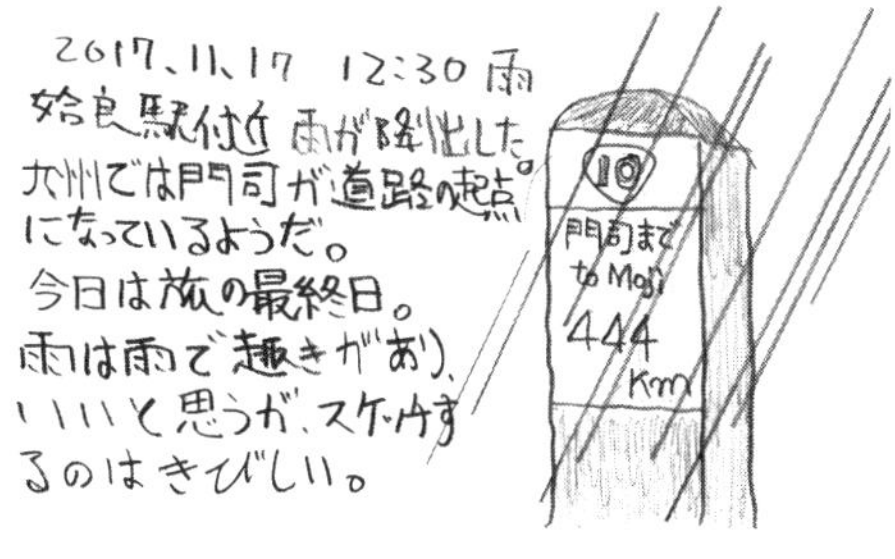
2017.11.17 12:30 雨
姶良駅付近 雨が降出した。
九州では門司が道路の起点
になっているようだ。
今日は旅の最終日。
雨は雨で趣きがあり、
いいと思うが、スケッチす
るのはきびしい。
10
門司まで
to Moji
444
km

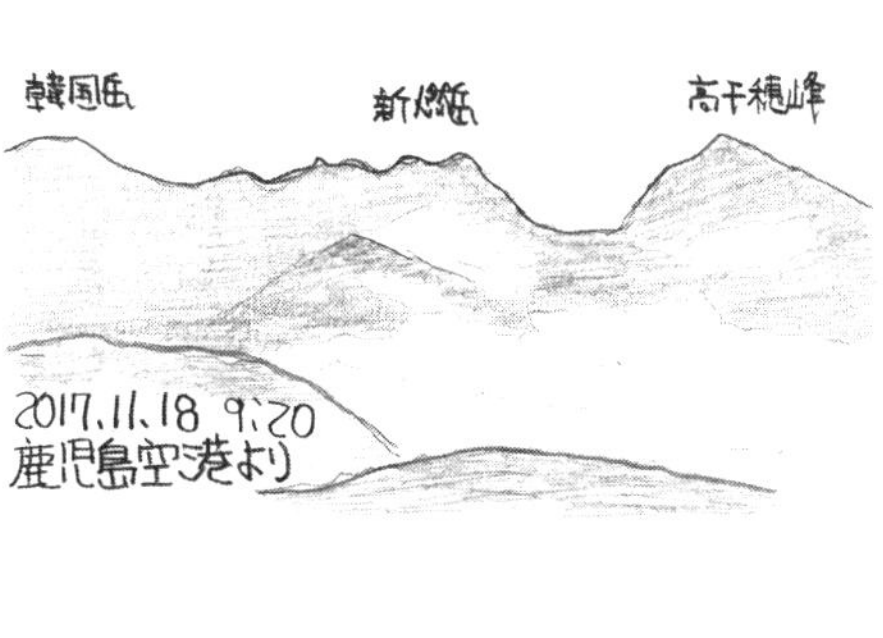
韓国岳
新燃岳
高千穂峰
2017.11.18 9:20
鹿児島空港より

霧島

２０１７年11月17日～18日
２０１８年４月10日～11日

鹿児島空港で、かつて登山をした霧島連山の韓国岳や新燃岳を、懐かしく思い出しながら眺めていた。

姶良市内に入った11時頃から雨が降り出した。別府川を渡ると空き家があり、そこの軒下で雨宿りを兼ねて昼食のおにぎりを食べるが、雨は益々強くなってきた。「門司まで４４４㎞」の表示の横を通る。九州では門司が道路の起点になっているようだ。道は山の中を通ったり、海側に下りたりしながら霧島市に入り、隼人町を通り抜ける。「薩摩隼人」なる言葉があったなと思いながら歩き続け、天降川の手前で国道10号線から離れて国道２２３号線を通り、ＪＲ国分駅近くのホテルに着いたのは17時。今回の歩く旅はここで終わりだ。今日は雨に降られたが、錦江湾の向こうに桜島や霧島連山を見ることが出来たので満足だ。10日前に長崎県の茂木を出発したのが、はるか昔のように思われた。

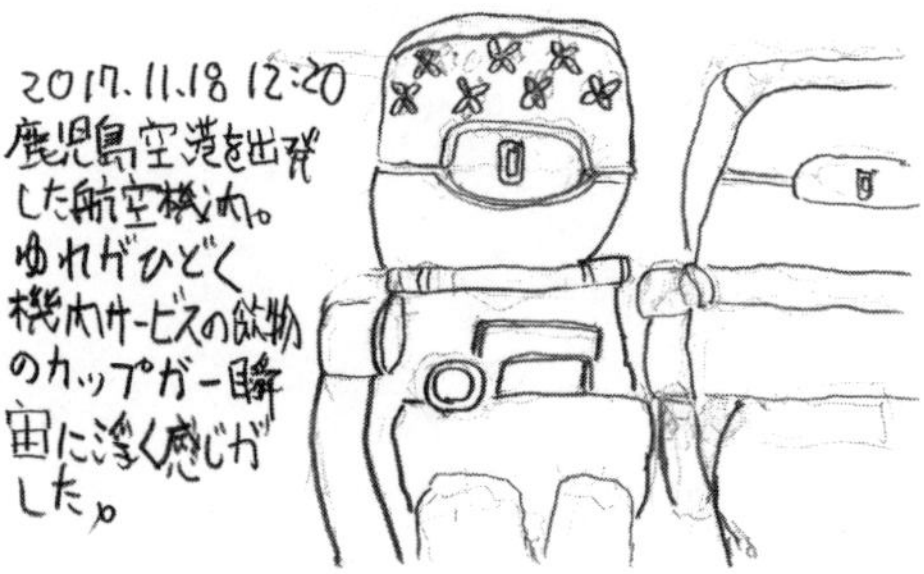
2017.11.18 12:20
鹿児島空港を出発
した航空機内。
ゆれがひどく
機内サービスの飲物
のカップが一瞬
宙に浮く感じが
した。

翌日は4時半に起床。朝風呂に入った。帰宅する日なので緊張感は全くない。国分駅から鹿児島空港へバスで向かう。空港の搭乗ロビーからは霧島の山々がよく見えた。羽田空港へと飛び立ったが、30分程後に突然エアポケットに入ったらしく、一瞬体と手にしていたコーヒーカップが宙に浮いた。乗客の悲鳴があがったが、私も初めての経験で非常に怖かった。シートベルトの大切さを身をもって体験した。最後に恐い思いをしたが、今回の旅も無事に終了した。

約半年後の４月に、霧島から九州本土最南端佐多岬までの旅を再開した。国分駅近くのホテルを6時40分に出発。周りはツツジが咲き出して、春本番の季節を感じながら歩く。やがて国道２２０号線に入り亀割峠を越えると、錦江湾が見えてきた。福山町に入るあたりから、道の脇に黒い壺が目につくようになる。福山は黒酢で有名だ。霧島市のホームページによると、この酢は純米黒酢で、江戸時代後期から２００年以上黒酢造りが受け継がれているとのことだ。壺は「アマンの壺」（鹿児島弁で酢のことをアマンと言う）と呼ばれている薩摩焼で、壺の中で蒸した米と麹、天然の湧き水だけを原料に1～3年間じっくりと発酵、熟成して出来上がる。熟成の過程で酢の色は深みのある琥珀色に変わり、さらにまろやかさとコクが加わる。その

2018.04.11 6:55 曇り
国分を出発。つつじがきれいだ。いい一日としたい。

2018.04.11 8:00 桜島は雲がかかっている。
これから、その桜島に向かう。

2018.04.11 8:45AM
亀割峠を越えると錦江湾が見えた。

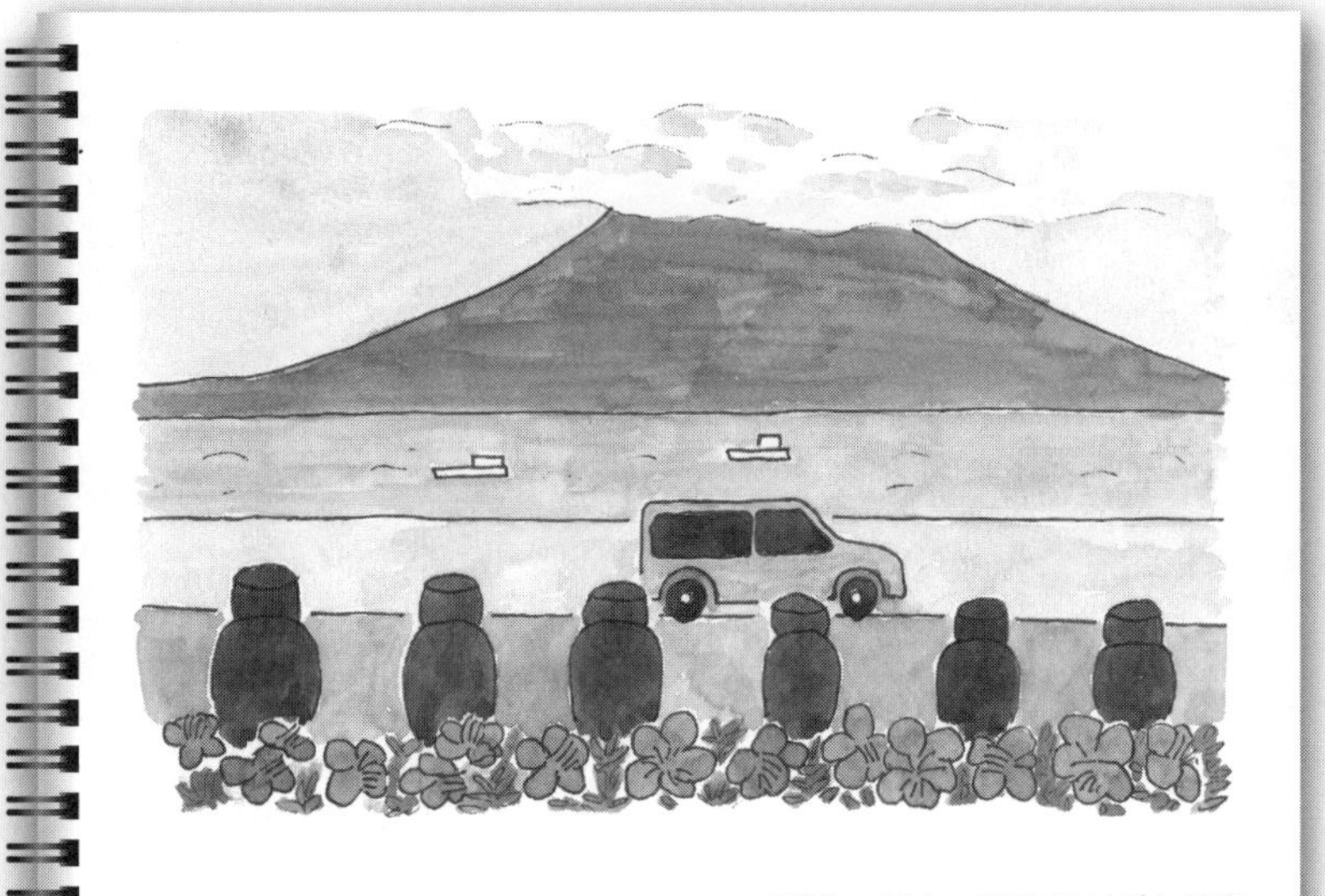

霧島　福山　黒酢のツボと桜島

色から「黒酢」と呼ばれているとのこと。写真でだが、壺がたくさん置かれた壺畑を見たことがある。その本場がここ福山だ。８００ｍほど道を外れると工場見学ができるとの看板があり、レストランもあるようだ。まだ午前9時なので寄らないで通過した。このあたりが「旅の巡り合わせ」で、11時以降にここを通ったなら、食事を兼ねて間違いなく寄っただろう。それでも福山の街を少しでも知りたくて、「旧田中家別邸」の案内表示にしたがい行ってみたが、休館で見学できなかった。この日の桜島は頂上付近に雲がかかり不安定そうな天気だ。

50 垂水（1）

垂水　たるみず道の駅「湯っ足り館」　足湯

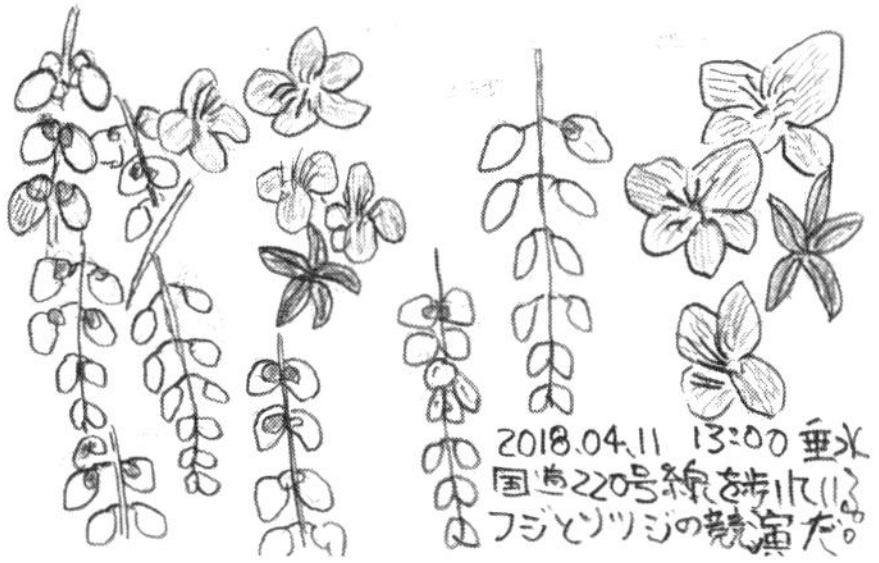

2018.04.11 13:00 垂水
国道220号線を歩いている
フジとツツジの競演だ。

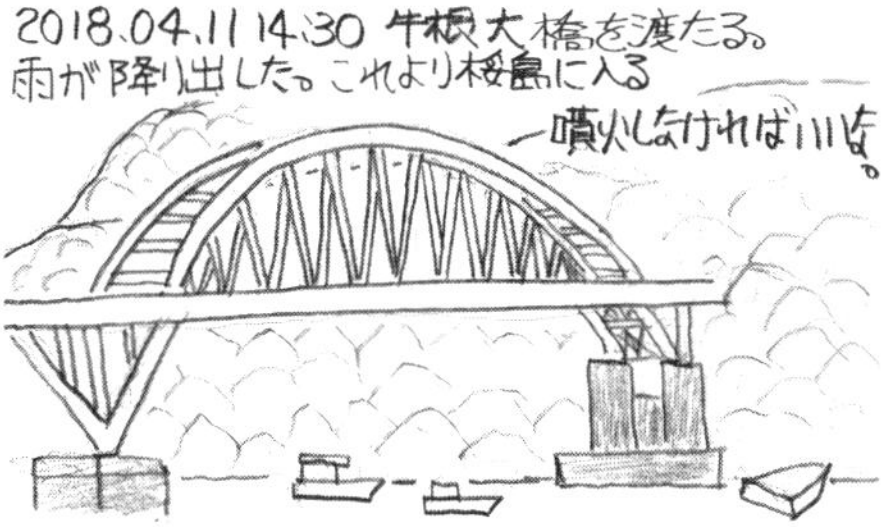

2018.04.11 14:30 牛根大橋を渡たる。
雨が降り出した。これより桜島に入る
噴火しなければ

垂水（一）

2018年4月11日

桜島に足を踏み入れるのを前に、「たるみず湯っ足り館」では、女性陣に混じって足湯に足を踏み入れるかを迷っていた。

国道220号線、「佐多街道」を歩いて行く。桜島を見ながら歩いていると、次第に雲行きが怪しくなってきた。そして垂水市に入った11時頃から雨が降り出した。牛根地区で店の軒先をお借りして雨具を着て、立ったままで昼食とした。雨の中を奇妙な風体で歩いてきたからだろう。道路工事をしている人から話しかけられた。その人の話によると、隣の鹿屋市では土砂降りとのことだ。錦江湾側からは、雨雲が次々とこちら側に流れてくるのが目視できる。そのような天気とは関係なく、道路横では藤が咲き始めて、足元のツツジと相まって美しい景色の中を歩いた。そして13時半に「たるみず道の駅」に到着。ここには足湯があり、「湯っ足り館」が道の駅の別名らしい。丁度この時は雨があがっていて、5人が足湯に浸かっていた。全員が女性なので入るのを躊躇してしまった。足湯なので混浴でも問題はないが、つい気持ちが引いてしまった。目の前に広がる錦江湾と桜島が見える景色が絶景だっただけに惜しまれる。私も仲間に入ってのんびりと景色を眺めていたかった。

道の駅の足湯に未練を残して先へと進むと牛根大橋が見えてきた。この橋を渡ると桜島に踏み入れることになる。この日の宿泊は桜島の中にある旅館なので、橋を渡らなければならないが、気掛かりなことが頭をよぎる。もし噴火して溶岩がこちら側に流れてきたらどうしよう。ここでも私の気弱な一面が顔を出す。前進するしか他に道はないのだ。気をしっかり持って牛根大橋を渡った。よく考えてみれば、桜島には現在大勢の人が暮らしており、心配する必要などあるはずがない。

51 桜島

桜島　「さくらじまホテル」の部屋から錦江湾を望む

2018.04.11 15:40
桜島 有村溶岩展望所
もう雨の心配はしなく
ていいようだ。
さて今日の宿に
行こうか。
錦江湾は
おだやかだ。

2018.04.12 5:10 AM
「さくらじまホテル」の部屋
より錦江湾を見る。

桜島

2018年4月11日～12日

見上げたら、桜島は噴煙をあげていた。早咲大橋では、錦江湾を泳ぐイルカの群を発見。降灰の中で、私は大興奮の連続だ。

牛根大橋を渡り桜島に入ると、噴火で飛んできたと思われる噴石が沢山見受けられた。このあたりは大正の大噴火で流れ出た溶岩が堆積した所だ。桜島は元々錦江湾内の島だったが、大正時代の大噴火によって、流れ出た溶岩が大隅半島側とつながった。今、私はその場所を歩いている。「日本縦断徒歩の旅」をする中で、本来なら桜島に足を伸ばす必要はないが、この道中記に桜島の項目も加えたくて宿泊する計画とした。桜島口で垂水へ行く道と分かれて国道２２４号線に入る。灰が大量に落ちている道を歩いて行くと、有村溶岩展望所があるので立ち寄った。スケッチをしようと手帳を取り出すが、紙の表面が次第にざらざらしてきた。桜島を見上げると噴煙をあげているではなか。その降灰であることに気づいたので、あわてて帽子をかぶった。

2018.04.12
8:30AM
宿を出ると目の前の桜島が噴煙をあげている。この手帖にも炭が落ちてくる。これから私が歩く方行へたなびいているようだ。

宿泊する「さくらじまホテル」に着いたのは16時半。ここの温泉はよかった。体内に桜島の力強いエネルギーが注入されて、体の芯から温まった。後で知ったのだが、この温泉は湯冷めしにくい湯質とのこと。露天風呂にも入り「旅と温泉」という最高の贅沢を満喫して部屋に戻る。火照った体を冷やしながら、錦江湾の景色を見ているのは心地よかった。

翌朝は5時に起床。天気は晴れ。部屋の窓からは三日月がきれいに浮かんでいるのが見える。周りが徐々に明るくなってきた。バルコニーを見ると、スズメが３羽留まっていたのでさっそくスケッチをした。

朝食を終えホテルを8時半に出発。先ずはホテルの前にある古里公園に行

桜島　古里公園より桜島を望む

く。目の前には桜島が大きく見え、噴煙が連続的に何回もあがる。それが私のいる方向になびいてくるので、私の周りに灰が降っているのが目視できる状況だ。手帳を開くとその上に灰が落ちてきて、白い紙が直ぐに灰で覆われる。桜島のある生活の一端が体験できた気がした。私のような通りすがりの旅人は面白い体験が出来たでよいが、地元の人々は大変だろう。山肌は荒々しい溝が縦に刻まれていて、迫力満点の山容だ。山の上の方は木々が全く生えていない。

この古里公園には林芙美子文学碑があり、「花の命はみじかくて、苦しきことのみ多かりき」の有名な一文が彫られている。林芙美子はこの桜島古里町が本籍地で、桜島大爆発があった大正3年から1年間住んでいたとのことだ。代表作は『放浪記』である。まだ読んだことはないが、何となく本のタイトルと「日本縦断徒歩の旅」をしている自分が重なる。『放浪記』と言えば、森光子主演の舞台も有名だった。一番の見せ場は「でんぐり返し」。周りには誰もいないので、私も「でんぐり返し」を含めた準備体操をしようと思ったが、下はコンクリートで硬い。怪我をしてもつまらないので、柔軟体操だけにして「でんぐり返し」は止めておく。今日の歩程は約15㎞と短いが、この降灰の中では歩くのがつらい一日となりそうだ。スケッチをしている時にまた噴煙があがった。今日の桜島は火山活動が活発なようだ。

垂水に向け歩き出したが、すれ違う車両は降灰を巻き上げながら通り過ぎる。昨日はこのようなことはなかったので、昨夜の間に路面にたくさんの灰が溜まったらしい。昨日に続き有村溶岩展望所に寄り、降灰の

2018.04.12 9:15AM 古里公園
林芙美子文学碑 桜島はさかんに
噴煙をあげている。
林芙美子文学碑
花のいのちは
みじかくて
苦しきことのみ
多かりき
芙美子

2018.04.12 9:40
林芙美子像

2018.04.18 9:55
桜島の全体が見えたら
すぐにまた噴煙が
あがった。

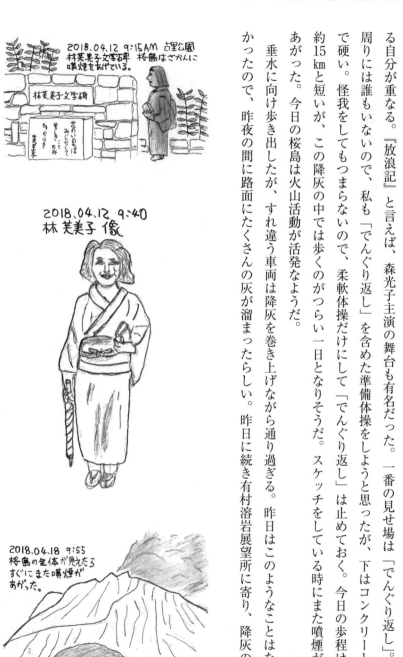

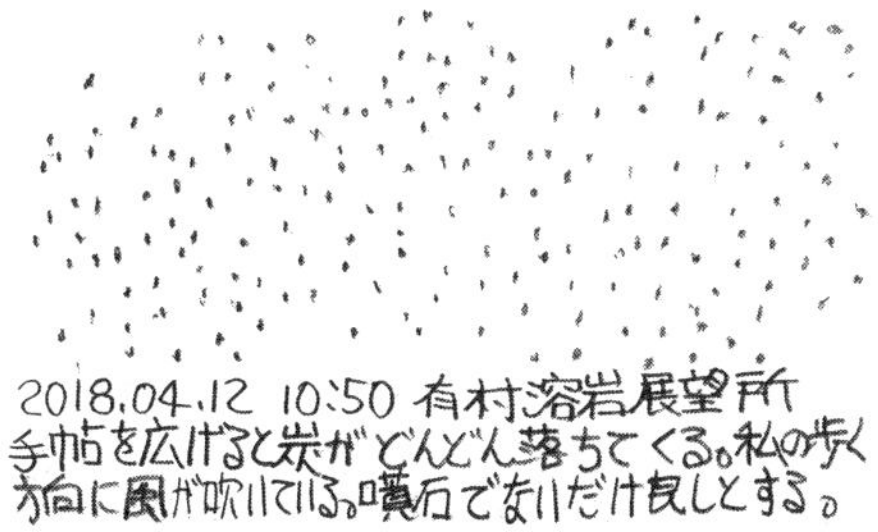
2018.04.12 10:50 有村溶岩展望所
手帖を広げると灰がどんどん落ちてくる。私の歩く
方向に風が吹いている。噴石でないだけ良しとする。

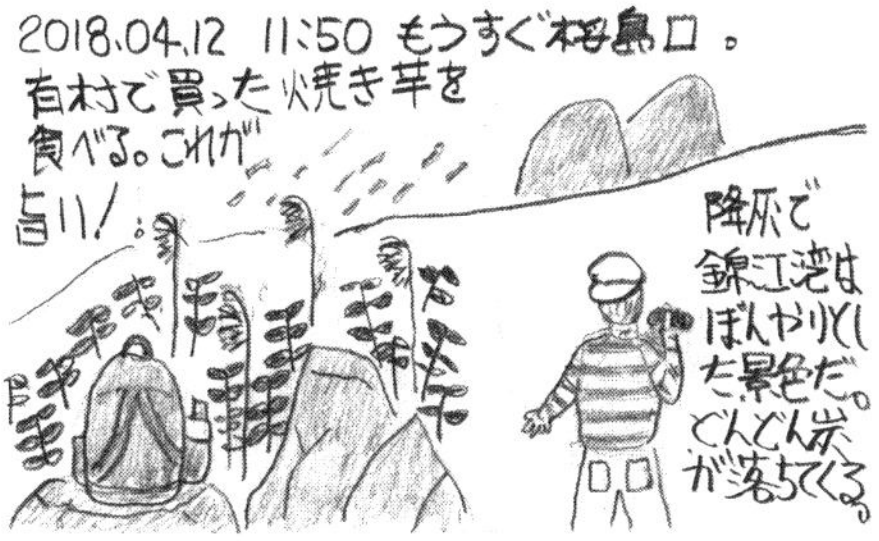
2018.04.12 11:50 もうすぐ桜島口。
有村で買った焼き芋を食べる。これが旨い!
降灰で錦江湾はぼんやりとした景色だ。どんどん灰が落ちてくる。

中を決められたルートに沿って歩いた。手帳を開き、そこに落ちてくる灰を書き留めていたら、たちまち灰色の点でいっぱいになる。この展望所には売店があり、マンゴージュースを飲んだ。そして昼食用の焼き芋を購入。桜島口に着く途中の錦江湾がよく見える場所でこれを食べたが、甘くて非常に旨かった。さすが地元の名産品である。芋というより、高級和菓子のような食感だった。ここに居たのは10分間程だが、リュックを見ると、降灰がかなり積もっていた。天気予報通り、風は南東方向に吹いていて、正に私の歩いて行く方向に灰はなびいている。鹿児島では天気予報で桜島と新燃岳の噴煙が流れる方向を必ず伝えているが、生活する上で大事な情報であることを身をもって体験した。

　桜島口まで再び戻ってきて、垂水方面へ進むと早咲大橋がある。この下はもちろん錦江湾だ。何

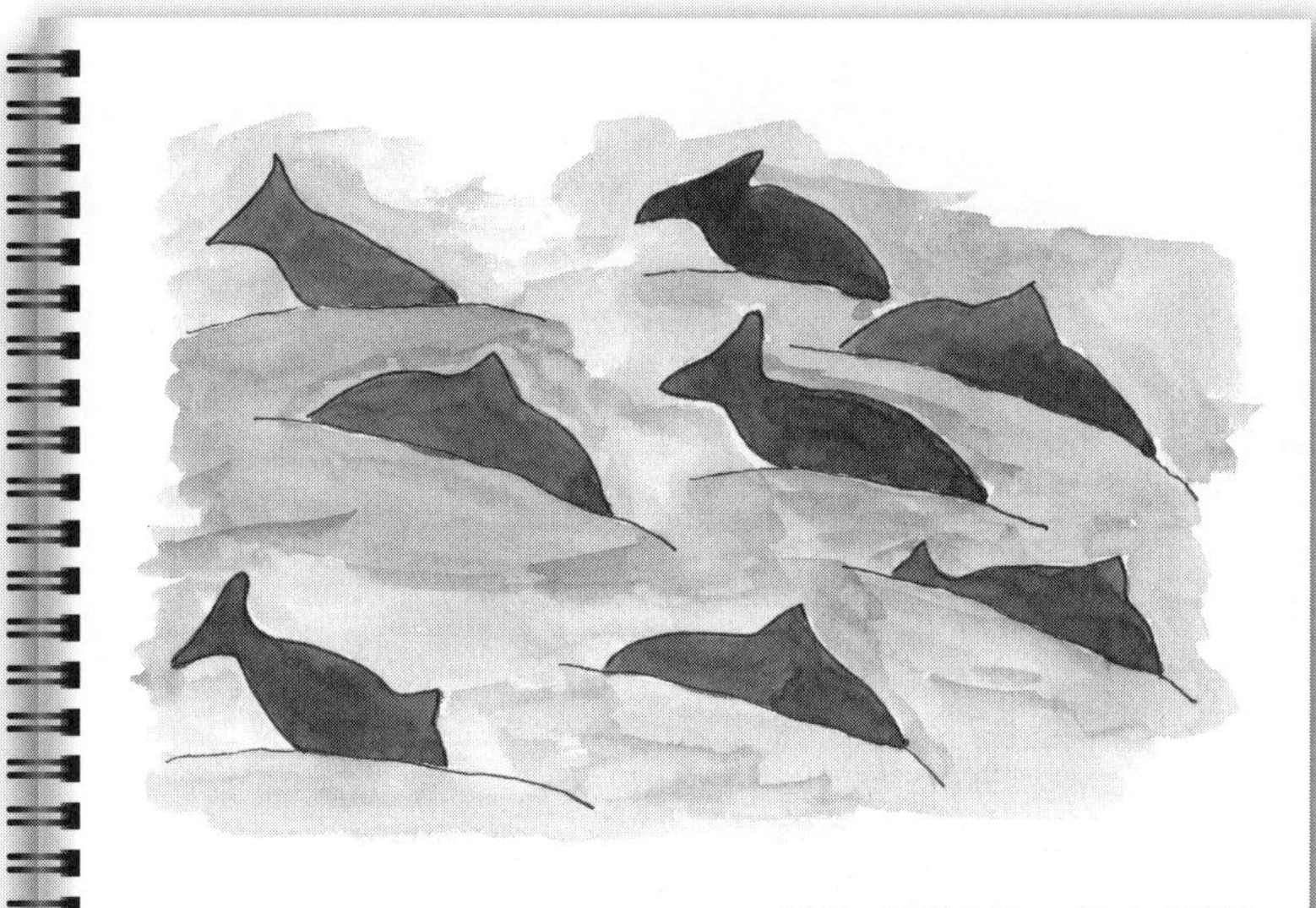

桜島　早咲大橋　イルカの群れ

か黒いものがたくさん海面を飛び跳ねている。双眼鏡で確認するとイルカだ。思わぬところでイルカウォッチングが出来た。20頭以上はいるようだ。海面に沈んでも、しばらくするとまた現れては飛び跳ねる。水族館以外でイルカを見たのは初めてなので、降灰の事など忘れて、興奮しながら双眼鏡で見続けた。

桜島は一周約36㎞で、9時間程で歩ける。一日で歩くに丁度よい距離だ。もう一泊したかったと思いながら桜島を後にした。

52 垂水（2）

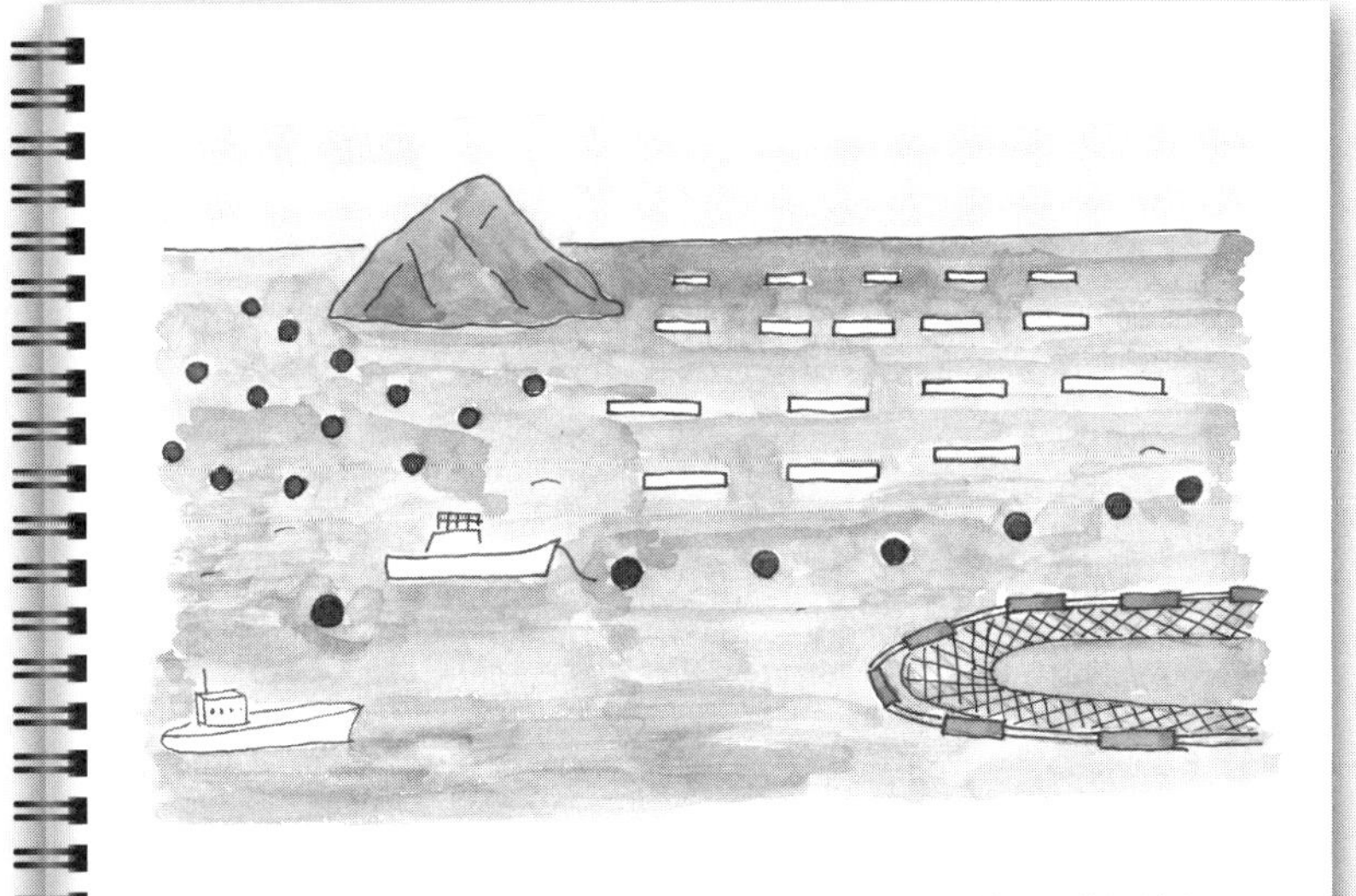

垂水　早咲大橋より錦江湾を見る

2018.04.12 13:40
海潟さくら公園
トビの声を聞きな
がら休憩。
潮風が心地よい。

2018.04.12
15:05
垂水
海岸公園
藤棚の下で
休む。
ここまで来ると
桜島の降灰
はあまり落ちてこない。

垂水（2）

2018年4月12日～13日

桜島からの降灰はすごかった。「古民家の宿たるみず」の五右衛門風呂と囲炉裏での夕食はいい思い出になった。

早咲大橋を歩きながら後ろを振り返ると、イルカは相変わらず海面を飛び跳ねていた。そしてその横には湾一面に養殖漁場が広がっている。ハマチなどを養殖しているらしい。様々な色をした球が浮かんでいて、網で囲われた所もある。その浮きの上にはアオサギが留まっていて、魚を狙っているようだ。そして近くに島が見える。地図で確認すると江之島で、その周りには穏やかな海に船が浮かび、何ともきれいな景色を創っている。私はこのような地元の生活が感じられる様子が好きだ。このような光景を見ていると、心が洗われてやさしい気持ちになれる気がする。

2018.04.12 16:25
垂水フェリーターミナル
より。ここからは桜島
を後にしての
旅となる。

それにしても桜島からの降灰が絶え間なく落ちてくる。これも地元の生活を体験する貴重な機会だが少々つらい。車は灰を巻き上げながら横を通り過ぎて行く。向かい側から来たバイクに乗ったライダーが、苦笑しながら運転をしていたので後ろを振り返ると、トラックがすごい量の灰を吹き上げながらやって来た。その粉塵の中に突っ込んでいく彼には同情するが、私も同様に、数秒後にはひどい目に遭った。マスクはしていないので息がしにくい。正に息絶え絶えの状態で歩くしかなかった。

早咲大橋を渡ると国道を離れて脇道を歩き、海潟の「さくら公園」で休憩した。ここまで来ると、桜島からは南南東方向になり、南東とは少し方向がずれるので降灰は減ってきた。海潟漁港では映画「ホタル」のロケ地との看板が掲げられている。高倉健主演で、健さんは元特攻隊員の漁師役を演じていた。この映画は観たことがあるので、内容を思い出しながら通り過ぎた。

垂水の市街地を通り、垂水フェリーターミナルに着いたのは15時半。この日に泊まる宿は17時以降でないとチェックインできないので、休憩を兼ねて今日描いたスケッチの仕上げをすることにした。時間を少しでも有効に使いたいためだが、旅に出た時でさえゆったりと構えることができない貧乏性の一面が私にはある。1時間くらい過ごしてターミナルを出発したが、後ろを振り返ると桜島はまだ噴煙を上げていた。これからは桜島を後ろにしながらの旅となるようだ。

宿泊する「古民家の宿たるみず」には17時丁度に到着。かなり灰を浴びて歩いてきたので、まずは洗濯を

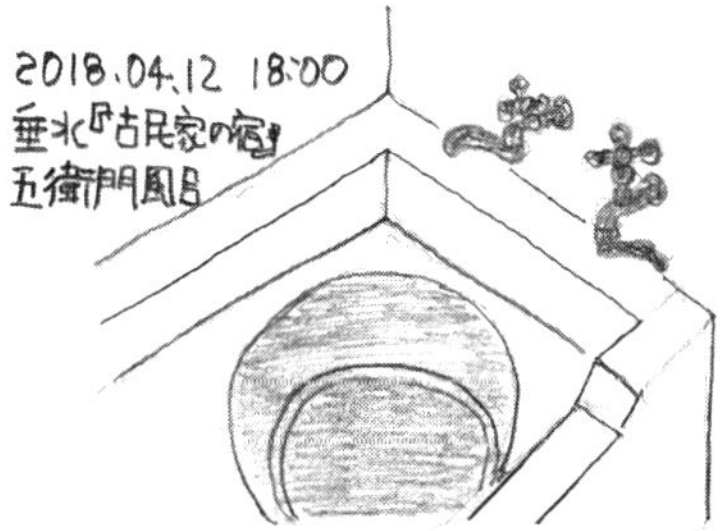
2018、04、12 18:00
垂水『古民家の宿』
五衛門風呂

この囲炉裏での夕食
はいい。旨い。
ビールは2杯目。
2018、04、12 19:20
垂水『古民家の宿』
食事中。

2018、04、12 20:30
垂水『古民家の宿』
おもしろい宿だ。

垂水 「古民家の宿たるみず」

した。そしてこの宿が実に面白かった。風呂は五右衛門風呂である。浴槽の底は熱いので木の蓋のようなものを敷いて入る。最初は熱くて、本当に石川五右衛門と同じ釜茹でになるかと思ったほどだ。水を入れて丁度よい湯加減にしてから浴槽に入り、恐る恐る底に手を当てると確かに熱い。そして、水栓はいかにも昔の蛇口といった感じの器具がついている。この宿では洗面所など、付いている水栓のどれもが面白い形をしている。中には昔の井戸に設置されていた手押しポンプを小型にしたような水栓があり、建築設備技術者の私は大いに興味を持って使わせていただいた。風呂からあがり、夕食は囲炉裏で食べた。囲炉裏には鍋がかかっていて、それを使っての「しゃぶしゃぶ」料理だ。生きのいい刺身もある。そしてごはんは釜炊きだ。旅の雰囲気満点ではないか。この日の宿泊客は私だけなので、この空間を独り占めだ。

2018.04.13 垂水 ぼんやりした景色を眺めながら歩いている。桜島の降灰のせいなのだろうか。
8:15AM
ツバメが元気に飛び
キジの鳴声が聞こえる

囲炉裏端で食事という憧れの体験をして大満足。正に名前の通り「古民家の宿」である。食事をしながら、桜島から歩いた今日の一日を振り返るのは楽しく、料理は全てが美味しかった。食事を終えてからも、囲炉裏の火を見ていると気持ちが集中してくるせいか、いろいろな事が頭に浮かんでくる。自分を見つめ直すのに火とはいいものだ。

翌朝、「古民家の宿たるみず」を描いていると、手帳に灰が落ちてくる。灰を掃っていると、宿の御主人が来たので話をした。御主人の話では、降灰がひどいときは、昼でも車はライトを点灯して走るとのことだ。太陽からの光まで遮断する桜島の噴火、恐るべしである。

この日の歩程は約38㎞と長い。本来の朝食時間は7時半からなのだが、無理をお願いして少し早く用意していただいた。おいしい朝食を終え、「古民家の宿たるみず」を7時半に出発。国道２２０号線に並行する脇道を歩いて行く。晴れてはいるが、周りはぼんやりとした景色だ。やはり桜島の灰の影響か、それとも春霞かと思いながら歩く。レンゲソウとツツジが道の両側に咲いていた。車はほとんど通らない道を、元気に飛びかっているツバメを見ながら進む。そして昼食のおにぎりを買うために国道に出ると、そこにアコウ並木があった。いかにも南国的な光景で、この木を見ていると幹と枝、根が一体となっている感じだ。それが道路沿いに植えてある。アコウはクワ科イチジク属の常緑樹で暖地に生育する。その種子は鳥などによって他の木などに

垂水　国道220号線佐多街道　アコウ並木

運ばれて発芽して成長すると、枝や幹から垂れ下がった気根で、親の木を覆いつくして枯らしてしまうこともある。そのため「絞め殺しの木」とも呼ばれている。以前アンコールワットの遺跡が木の根に覆われている写真を見たが、それに似た感じなのだろう。幹は気根で網のようになっていた。この日は天気がよく日差しが強いので木陰で休憩した。アコウを見ながら、今まで見てきた街路樹とは明らかに違う植物帯の変化を感じた。この様な感覚は歩く旅をしていると敏感になる。言わば、旅を楽しむテクニックでもある。だいぶ南へ歩いてきたのだなと思い、「宮崎から１４８㎞」の表示を眺めていた。

53 鹿屋

鹿屋　荒平天神

2018.04.13　11:05 はれ
錦江湾沿いに68号線を歩いている。
開聞岳が見える。
きれいな蝶がとんできた。

2018.04.13　12:10　はれ
薩摩半島と大隅半島を見ながら歩いている。
錦江湾はおだやかだ。

鹿屋

２０１８年４月13日

対岸の薩摩半島と開聞岳を見ながら歩いた。いつの間にか、私の周りにはきれいな蝶が舞っていた。何か夢の世界にいる気がした。

国道220号線を歩くが、鹿屋港付近で道に迷う。この日は歩く距離が長いので、早く正しい道を見つけなくてはとあせる。でも心のどこかでこの状況を楽しんでいる自分がいるのは、私もだいぶ旅慣れしてきたからだろう。鹿屋港を過ぎてから国道と分かれて県道68号線に入る。錦江湾沿いに歩いて行くと、開聞岳が見えてきた。開聞岳は錦江湾をはさんで対岸に位置する薩摩半島の先端にある山である。あの山に登ったのは30年以上前だろうか。登山道は螺旋状になっていて、周りの景色が刻々と変わっていったのが印象に残っている。頂上では屋久島の宮之浦岳に登ってきた人と会話したことを思い出した。そしてふと気がつくと、私の周りにはきれいな蝶が舞っている。まるで夢の世界を歩いているようだった。

荒平天神に着いたのは11時20分。海に突き出た天神島の小高い岩の上に建立されている。その手前には赤い鳥居があり、木々に囲まれたきれいな景色だ。名の知れた景勝地のようで、平日なのにドライブと思われる人達が車から降りて見ている。鳥居の奥には階段が見えるので、干潮の時は本殿まで上がって行けるようだ。今なら天神島に渡れるので、本殿まで行くことができる。私は道路を隔てたベンチで昼食をとりながら、行くべきか迷っていた。しかし、今日はこれからまだかなりの距離を歩かなければならない。本殿まで行くのは諦めた。「歩く旅人のつらいところよ」と言い訳して先へ歩き出した。未練と登らなくてすんだ安堵の気持ちが交錯していた。私は実に軟弱な旅人である。

54 錦江

錦江　錦江湾と開聞岳

2018.04.13 14:10
峠までくるとツツジが咲いていた。
きれいな蝶がとんでいる。黒色なのだが白色と赤色がアクセントになっている。

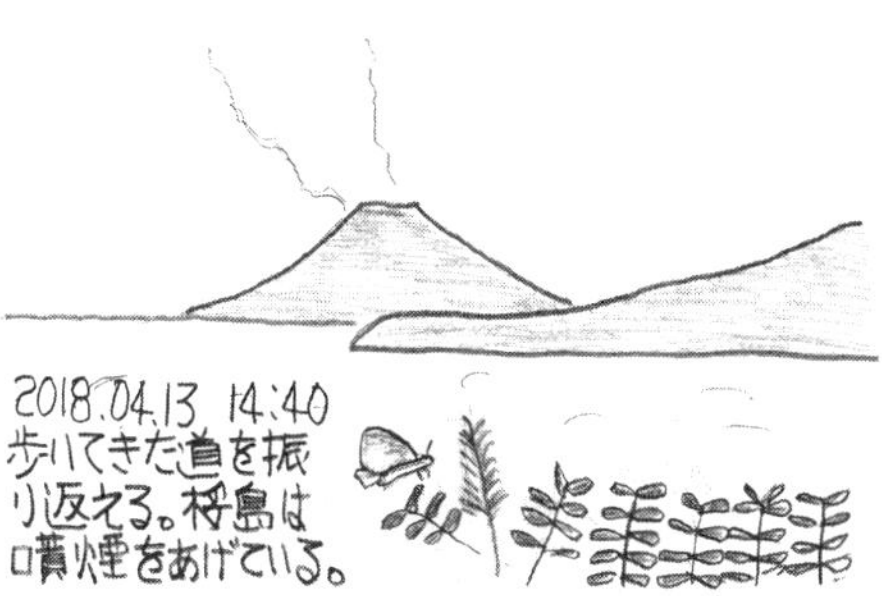

2018.04.13 14:40
歩いてきた道を振り返える。桜島は噴煙をあげている。

錦江

いつも怒っているような荒々しい姿の桜島と、それをなだめている穏やかな山容の開聞岳。旅の主役は開聞岳に移りつつある。

2018年4月13日

県道68号線に並行する歩道を歩いて高須海岸付近に来た時、国道２６９号線に合流した。そして道が錦江湾から離れていくので、何かおかしいと思い引き返してきた。どうやら鹿屋市街地方面への道に間違って入ったようだ。歩道を歩いているうちに、成り行きで道幅の広い方につられて行ってしまったらしい。

歩いている佐多街道は南国風の木々が多く、その向こうには開聞岳が見えている。山の主役は桜島から開聞岳に移りつつある。錦江湾を挟んだ開聞岳がある対岸は薩摩半島だ。私の歩いているのは大隅半島で、こちら側に九州本土最南端の佐多岬がある。もうすぐ開聞岳が薩摩半島の一番左端に見えるようになるのだろう。実際、先に進むにつれて、開聞岳は徐々に左側に移っていく。ツツジやその蜜を吸いに来るチョウを見ながら歩いて行くと、錦江町の「道の駅にしきの里」に着いた。アイスクリームを買ってベンチで休憩する。ここからは桜島と開聞岳の両方が見える。噴煙をあげて怒っているような桜島と、それをなだめているような穏やかな山容をした開聞岳だ。明日の天気予報は雨なので、桜島はもちろんだが、開聞岳ももうすぐ見納めかも知れない。開聞岳にはもう少しの間、主役の座にいてくれないと困るのだが。

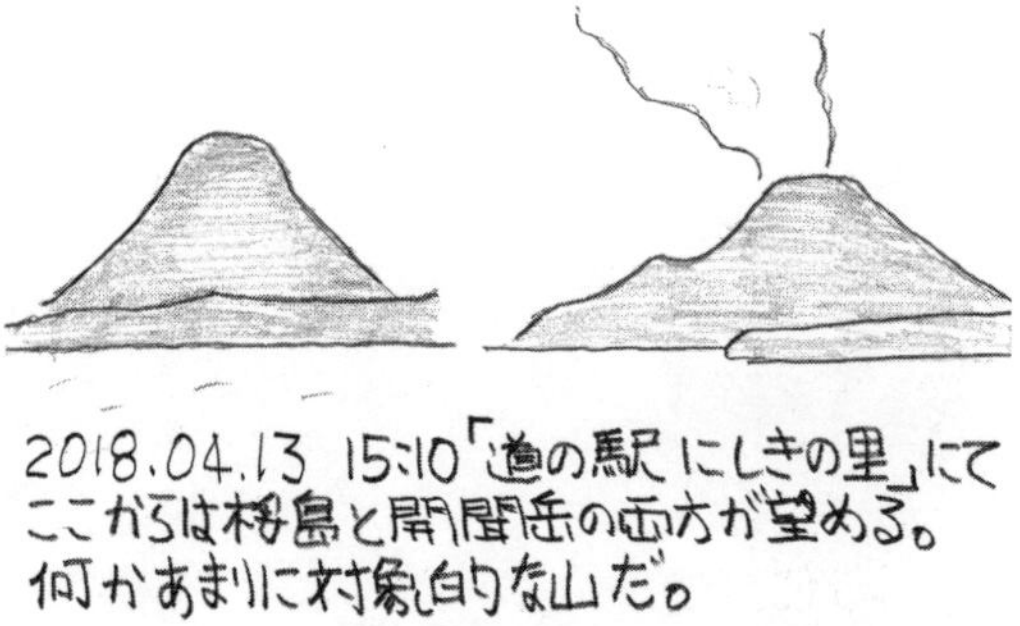
2018.04.13 15:10「道の駅にしきの里」にて
ここからは桜島と開聞岳の両方が望める。
何かあまりに対象的な山だ。

55 南大隅

南大隅　大内峠

2018.04.14
5:30AM
南大隅の
ネッピー館より
今日は低気圧
の通過で
かなり風雨
が強くなる
とのこと。
歩く旅人は雨もまた良しとする。
雨は旅の印象をいっそう深くする。

南大隅町
ネッピー
2018.04.14　8:05 雨
雨の中出発だ。！ ネッピーの見送りを受けて

南大隅

２０１８年４月13日～14日

「宗谷岬まで２７００㎞」の看板があった。この九州本土最南端の地から、日本縦断の旅を始める人がいるのだろう。

この日の宿は南大隅町の「ねじめ温泉ネッピー館」で17時過ぎに到着。途中のコンビニで明日と明後日分の昼食を購入した。地図を見ると、ここから先はコンビニがないので、確実に昼食を確保しておいた。ここの温泉は大きな浴槽がたくさんあり楽しめた。地元の人達も大勢利用しているようで、露天風呂にはたくさんの人達がいたので入れなかったのが残念。私の部屋の名前は「開聞岳」で、最後までこの山に御縁を感じた一日だった。

2018.04.14 8:25AM 雄川橋を渡たる。
雨具を着ているので暑い。

翌朝、5時半に起床してテレビをつけると、NHKの「あの人に会いたい」で曲芸の海老一染之助・染太郎が出ていた。「いつもより多く回しています」のフレーズを久しぶりに聞く。絶妙なコンビだった。私は落語が好きで寄席の定席によく足を運ぶが、このコンビは売れ過ぎていたので、舞台で見ることが出来なかった。この後の天気予報では、今日は低気圧の通過で大雨とのこと。早く出発しようと思い、急いで朝食を食べ終えた。雨具を着ながら、「いつもより多く着ています」とつぶやくが、歩くには暑い。8時に雨の中を出発。今日の歩程は約36㎞と長い。きつい一日になりそうだ。根占大橋を渡り、雄川沿いに歩いて行く。この雄川では根占大橋と塩入橋の間約380mを漕ぎ手8名、かじ取り1名、太鼓1名で競うドラゴンボートフェスティバルがあり、100チーム以上が参加してかなり盛大に行われるらしい。そのためだろう。竜に乗って櫂を漕ぐ、みかんを主役としたキャラクターの看板をよく見かけた。その塩入橋を通り過ぎ、雄川橋を渡る頃

2018.04.14 9:25雨 ねじめ道の駅より
錦江湾を見る。
郵便
POST
道の駅
根占
佐多岬
桜島

2018.04.14 10:00 台場砲台跡
薩英戦争のなごりだ。

にはさらに雨が強くなってきた。大内峠を越えるために坂道を登るが、雨具を着ているので暑くてたまらない。あまりに汗が出るのに耐えかねて、民家の軒先をお借りして雨具の上だけを脱いでいると、隣の住人から「おはようございます」と声をかけられた。峠への登りを前にして少し憂鬱な気分が、この一言で一気に解消されて元気になった。

大内峠を越えると、きれいなツツジが咲いていて、雨の中を佇んで眺めた。下り道を歩いて行くと「道の駅根占」に到着。雨が強いので休憩しながら錦江湾を見る。南大隅町の旅マップによると、この道の駅は「九州本土最南端の道の駅」として知られているとのことだ。昔ながらの鋳鉄製の丸ポストがあり、色は何故か黄色に塗られている。その横には、鉄道の駅の表示板に見立てた案内板があり、次の駅名は右に桜島、左に佐多岬と書かれていた。この雨が強い状況でも、錦江湾には漁船が浮かんでいる。漁師さん達は頑張って働いている。私も頑張らなくてはいけない。雨で気持ちがひるんではいけない。晴れていれば正面に開聞岳が見えるのだろうが、今日は全く見えない。さて、左側の佐多岬に行くのだと気合いを入れ直してから雨の中へと歩み出した。

道の駅から20分程歩くと台場公園に着いた。ここに薩英戦争の際に築かれた砲台跡があるので見に行く。

南大隅　浮津トンネル

錦江湾に入ってきたイギリス艦隊に対抗するために、ここに砲台を築いた石垣が残されていて、砲台もある。案内板によると、実際にはここから発射することはなかったそうだ。さらに国道２６９号線を歩いて行くと、岩が突き出たような山が見えてきた。雨が激しいのでスケッチをすることはできないが、雲の中にぼんやりと浮かんでいて、水墨画の世界を見ているようだ。この付近は立神公園で、この岩山が御嶽だろう。そして浮津トンネルに到着した。色とりどりの花が植えられた花壇に心がなごむ。入り口の壁には南国風の植物が描かれているせいか、明るい感じのするトンネルだ。歩道幅も広いので安心してトンネルに入って行けた。歩く旅人にとって、トンネルは出来れば通りたくないが、この時は雨が避けられるので正直ありがたかった。

浮津トンネルを出た時は丁度12時だった。幸い雨があがっている。トンネルを出た所に腰掛けられる段差があるので、昼食にする。歩く旅をしていると、昼食をとる場所を見つけるのに苦労することが多い。私の場合、11時半を過ぎると、座って食べられる場所を探しながら歩く。東海道のような大きな街道では、寺社等が頻繁に現れるので休憩場所には困らないが、普通の道では簡単によい場所は見つからない。車道の直ぐ横だがここに決めた。実は雨を避けるため、車の排気ガスが気になるが、トンネルの中で食べることを覚悟していた。雨が止んでいてよかった。

歩いている海沿いの道は、トンネルとまではいかないが、山側と上部だけがコンクリートで出来ていて、海側だけが開けた所を頻繁に通る。山の斜面に作った道路だからなのだろう。佐多バス停に着いたのは13時頃で、ここで国道269号線は終わりで、佐多街道は海沿いの道から離れて山側へと入って行く。ペットボトルのお茶が残り少なくなったので、新しいお茶を購入した。かなり汗をかいたので、熱くなった体に冷たいお茶がおいしい。それとこの先は自動販売機がない恐れがあり、念のために確保した。「佐多旧薬園」との案内板があるが、寄らないで佐多岬へと向かうことにする。ここからは車両があまり通らない、木々に囲まれた気持ちのよい道を歩いた。周りの景色を楽しみながらゆっくりと登って行く。峠と思われる場所を越えたあたりで「ハイビスカスロード」の表示板が現れた。この道の名称らしい。道路脇には花が植えられていてきれいだ。ハイビスカスは見当たらないが、周りにはいかにも南国らしい木々を、たくさん見ることができる。葉が大きくて繁り方がすごい。木々の名前がわからないのが残念だ。

峠を越えたので、後は下って行くだけなので気分的に楽になった。そして烏賊浦バス停に着いた時、公園がありベンチがあるので休憩した。錦江湾方面が開けていて、開聞岳も少し見えている。天気は回復してい

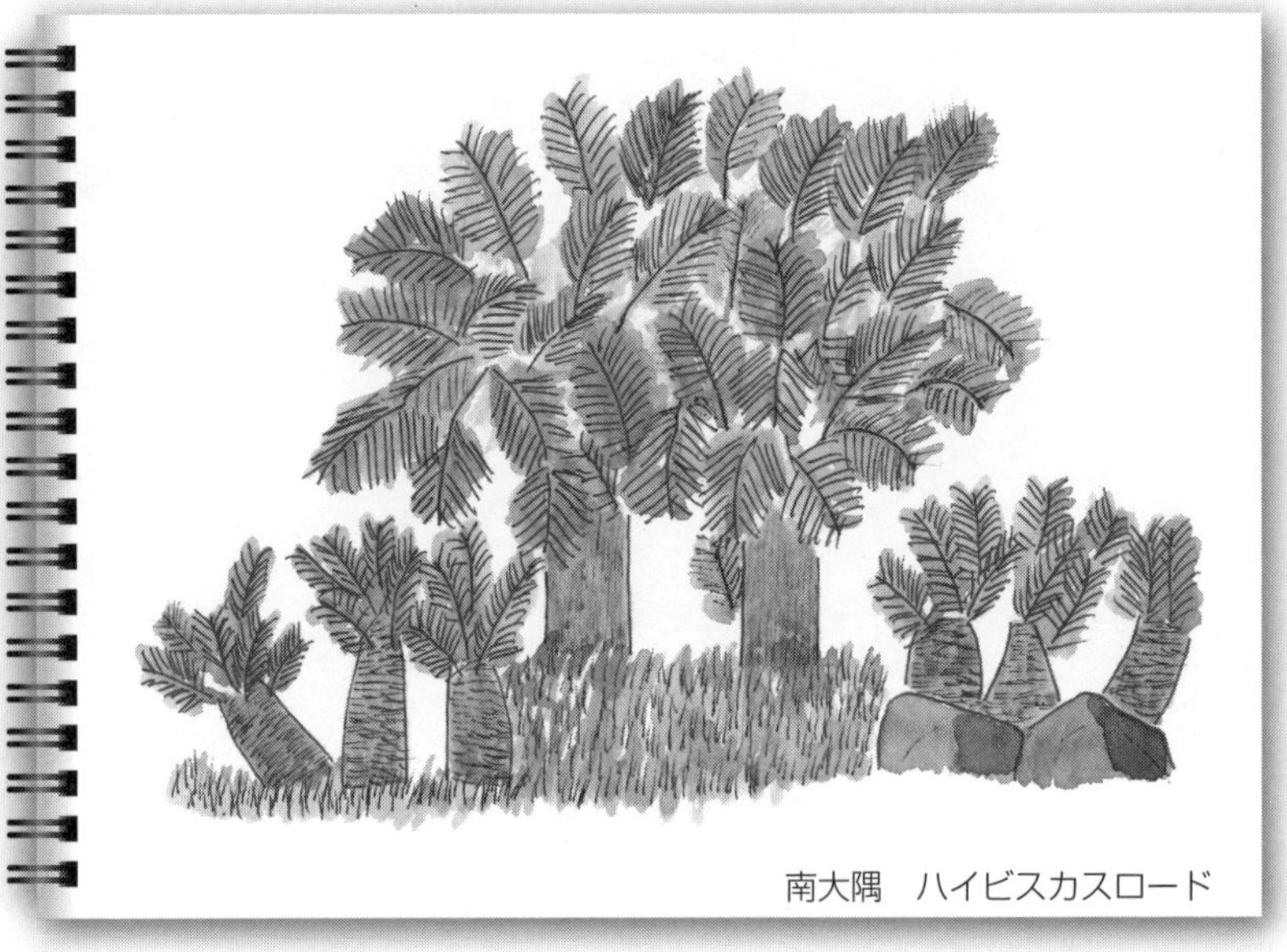

南大隅　ハイビスカスロード

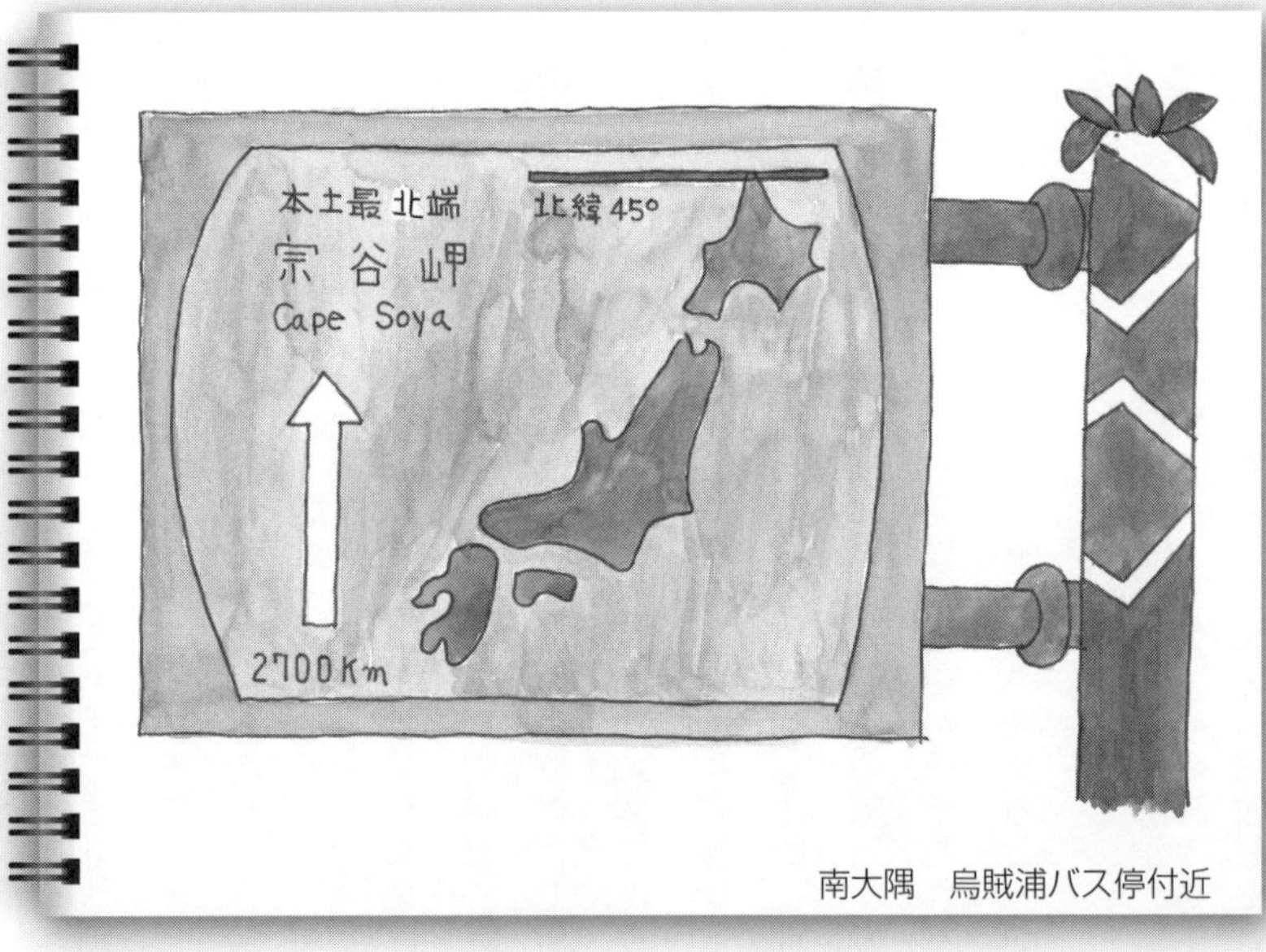
本土最北端
宗谷岬
Cape Soya
北緯45°
2700Km

南大隅　烏賊浦バス停付近

2018.04.14　15:10 鳥賊浦　開聞岳が少し見える。
薩摩半島側は開聞岳が先端になった。

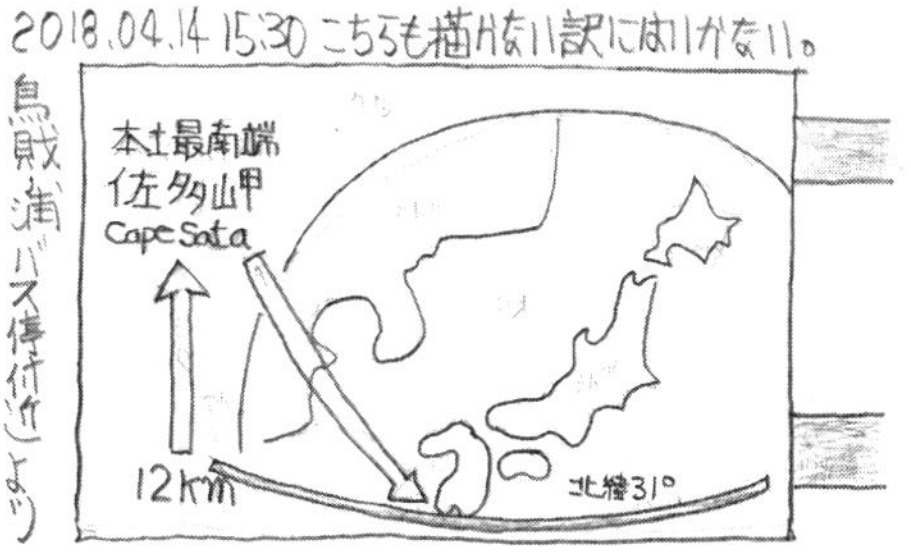
2018.04.14 15:30 こちらも描かない訳にはいかない。
鳥賊浦バス停付近より
本土最南端
佐多岬
Cape Sata
12km
北緯31°

るようだ。開門岳は薩摩半島の先端に見える。どうやら薩摩半島先端よりも南側まで来たようだ。

さて今日の宿泊地である大泊へ歩き出そうとして、大きな看板があるので振り返った。そこには「宗谷岬まで２７００㎞」と書かれているではないか。「日本縦断徒歩の旅」をしている私を励ますような看板だ。私は北から南へ歩いているが、この佐多岬から宗谷岬を目差す人もいるのだろう。感動で打ち震える中を歩き出すと、今度は「佐多岬まで12㎞」の看板がある。こちらは今の私の目的そのものだ。暗くなる前に宿泊地に着かなくてはならないが、こちらも描かない訳にはいかない。これらの看板は２つで1対だ。俺はここまでやって来たと心の中で叫ぶ。周りには誰もいないので本当に声に出して叫んでもよいが、私は礼儀正しい社会人なので止めておく。宗谷岬は北緯45度、佐多岬が北緯31度でその間の距離が２７００㎞。この数値を基に地球の大きさを知ることができる。そう言えば、伊能忠敬は地球の大きさを知りたくて、測量の旅に出たはずだ。彼はこの佐多街道も歩いたのだろうか。九州の旅も大詰めに近づいてきた。

56 佐多岬

ネッピー
ようこそ
南大陽町へ
みさきちゃん
本土最南端
佐多岬
鹿児島交通
ホテル佐多岬
のりば

佐多岬　佐多岬バスのりば

2018.04.15　5:45 AM
ホテル佐多岬の部屋より
今まで錦江湾をずっと
見てきたが、ここから見えるの
は太平洋だ。山の上の雲
がオレンジ色に染っている。

2018.04.15　6:20AM
ホテルの部屋を出ようとした時
山から太陽が顔を出した。
今日は九州本土最南端
佐多岬へ行く。

佐多岬

2018年4月14日〜16日

九州本土最南端の佐多岬では、強烈な風に見舞われた。波が岩にぶつかり、豪快に砕ける景色はすごかった。

大泊の「ホテル佐多岬」に到着したのは16時半。受付をしていると、「佐多岬到達証明書」を発行しているとある。費用は３００円。買うべきか迷ったが、日時と感想を入れた私の描く絵日記は、証明書に勝ると思い、購入するのは止める（後日、この道中記をまとめるにあたり、購入しておけばよかったと後悔した）。

部屋に入ると窓から大泊港が見える。鹿児島宿を出てから錦江湾沿いを歩いてきた。でもこの部屋から見える海は、種子島との間にある大隅海峡だ。太平洋側に来たことになる。佐多岬はここから６㎞程先だ。今日は午前中に雨が激しい中を歩いたが、明日は晴れとのこと。今回の旅の最終目的地が佐多岬なので、良い天気の中でフィナーレを迎えられそうだ。スケッチの仕上げを終えてから風呂に行った。大浴場では私ひとりなので展望風呂を独占だ。今までの旅を振り返り、浴槽内を平泳ぎや潜水をして遊んでいる間に長湯が過ぎたらしい。風呂から上がる時は頭がボーッとしてのぼせ気味だった。与えられた時間を目一杯楽しむという、私の習性である貧乏性が出てしまった。

翌朝は5時に起床。部屋から見る空は、雲がオレンジ色に染まりきれいだ。そして山から太陽が顔を出した。テレビをつけると歌舞伎俳優の中村吉右衛門さんが出ている。私の大好きな俳優さんで「鬼平犯科帳」の主役だ。彼は写真よりスケッチの方が対象をよく観るので、印象がより深くなると言っている。私と全く同じ考え方に共感した。スケッチブックに描かれた絵が紹介されていた。私も街中で堂々と大きなスケッチブックを取り出して描けるくらい上達したいものだ。その番組を見てから散歩に出かけたが、風が強くて寒い。ホテル前の駐車場に大きな看板があり、南大隅町は「ネッピー」と「みさきちゃん」が2大キャラクターと知る。それを描いてからホテルに引き返した。

8時半にホテルを出発。九州本土の旅の総仕上げだ。この日も同じホテルに宿泊するので、荷物を部屋に置いてきたので身軽である。今日は歩く距離が短いのでのんびり歩くことにする。ホテルを出て少し行くと急勾配の坂道があり、それをゆっくりと登る。そして坂道の頂上を越えると急な下りとなり、佐多岬公園道路に合流した。きれいな道路だが、昨日は雨だったので、舗装された道路から外れた所はぬかるんでいるためだろう。道路に獣の足跡がついている。一直線の足跡なのでキツネのようだ。キツネも足に泥が付くのを嫌って、舗装された道を歩いたらしい。そして海岸に出たが、風は海側から強烈に吹き付けてきた。水中展望船「さたでい号」乗り場があるので、トイレ休憩をした。この展望船に乗るのも今日の予定のひとつだが、佐多岬を見た帰りに寄ることにする。この付近にはソテツの自生地もあるので楽しみだ。まずは佐多岬だと思い先へと進む。

やがて北緯31度線展望広場に到着。そこにモニュメントがあり、世界地図に赤い線が描かれている。この佐多岬は上海、カイロ、ニューオーリンズと同じ緯度にあることを知った。そしてここから佐多岬灯台が見える景色はすばらしい。水平線近くには大きな船が航行している。双眼

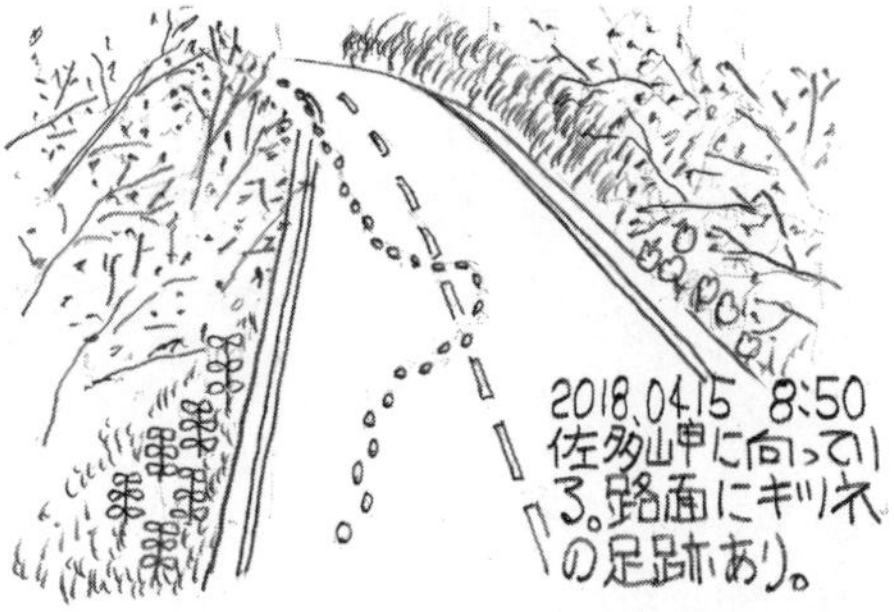
2018.04.15 8:50
佐多岬に向ってい
る。路面にキツネ
の足跡あり。

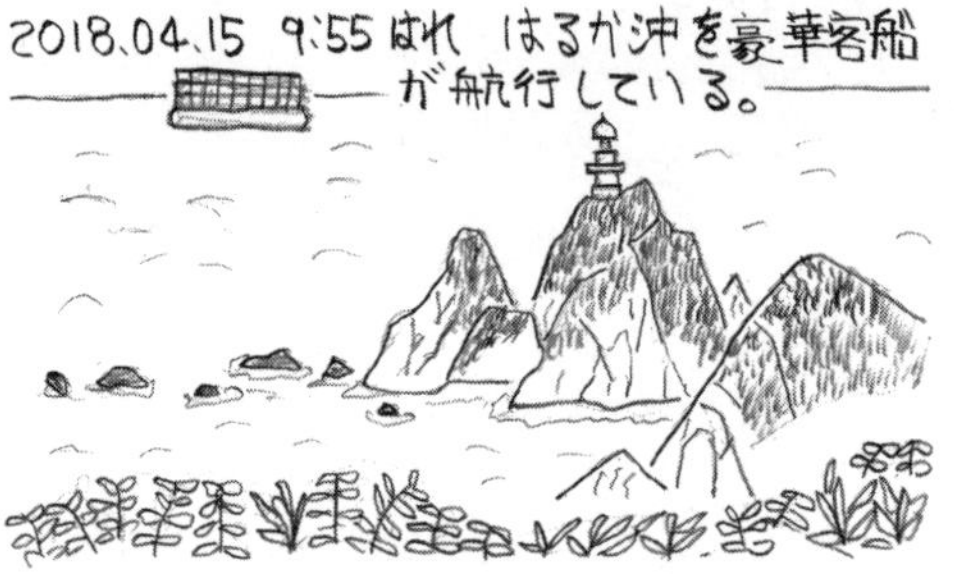
2018.04.15 9:55 はれ はるか沖を豪華客船
が航行している。

佐多岬　北緯31度線展望広場

鏡で確認すると豪華客船のようだ。見ている海は太平洋で、強風のために白波がすごい。

さらに歩いて行くと休憩所のある駐車場に到着した。車で来られるのはここまでだ。ここの展望デッキからの景色はすばらしかった。スケッチをしている人もいる。今日の日付が入った「みさきちゃん」の看板があり、これが観光客の撮影ポイントのようだ。「みさきちゃん」は佐多岬をバックに、頭に灯台を乗せて、ハイビスカスを付けて力強く歩いていた。

近くには大きなガジュマルの木がある。アコウもそうだが、ガジュマルも幹と根が一体に絡みあっている。ガジュマルは宿主となる低木や岩で発芽する。やがて成長すると枝から気根が垂れてきて、徐々に土台や自分の幹に絡みつく。そして気根が地面に達すると、幹と気根の区別はつかなくなる。この気根はアスファルトやコンクリートを

佐多岬　休憩所　展望デッキ

佐多岬　休憩所　ガジュマルの木

突き破る程の力があり、時には土台である木を枯らしてしまう。アコウと同じ「絞め殺しの木」である。宿主の木が枯れて腐りなくなると、空洞となって地面から根が木を持ち上げているみたいに見える。この「絞め殺しの木」の呼名だが、熱帯に分布するイチジク属や一部のつる植物の俗称で、他の植物や岩などに巻き付いて成長するためにこの名前が付いている。沖縄ではガジュマルに「キジムナー」という精霊が棲むと言われている。それにしても大きくて迫力のある木だ。私が子供の頃にこのような木があったら、一日中遊んでいても飽きなかっただろう。

佐多岬へは駐車場横のトンネルを通って行く。ここから先は徒歩でしか行くことはできない。細い道を登り下りしながら進む。コンクリートで舗装されているので歩きやすい。周囲の景色が亜熱帯風の雰囲気の中を進んで行くと、御崎神社がたたずんでいた。赤と白の本殿はすっきりとした配色の建物だ。屋根と格子が赤色で、それ以外は白く塗られている。一般に神社は茶色に変色した木で出来ていることが多いので、この色の組み合わせは斬新だ。今回の旅で無事に九州本土最南端まで来られたことの報告をした。そして、まだまだ続く「日本縦断徒歩の旅」の成功を祈願した。これで立ち去ろうとしたのだが、御崎神社は縁結びのパワースポットとして名高いことを思い出す。ついでのように将来の縁結びについてもお願いした。お賽銭以上のものを要求してしまった。御祭神のイザナミノミコトは呆れていただろう。御崎神社を後に、さらに南にある展望台を目差して歩く。階段を下りて行くと、鳥居の前に参道をふさぐようにソテツが突き出ていて、上からはガジュマルと思われる気根がぶら下がっている。南国の雰囲気が十分だ。ここで昼寝をしたら「キジムナー」が夢に出てきて楽しそうだ。それとも、私が気根に絡まれて、身動きが出来なくなる怖い夢を見

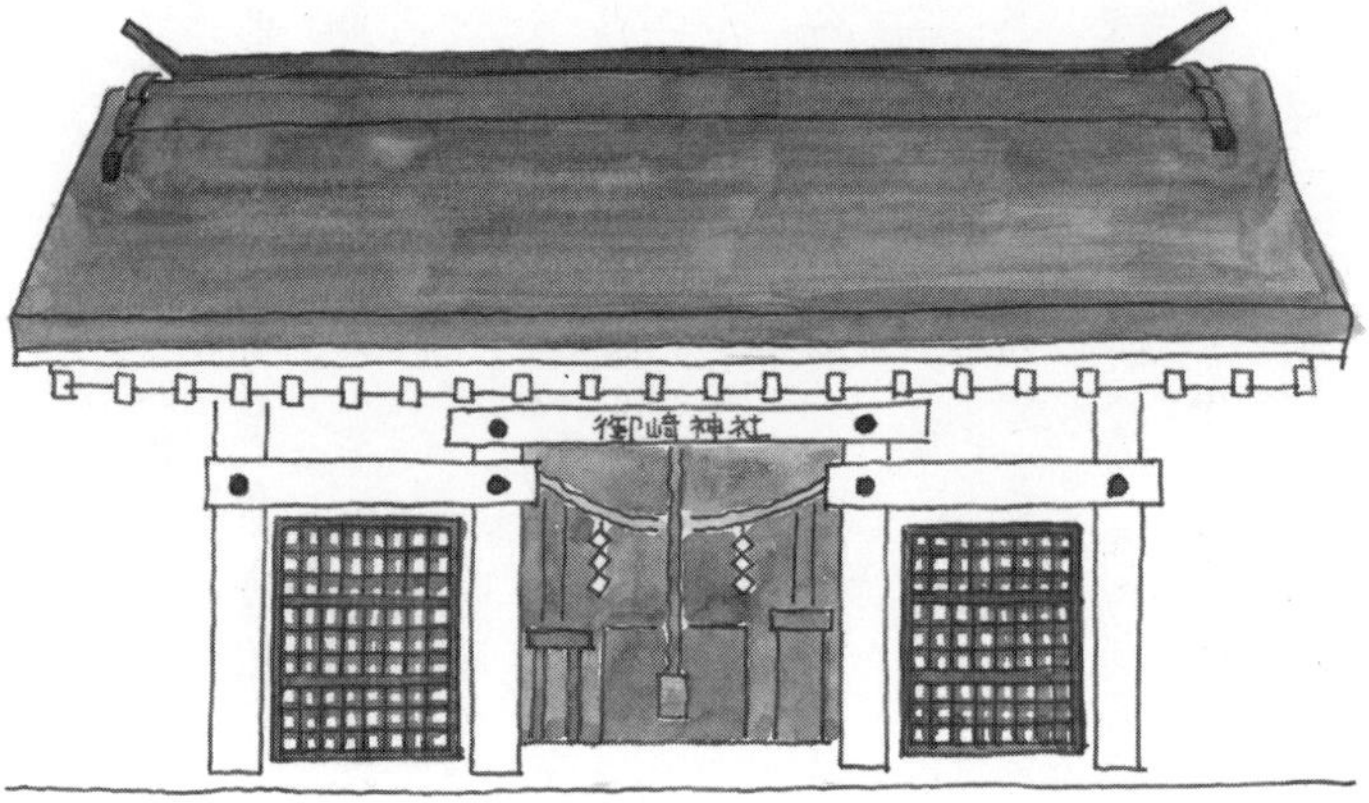

佐多岬　御崎神社

佐多岬　九州本土最南端

るのだろうか。

　佐多岬展望台に着いたのは11時。岬の先端なので強烈な風が吹き抜けている。この日は晴れているが、水平線には雲があり種子島や屋久島が見えないのが残念だ。佐多岬灯台は目の前の大輪島の上に立っている。風が強いので、海は白波がすごい。岩に打ちつけられた波が砕けて白い泡となる豪快な景色だった。この展望台だがまだ新しい。今年に入って一部が開放されたとのことだ。佐多岬の最南端はさらに先だが、一般人が来られるのはここまでだ。展望室の中は風を避けることが出来るので、九州の旅が終わった余韻を味わいながら景色を眺めていた。そしてこの先にある屋久島と種子島にもいつの日か行ってみたいと思った。

2018
04.15
10:40
佐多岬　灯台守官舎跡

2018.04.15 12:25 佐多岬 休憩所
マンゴージュースを飲みながら、記録帖に埼玉県から歩き続けてここまで来た事を書いた。
エギー1
エギー2
エギー3

　展望台を後に佐多岬灯台守官舎跡に行き、ベンチで昼食とした。その壁の一部をガジュマルらしき気根が網の目のように覆っている。いつかこの植物にコンクリートの壁も砕かれるのだろう。人の力は自然にはかなわないのを見せつけるような光景だ。人の営みもこの様に、いつかは自然に帰っていくのだろう。

　駐車場のある休憩所に戻って、カウンターに座りマンゴージュースを飲んだ。佐多岬まで来たので、東京の日本橋から九州までの縦断徒歩の旅は全て終了した。テーブルの上に記帳用ノートがあったので、「東京の日本橋から歩いてここまで来た」旨の記載をした。普段の私ならこの様なことはしないが、この時は気持ちが高揚していたようだ。ふと前を見ると「エギー」と名付けられた面白いキャラクターが並んでいる。形も面白いが色の鮮やかさに感心する。人類が未来に出会うであろう生物を想像させるような作品だった。

2018.04.15 13:10『さたでい号』は欠航だった。
船は陸に上っている。
風が強いので
やむを得ない
が残念。
SATA-DAY GO

2018.04.15
13:40
『さたでい号』
乗場近くの
ソテツの自生地
を見る。岩場の
すごい所に生
えている。
風強い。

佐多岬休憩所を後にして、水中展望船「さたでい号」に乗るべく歩き出す。乗船時間は予め調べてあるのでゆっくり歩いても大丈夫だ。次は海からの佐多岬探索だと心が弾む。最大の目的である佐多岬到達は終わったので心に余裕できた。しかし、いいことばかりが待ってはいなかった。乗船乗り場に着くと、「本日は欠航」との札が下がっている。どうやら風が強くて危険と判断したらしい。多少危険でも捨て身で運行してほしかったがやむを得ない。運行規則を破るような無法は許されない。船は陸上に揚がっていたので近くまで見学に行った。水に浸かる部分がアクリルの透明な素材で出来ていて、海中を観ることができる造りだ。是非

佐多岬　大泊

とも乗りたかった。でも昨日の雨で海中は視界が悪くて、船底からの景色は見えなかっただろう。気を取り直して近くのソテツ自生地を見に行くことにした。見上げると岩の崖にたくさんのソテツがある。岩場のこのような所でも育つ強い植物のようだ。しかし、長居をしていると強い風による崖からの落石が怖いので、早々に退散した。

大泊まで戻ってきたのは14時半。ここは湾の中なので波は穏やかだ。まだホテルに戻るには早いので、海岸でのんびりと景色を眺めていた。「さたでい号」に乗れなかったので時間を持て余す。砂浜で昼寝をしようとしたが寒くて寝られない。風邪をひくといけないのでホテルの部屋でスケッチを仕上げようと思い、15時を過ぎてからホテルへと向かった。

この「ホテル佐多岬」は部屋の窓からの景色がいいし、食事もおいしい。この日は日曜日のせいか、宿泊客が少ないので大浴場でも昨日に続きひとりでくつろぐことができた。部屋に戻ると、テレビでは「サザエさん」が放映されていて、冒頭のメロディーに合わせて鹿児島県の名所が紹介されていた。今回の旅を改めて思い出させてくれた。

翌日は5時に起床。昨日と違い、波の音は聞こえないので穏やかな晴れだ。今日なら水中展望船「さたでい号」に乗れるのだろうが、8時出発のバスに乗らなくてはならない。海を見ると太陽が顔を出して、海は光の道が出来たように輝いていた。朝食を終えて、佐多岬バス停に向かう。乗車すると一番前の左側の席に座った。ここは前と横の両方が見えるので、私の一番好きな座席だ。バスは一昨日歩いてきた道を進んで行く。宗谷岬まで２７００㎞の看板を通過した。佐多岬とはお別れだが、私の「日本縦断徒歩の旅」はまだまだ続く。

2018.04.16 5:30AM 大泊 佐多岬ホテルより
『日本縦断徒歩の旅』は西日本方面は全て
終了した。これから 8:00 発のバスで帰る。

2018.04.16
6:45AM
海が太陽で光って
きた。

57 旅を終えて（九州）

霧島　霧島神宮

桜島の降灰はこちら側には来ていないようだ
2018、04、16 10:30
垂水港 展望デッキより
佐多岬から戻ったところ。

2018.04.16 10:35AM
垂水港 フェリーが出航して行く。
そして入港のフェリーがやってくる。

旅を終えて（九州）

２０１８年４月16日〜17日

「九州縦断徒歩の旅」を終えた。霧島神宮の静かな佇まいとは対照的に、九州の地は「火の国」の呼名がふさわしい所だった。

佐多岬への旅を終えた後、バスで佐多街道を通り、垂水港フェリーターミナルへ戻ってきた。垂水からホテル佐多バス停までは２日間かけて歩いたが、バスでは２時間で到着した。歩く旅をしていると、人はどこにでも自分の力だけで行くことができると思うが、文明の力もまた大きいと改めて実感する。ここでバスを乗り換えてＪＲ国分駅まで行くが、待ち時間が40分程あるのでターミナルの屋上で過ごすことにした。桜島は相変わらず噴煙をあげている。入港する大きなフェリーがやって来た。このフェリーは垂水港と鹿児島市の鴨池港を結んでいる。国分駅行のバスに乗ると、佐多岬からの運転手さんと同じ人である。再び一番前の左側に座る。私が歩く旅をしていることを話すと、国分駅から鹿児島空港まで歩くことを勧められた。冗談のきつい人である。１時間15分乗車して国分駅に到着。さらに乗り換えて霧島神宮へと向かった。

2018.04.16 13:20
霧島神宮
キリシマツツジの赤色
あざやか。

霧島神宮の境内は霧島ツツジが咲き誇り赤色が鮮やかだった。そこに黒い蝶が飛んでいるのもいい感じだ。参道から眺めた、本殿の屋根が重なって見える姿は圧巻だった。朱色の柱と緑青色の屋根の対比は見事。鳥居の向こうにこの景色を見た瞬間、ここに来てよかったと思った。「九州縦断徒歩の旅」を終えた私へ、神様が最後に「おまけ」を与えてくれたのだろう。近くには最近火山活動が活発な新燃岳があるが降灰はないようだ。ただ周りの景色がぼんやりとしている。後で知ったのだが黄砂の影響だったらしい。境内には御神木の霧島杉があった。樹齢は８００年、幹回り７・２ｍ、高さは38ｍ。この木に今回の

今回の旅も終り。
雨のため霧島の山々が
見えないのが残念。
航空機の離陸する
位置は様々な事
を知る。
2018.04.17 9:45 雨
鹿児島空港

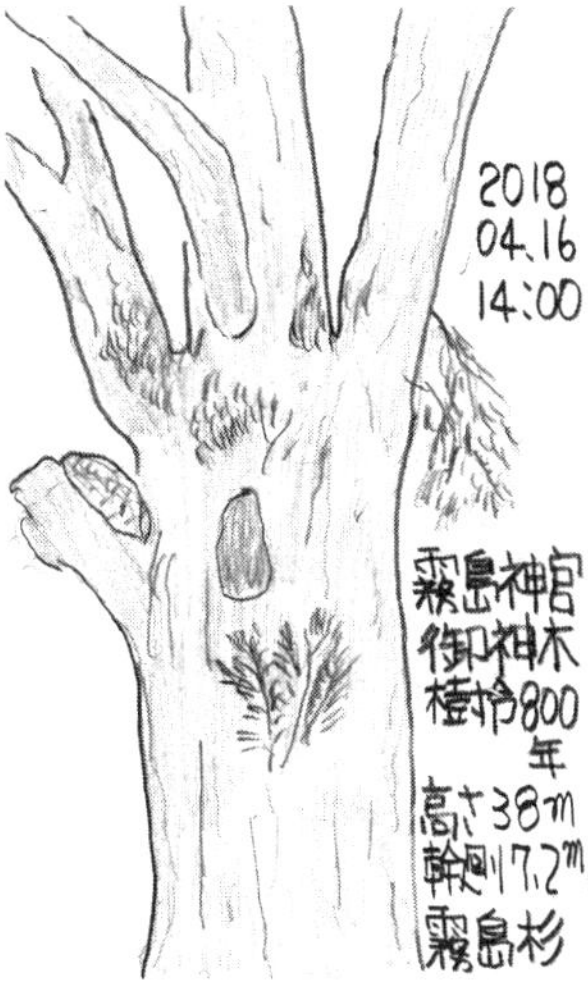
2018
04.16
14:00
霧島神宮
御神木
樹齢800年
高さ38m
幹周り7.2m
霧島杉

旅も無事に終えたことを報告した。

　ホテルの部屋のテレビでニュースを見ていると、桜島は最近ずうっと活発で、この日は4回噴火があったと報じている。新燃岳も火山活動は活発だ。この日から1週間ほど後だが、新燃岳近くの硫黄山で噴火があった。「火の国」と言えば阿蘇山がある熊本県だが、九州全体で「火の国」との呼び方がふさわしい。

　翌日は6時に起床、外は雨。予定より1時間早いバスで鹿児島空港へ向かう。空港のロビーで滑走路を見ていると、飛行機の離陸位置は様々なことに気がつく。新燃岳などの霧島の山々が見えないのが残念だ。これで「九州縦断徒歩の旅」は終わったと思いながら、雨にむせぶぼんやりした景色をながめていた。

沖縄本島縦断　徒歩の旅

辺戸岬から喜屋武岬・荒崎海岸まで。

沖縄本島歩程地図一覧

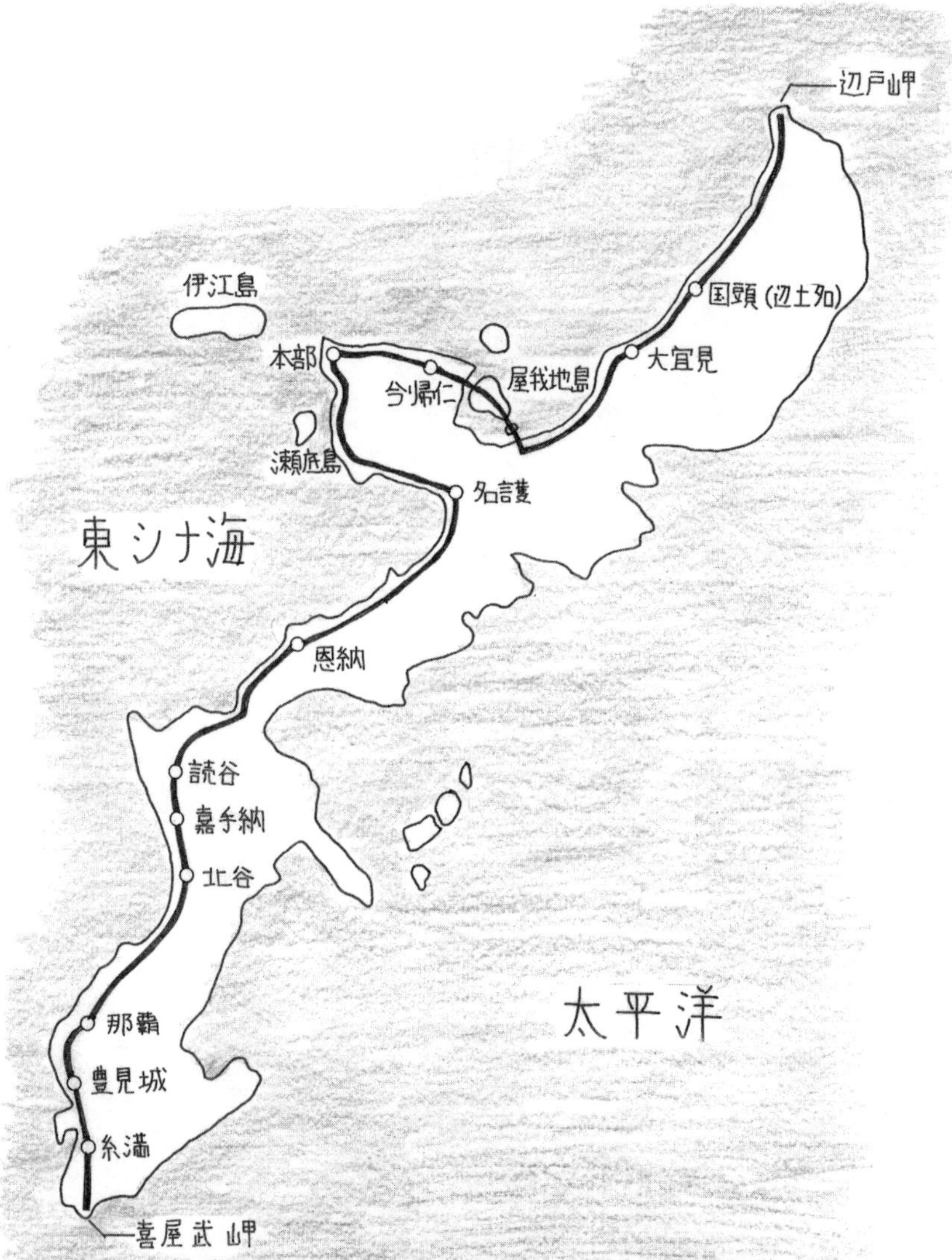

辺戸岬
国頭（辺土名）
大宜見
屋我地島
伊江島
本部
今帰仁
瀬底島
名護
東シナ海
恩納
読谷
嘉手納
北谷
太平洋
那覇
豊見城
糸満
喜屋武岬

1　国頭

国頭　ヤンバルクイナ荘

2018.03.04 13:40 名護バスターミナル
辺土名行のバスを待つ。蒸し暑い。
2番
ホーム
66 今帰仁線
67 辺土名線
72 屋我地線
73 川田線
沖

2018.03.04 15:40 辺土名 西平橋にて
このような置物を門柱に置いている家
が多い。

国頭

２０１８年３月４日～６日

家々にあるシーサーに沖縄の文化を感じた。強烈な風の中、辺戸岬でクジラに出会ったのは、人生最高の思い出だ。

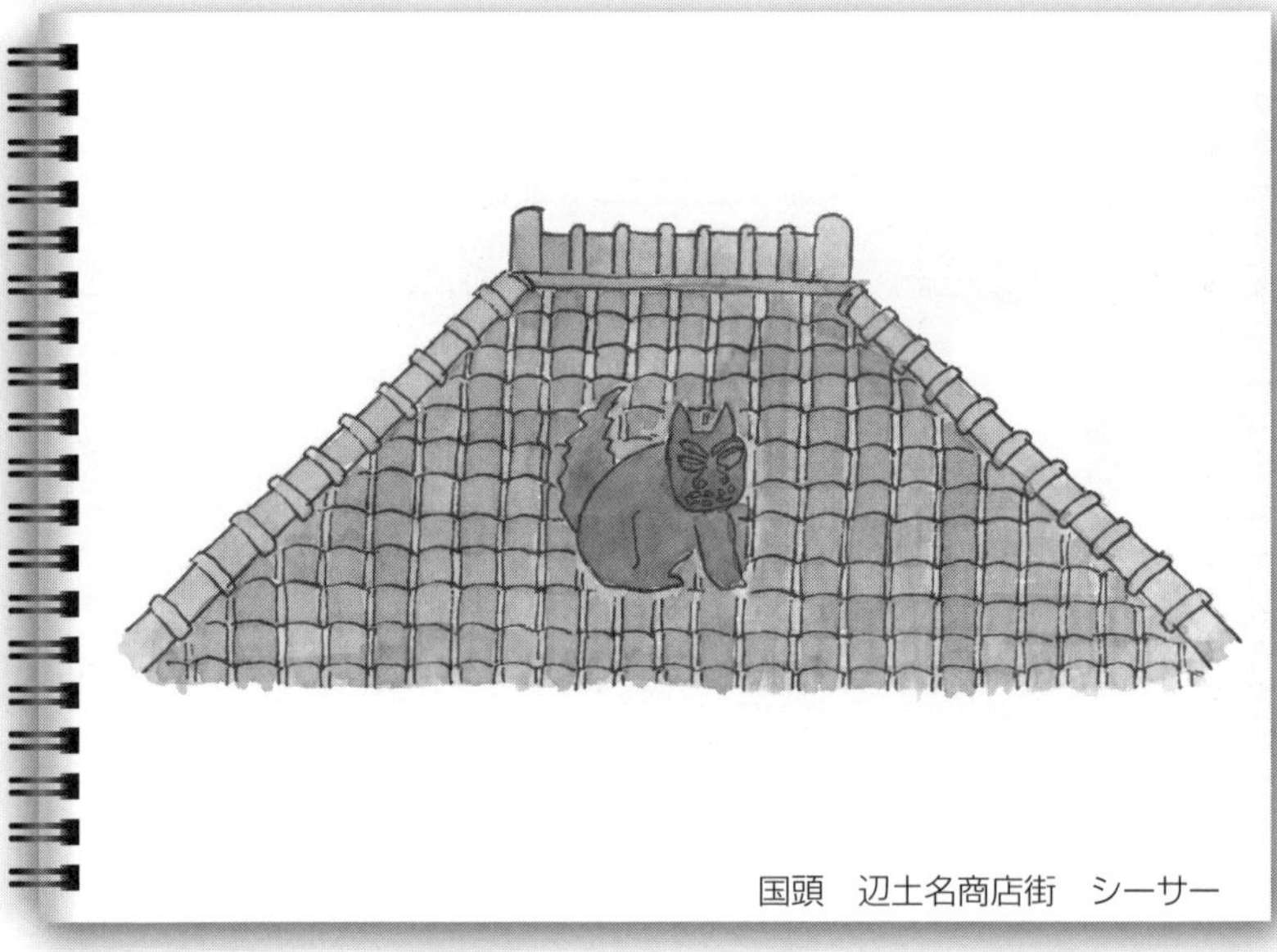

国頭　辺土名商店街　シーサー

3月早々に沖縄を歩くことにした。私にとって初めての沖縄だ。那覇空港に着くとさすがに暑い。気温は26℃とのことで、現地の人達は半袖のTシャツ姿が多い。私の服装は冬季の登山の際に着る長袖シャツなので、かなり場違いな恰好だ。服装選びは完全に失敗だった。しかし、埼玉県の自宅を今朝出る時の気温は2℃で非常に寒かった。日本列島は縦に長い。「もっと勉強してから沖縄に来い」と言うことか。

今回の旅では沖縄本島を北から南へと歩くので、先ずは空港から高速バスで名護へ向かう。名護バスターミナルに着くと、気温は益々上昇して28℃になっていた。暑いうえに湿度が高いので、汗をかきながら国頭村辺土名行のバスを待つ。辺土名に着いたのは15時。ここではもうツバメが飛んでいた。国頭村辺土名地区の様子を知るべく、商店街を歩いてみることにした。家々の門柱や屋根には、シーサーという狛犬のような置物が置かれている。これは獅子をモチーフとした空想上の生き物で、その源流は古代オリエントのライオンだと伝えられている。各戸の屋根に置かれるようになったのは、庶民に瓦葺が許されるようになった明治以降とのことだ。シーサーは勇ましい姿があればユーモラスな姿のものもあり、その形や表現は様々だ。家々の暮らしの中に溶け込んだ沖縄の文化の象徴である。

今日宿泊する「ヤンバルクイナ荘」に到着したのは16時。建物の外壁にはヤンバルクイナのカラフルな絵が描かれている。この島は沖縄本島北部の国頭村だけに住む鳥だ。今回の旅では山の中に入らないので出会うことはないだろうが、この鳥だけを見るためにこの国頭村に来る価値は十分にある。「ヤンバルクイナ荘」はシャワー付きのアパートのような造りで、夕食は離れの建屋の囲炉裏で食べた。ここに居るのは私ひとりで、囲炉裏の火を見ていると気持ちが集中してくる。初めて来た沖縄では、どんな出会いがあるのだろう。夕食の際、部屋のシャワーからお湯が出ない旨を女将さんに伝えたら、ボイラーの電源が落ちていたとのことだった。沖縄は冬でも温かいので、浴槽は必要なくシャワーだけでも十分のようだ。しかし食事の前に、水だけを浴びたシャワーはさすがに冷たかった。

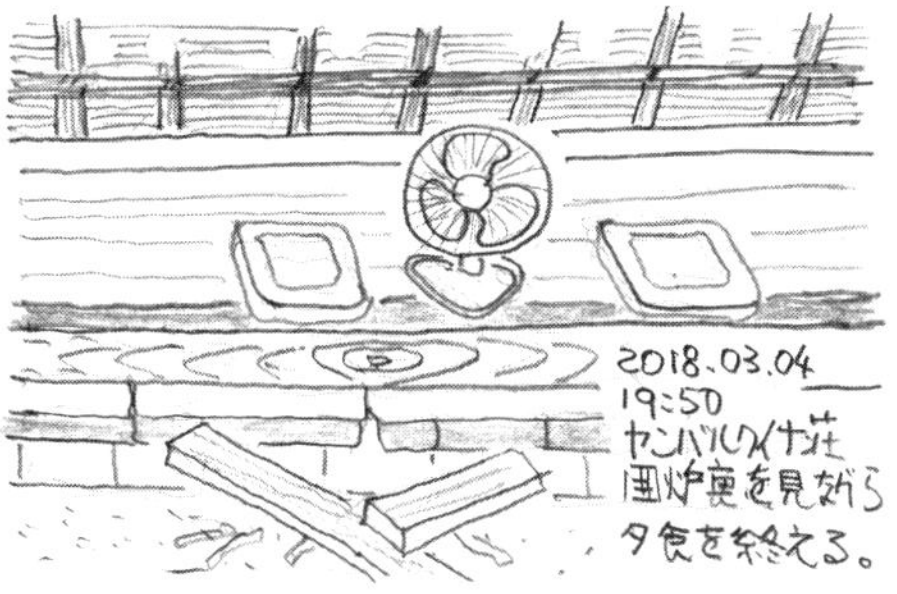
2018.03.04
19:50
ヤンバルクイナ荘
囲炉裏を見ながら
夕食を終える。

翌朝は6時15分に起床。今日からが歩く旅の活動開始だ。私の「日本縦断徒歩の旅」は、基本的に北から南に向けて歩いている。その原則を守るためにも沖縄本島最北端の辺戸岬までバスで行き、そこを起点に南へ歩きたいが、バスの運行時間と私の予定が合わない。やむを得ず辺土名から辺戸岬まで歩いて、そこから村営バスで辺土名に戻る計画とした。後に「日本縦断徒歩の旅」を終えた時、この区間だけが唯一、南から北へ逆方向に歩いた場所となった。

朝食前に庭を散歩するとヤギがいる。「ヤンバルクイナ荘」で飼っているようだ。私がそばに寄ると近づいてくる。可愛らしいので頭をなでていると、雨が降り出した。不安定そうな空模様だ。7時45分に宿を出発。出会う人達が皆挨拶をしてくれるので気持ちが良い。辺土名大通りに向けて歩き出した。通りには居酒屋やスナックが数軒ある。沖縄の人達は酒を飲むことが好きなのだろう。何と言っても焼酎「泡盛」の地で

沖縄を歩く
旅の始まりだ。
2018.03.05 6:50AM
やんばるくいな荘
雨が降りだした。
今日はここから辺戸岬
へ行く。徒歩の旅の
初日が雨だがしかた
がない。ヤギが飼われ
れている。かわいらしい。

2018.03.05
8:15
辺土名を出て
すぐに立止まる。
根が木を持
ち上げている
ようだ。何とい
う木だろう。

2018.03.05 8:40 くもり
国道58号線を辺戸岬に歩いている。
景色がいい。見ているのは東シナ海。

ある。屋根の上のシーサーは私を威嚇して怒ったような表情をしていた。辺土名大通りを過ぎて国道58号線を歩き出した。街路樹は今まで見たことがない木が多い。根が地面を支えているような木を見ていると、いかにも南国に来た感じだ。それに初めて見る小鳥やタカが木に留まっている。今日は面白い旅になりそうだ。左側に東シナ海を見ながら歩く。きれいな海に岩礁が浮かび、前方はこれから行く方面が開けている。雨は時折落ちてきて、その度に傘をさしたり、雨具を着たりしながら進む。雨具を着ると暑くて汗が出るので、出来れば着たくない。謝敷、辺野喜地区を通るが、沖縄では地名の読み方が難しい。「じゃしき」、「べのき」と読む。この国道58号線には常に歩道があるので安全で歩きやすい。そして噂の通り、沖縄の海はきれいだ。この日は風が強くて、海は遠くの沖まで白波が立っていた。

2018.03.05 11:00 辺戸岬に向っている。
茅打バンタを望む。さてウテンダトンネルに入る。
何とも不安定な
天気だ。

2018.03.05
11:50
茅打バンタ
園地に寄
る。赤い花
が咲いて
いる。

　ウテンダトンネルを通過する頃になると、空模様が益々怪しくなってきた。上空を流れる雲の動きが速い。雨が本格的に降りだす前にできるだけ先に進もうと気持ちが焦るせいか速足になる。宜名真地区に着いた時、国道から離れて右側に山の斜面を上がって行く道があった。地図を見ると「茅打バンタ」へ行く道のようだ。こちらの道の方が

国頭　辺戸岬

面白そうなので、坂道を登って行くと茅打バンタ園地に到着。バンタとは方言で崖の意味である。園地は崖の上にあり、赤い花が咲いていて、背後には東シナ海が望めるすばらしい景色だ。眼下には宜名真漁港が見えていた。

遊歩道があるので公園を散策した。案内板によると、この付近は昔難所だったようで、反対側から来た人と出会うと、どちらかが道を戻らなければ通過出来なかったとのこと。宜名真トンネルが出来る前は、私が歩いてきた道が唯一のルートだったと想像する。公園を後にさらに歩いて行くと再び国道に合流し、それを横断して辺戸岬へと続く道を下りて行った。辺戸岬に着いたのは12時半。ここは岬の先端なので、さすがに通り抜ける風は強烈だ。しかも時折雨が落ちてくる。営業していない店舗の屋根の下で風雨を避けて昼食とした。これだけ風が吹くとさすがに寒い。

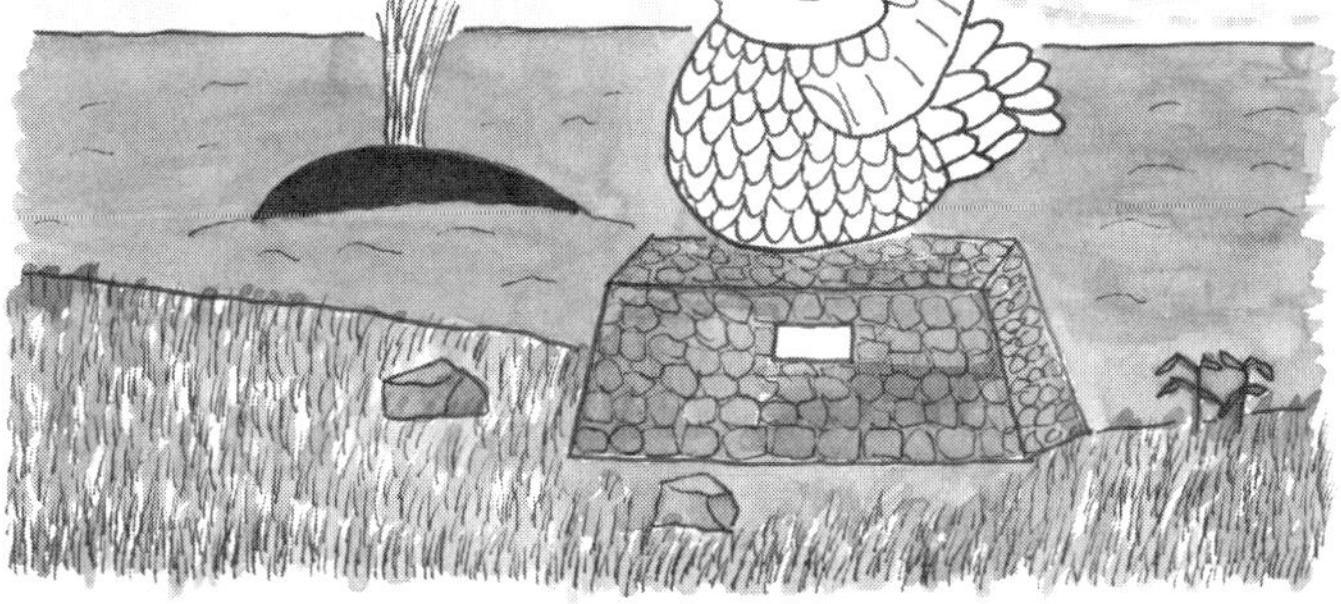
国頭　辺戸岬　ヨロン島・国頭村友好のきずな像とクジラ

辺戸岬からの景色はすごかった。塔のような岩に打ち寄せる波が砕ける景色は豪快だ。そして「ヨロン島・国頭村友好のきずな」の鳥のオブジェを見ている時にハプニングが起きた。海から突然黒い大きな塊が浮かんで消えた。すぐにクジラだと気づいた。本物のクジラを見るのは初めてだ。双眼鏡を慌てて取り出す。海面を見続けていると再び姿を現し、潮を高々と吹き上げた。さすがに沖縄はすごいなと思い、まだ旅の2日目、歩き始めてからは実質初日だが、この一瞬が沖縄の旅最大のハイライトになることを確信した。近くに居合わせた外国人3人組もクジラに気がついたようで、私を含めて4人が並んで海を見続けた。

この辺戸岬から村営バスで宿のある辺土名まで戻る予定だが、広場にバス停が見当たらない。歩いてきた国道58号線には確かにバス停があったので、岬まで来る路線の営業を止めたのではと思い、

民宿
2018.03.05
14:55
やんばるくいな荘
雷が鳴りはじめたので今日の
行動は止めにした。

少し不安になってきた。予定時間を5分くらい過ぎてもバスが来ない。覚悟を決めて、来た道を歩いて戻るしかないと思い、坂道を登り始めたらマイクロバスが下りてきた。急いで手を挙げてバスを止める。なんとか乗ることができた。バスに乗車した直後から、急に雨風が強くなり雷も鳴って嵐のような状況になった。正直、際どく助かったと思った。バスは歩いてきた道を逆方向に走って行く。私は自分の記憶を復習するように海や岩礁、道端の集落、街路樹を見ていた。

辺土名に着いたのは14時半。雨は止んでいたので、ここから約4㎞離れている「やんばる野生生物保護センター」に行こうとして歩き出した時だ。再び雷が鳴りだしたので、宿に戻り洗濯をすることにした。まだ早い時間だが、宿に入ったのは正解だった。部屋に入った直後にすごい雷雨となった。もし村営バスに出会えなかったら、この雷雨の中を歩いていたはずだ。雷は危険なので、トンネルの中でじっとしていたかもしれない。また「やんばる野生生物保護センター」に行ったら、途中で引き返していただろう。際どく危険から逃れている。運は私に味方しているようだ。洗濯を終えて安心したからだろう。部屋の窓から電柱に留まるタカを双眼鏡で観察し、横になるといつの間にか寝てしまった。起きた時にタカはもういなかったが、初めてみた鳥なので名前が気になった。

雨のために地面はぬかるみ、離れの建屋には行けないので、夕食は本棟の食堂で食べた。この日は近くで工事をしている人達が大勢宿泊しているので相席となった。昨日、囲炉裏のある離れで一人食事ができたのは、日曜日だったので、同宿の工事をしている人達がいなかったせいかも知れない。

翌日は6時に起床。今日の天気は晴れ。朝食前に近所を散策する。「ハブに注意」との注意書きが立っているので草地に入るのは止めた。近隣の民家には必ずシーサーが置いてあった。門柱に1対で置いてあることが多いが、その表情は様々で住戸ごとに異なる。各々の住戸のために、独自に製作しているのではと思うくらいだ。

2018、03、06 8:40 大宜味に向け海岸を歩いている。昨日の低気圧の影響で波が大きい。水平線まで白波が立っている。東映映画の最初のシーンのようだ。岩に波が当ってくだけている。

ヤギに別れを告げて、8時前に「ヤンバルクイナ荘」を出発。今日からは南に向かって歩く旅だ。海に面した通りに出ると、昨日からの風雨の影響で海は沖合まで白波が立っている。海からの西風が強烈で、歩くのが困難なくらいだ。大袈裟ではなく、風が私に襲い掛かってくる感じだった。風の来る方向に体を傾けるようにして歩いた。海側に目を向けると、近くの岩礁に当たって砕ける波はすごい迫力で、昔の東映映画の冒頭シーンのようだ。これでは波の力で岩礁はあっという間になくなってしまうのではないだろうかと、思わせる

またぬんそーれ
森と水とやすらぎの里
国頭村へ
国頭　国道58号線　案内板

ほどのすさまじさだった。

国道58号線を歩いて行くと、国頭村の境界を越える所にヤンバルクイナのモニュメントがあった。「またぬんそーれ」と書いてある。「またいらっしゃい」との意味だ。これをスケッチしようとするが、手帳の紙が引きちぎられそうになるくらい風がすごい。道路から下りて、草地の茂みにうずくまり、隠れるようにして描いた。後になって思い出すと、この時はハブの存在など忘れていた。まだ見たことがないヤンバルクイナのモニュメントを前にして、興奮と国頭村との別れの気持ちが交錯し、頭の中はかなり混乱していたようだ。国頭村にはヤンバルクイナを見るため、バードウォッチングを目的に何時の日か再び訪れたい。辺戸岬でクジラの潮吹きを見たこともあり、私に強烈な印象を与えた国頭村だった。

2　大宜見

大宜見　村役場前　ふながや

大宜見

大宜見ではカンムリワシと「ふながや」に出会った。ここは自然が豊かな安住の地、「ふながやの里」である。

２０１８年３月６日

2018.03.06 9:35
大宜味
私が見ている
のは
カンムリワシ
ではない
だろうか。
岩の上に止っている。
民宿でみたポスターと似ている。

国頭村との境界を越えると大宜見村だ。海岸沿いの国道58号線を主体に歩いて行くが、並行する脇道がある場合はそちらを歩く。辺土名高校を過ぎて大宜見村役場への道を歩いていると、トビより少し小さいタカが岩に留まっている。双眼鏡で確認するとカンムリワシのようだ。「ヤンバルクイナ荘」の食堂にポスターが貼ってあり、その写真と同じ姿なので間違いはない。初めてこの鳥を見ることができた。思い起こせば、昨日辺戸岬に行く途中で見かけたのもこの鳥のようだ。この勢いで、今回の旅では見知らぬ鳥たちをたくさん見たい。

大宜見村は「ふながやの里」を宣言している。「ふながや」とは平和と自然を愛し、森や川を利用して暮らす不思議な生き物で、時折私たちにも顔を見せるらしい。第二次大戦前は沖縄のほとんどの村で暮らしていたが、戦後の近代化に耐えられず、安住の地を求めて豊かな自然のある大宜見村に住み着いたそうな。役場の前には赤い髪をした元気な「ふながや」が描かれていた。大宜見村はいつまでも美しい自然を保っていてほしい。

「大宜見道の駅」を過ぎた頃から日が差してきた。海側からは相変わらず強い風が吹いてくる。宮城島を通り、平南川に架かる平南橋を渡った所で昼食とした。あまりに風が強いので、少し海から離れた所で風を避けておにぎりを食べた。皮膚の表面は風で熱を奪われて冷たくなっている。風邪をひかないように注意しよう。2日前に那覇空港に着いた時は暑いと感じた服装だが、まんざら失敗ではなかったようだ。

3　名護（1）

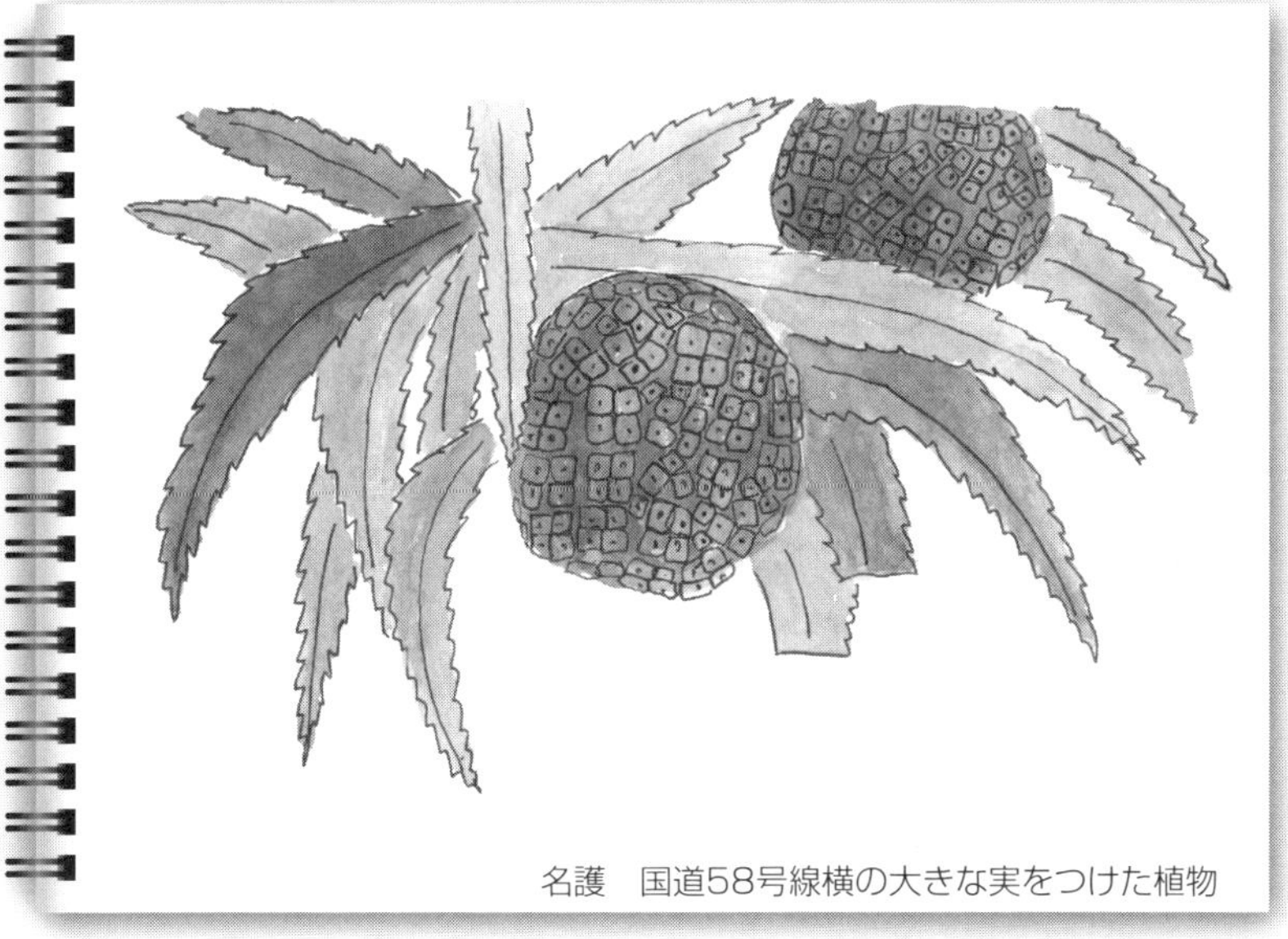

名護　国道58号線横の大きな実をつけた植物

2018.03.06　13:40　屋我地大橋より
歩いて来た道を振り返える。
これより屋我地島に入る。

名護（一）

2018年3月6日

大きな実をつけた植物、上の方が下よりも幹が太い木、根と幹が混在しているような木など、南国風の強烈な景色だった。

平南橋を渡り１㎞程行くと名護市に入る。この国道58号線を歩いていると、街路樹もそうだが道端の植物はいかにも南国風だ。葉がギザギザしていて硬く、大きな緑色の実を付けている植物がある。この葉に触れると手に傷がついて痛かった。この実は食べられるのだろうか。そして幹の上の方が下より太い木がある。安定感に乏しいのだが、触ると木の表面は非常に硬い。さらに根が地面から幹を押し上げているような木もある。枝が下の地面まで下がっているようにも見える。こうなると根と幹と枝の区別がつかなくて混沌としている。私には今まで見た事がない摩訶不思議な光景が展開される中を歩き続けた。

本来、最短距離で沖縄本島最南端の喜屋武岬を目差すなら、国道58号線を歩き続ければよいのだが、今回の旅では今帰仁《なきじん》城跡と沖縄美ら海水族館を観たくて、真喜屋の信号から県道１１０号線に入り、奥武島と屋我地島を通って今帰仁村に向かった。両方の島に掛かる屋我地大橋からは、ここまで歩いてきた道を見ることができた。屋我地島では頭の部分が白い鳥をよく見かけた。名前が分からないので「アタマジロ」勝手に名付けたが、家に戻って鳥類図鑑を見ると「シロガシラ」ということが判明した。日本では沖縄でしか見られない鳥のようだ。私の付けた名前も意味は当たっている。バードウォッチングで鍛えた私の鳥類命名のセンスは悪くない。

4　今帰仁

今帰仁　今帰仁城跡入り口

2018.03.07
6:20AM
今帰仁の
「民宿まるや」
で朝食
を待つ。

天然記念物
諸志御嶽の植物群落
2018.03.07　8:30
国道505号線を歩いている
諸志御嶽の植物群落
で休む。

今帰仁

2018年3月6日〜7日

今帰仁城跡の石垣はすばらしい。そして、そこから見た沖縄の海は、噂通り、エメラルドグリーンの世界だった。

屋我地島から再び沖縄本島に入るには、海峡に架かるワルミ大橋を渡るが、この時の風はあまりに強烈だった。両方の島で阻まれた空気の流れが全てここに集中しているのではと思うくらいのすさまじさだった。橋を通過する車両は横転するのではないかと思うほどだ。帽子をザックにしまい、私自身が飛ばされないよう橋の手摺をつたって何とか渡りきる。雨が降っていないのだけが救いだった。橋の下は海であり、スリルを通り越して恐かった。

ワルミ大橋を過ぎると今帰仁村に入る。今日の宿「民宿まるや」には16時に到着。ここもアパート形式で、1階に共同のシャワールームがある。先ずは体をさっぱりしたいと思い、シャワールームに直行。浴槽を使わないでシャワーだけのパターンにも慣れてきた。この宿は食堂を経営しており、夕食は非常に美味しくいただいた。なつかしい音楽が流れる番組を見ながら、生ビールを2杯飲んだ。

翌朝は5時半に起床。7時半に宿を出発。国道505号線を歩き出すと、前を小学生の女の子が歩いている。その子を追い越そうと速足にすると、逃げるように行ってしまった。そして校門に立っている先生に私を指差して「後をつけられた」と話している。どうやら私を怪しい人物と思ったようだ。確かに作業ズボンをはき、汚れたザックを背負い、首にはタオルを巻いている姿だ。旅の服装にもう少し気を遣う必要がありそうだ。先を歩み「諸志御嶽の植物群落」の横が木陰なので休憩をした。ここは学術上貴重な植物が多く生育していて、国の天然記念物に指定されている。この日は日差しが強くて暑かった。まだ午前8時半だが既にバテていた。

今帰仁城跡に着いたのは9時半。トイレに行きたいのを我慢しながら歩いてきたので正直ほっとした。ト

今帰仁　今帰仁城跡から東シナ海を望む

イレを出て改めて今帰仁城跡の石垣を見る。これがなかなかすばらしい。今まで本州の城などで見てきた石垣の石より、小さめの石が積み上げられている。パンフレットによると14世紀の沖縄本島は北部地域を北山、中部地域を中山、南部地域を南山が各々支配した「三山鼎立の時代」だった。北山王は今帰仁城を拠点として中国と貿易をしていたが、１４１６年（１４２２年という説もある）に中山の尚巴志によって滅ぼされ、北山としての歴史の幕を閉じた。その後、１６０９年に薩摩軍の琉球侵攻にあい、城は炎上したとのことだ。チケットを購入して内部に入ろうとすると、三毛猫が２匹、私を出迎えるように座っている。その横を通り平郎門を潜って石段を上って行くと、見晴らしのよい広場に出た。ここから海を見ていると、沖縄の海の色は確かにエメラルドグリーンだ。その先には藍色の海が広がるが、エメラルドグリー

ンと藍色の間には白波で一直線に区切られている。以下は私の勝手で無責任な推測である。エメラルドグリーンの海の下にはサンゴが広がっていて浅くなっているのだろう。そこに波がぶつかって白波が出来るようだ。三日前に沖縄に来てから海を見続けてきたが、どうして遠くに白波が一直線になっているのか不思議だった。これで解明できたとこの時は思ったが、先に述べたように真偽の程は定かでない。

今帰仁城跡を後に国道５０５号線に戻り、具志堅西の信号から県道１１４号線に入る。この静かな道を歩きながら、目に留まったものをとりとめなく手帳に書き留めながらゆっくりと歩く。鳥、木、花、シーサー、道路標識で手帳は直ぐに埋まってしまった。描きたいものが次々と現れる楽しい道だった。そしていつの間にか、今帰仁村から本部町に入ったようだ。

5　本部

本部　沖縄美ら海水族館

2018.03.07 15:00　備瀬崎
晴れで日差しが強い。

2018.03.07　15:30　フクギ並木を
書き留めている。通る風が心地より

本部

2018年3月7日〜8日

「沖縄美ら海水族館」では、ジンベイザメを観ながら、ベンチで昼寝をした。火照った体に館内の冷房が心地よかった。

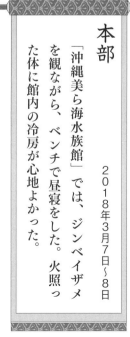

海洋博公園内の「沖縄美ら海水族館」に着いたのは12時半。ここは沖縄の観光ガイドでも最初にとりあげられる場所で、言わば沖縄観光の一丁目一番地である。平日なので混んではいないと思っていたが甘かった。日本人より外国人の方が圧倒的に多い。特に中国人が多いようだ。それでもジンベイザメを観たくて入館する。ジンベイザメは大きな水槽の中で2匹が優雅に泳いでいた。パンフレットによると、この水槽は「黒潮の海」と名付けられ、ジンベイザメの繁殖を目差して複数飼育できる大きさとのこと。他にもマンタやキハダ、カツオ、さらに様々なサメの群れが泳いでいる。途中のアトラクションで人が水槽内に入り、近くの魚やエイをスクリーンに映して説明をするが、ジンベイザメが近づいてくると吸い込まれるのではと心配になる。ジンベイザメは他の魚や人を襲うことは絶対にないとのことだが、プランクトンを食べる時は海水ごと吸い込むので、あぶないのではないかと思ってしまう。ジンベイザメに次ぐスターはマンタだ。周囲に関係なくゆったりと泳いでいるのが、マイペースで旅をしている自分の姿に重なる。暑い中を歩いてきたので、館内の冷房が疲れて火照った体に心地よい。眠たくなってきたので、ここのベンチで少し昼寝をすることにした。この水族館にはサンゴを紹介する水槽など面白い施設がたくさんある。この時の私は熱中症気味だったのだろうか。他の展示施設を丹念に見て廻る体力と気力が失せていた。

水族館を出て、近くの「備瀬のフクギ並木」を見に行くと、水牛が荷車に観光客を乗せてゆっくりと歩いている。その後を私もゆっくり歩きながらついて行く。その内に水牛荷車は横にそれたので、フクギ並木を自由気ままに歩き続けた。このフクギ並木のおかげで日が遮られ、涼しい風が通り抜けるので心地よい。フクギ並木を通り過ぎると海岸に着いた。備瀬崎海岸である。遮るものがないので日差しは強烈だ。しばらく

本部　備瀬のフクギ並木

海岸に座って海を見ていたが、あまりの暑さに耐えかねて、再びフクギ並木に逃げ込むことにした。この付近の家々はフクギ並木のおかげで潮風や強い日射から守られているようだ。

今日宿泊する「民宿岬」もこの並木の中にあった。ここでも汗まみれの体をさっぱりとさせたくて、早々にシャワーを浴びた。この「民宿岬」はレストランを兼ねて営業していることもあり、夕食は大変美味しかった。そして沖縄に来てからやっとオリオンビールを飲むことができた。この日は暑かったので、たちまち2本を空けた。海ぶどうを注文しようと思ったが止めた。海ぶどうの食感を楽しみたかったが、そうするとビールが3本目になってしまうので自重した。まだ旅の途中である。最大の目的は「沖縄本島縦断徒歩の旅」であり、酒を飲むことではないのだ。明日以降も旅は続くのだ。いくらオリオンビールが旨くても、

6:50AM
2018.03.08
今日は朝から雨。風も強そうだ。ここは『備瀬のフクギ並木』の中なので風はあまり感じない。

2018.03.08
8:40AM
海洋博公園横を歩いている。ベニタコの木あり。

目的を忘れてはいけない。

翌日は6時に起床。外は雨が降っていて風も強そうだ。朝食の前に散歩するのは止めた。宿を7時50分に出発する。雨は止んでいるが、下だけ雨具を着用した。海洋公園を過ぎる頃に雨が降り出し、風も強くなってきた。本部大橋を渡る時はすごい風が橋を吹き抜けていた。

本部博物館の横を通った時、雨がさらに強くなったので、雨宿りを兼ねて博物館を見学することにする。ここではヤンバルクイナとノグチゲラのはく製を見ることができた。30分ほど見学して、雨が止んだ頃に博物館を出発したが、大切な事を忘れていたことに気付く。たとえはく製でもヤンバルクイナとノグチゲラはスケッチをするべきだった。どちらも沖縄を象徴する鳥なのだ。しかも実物を見たのは初めてだった。風雨が心配で大事なことを見落としてしまった。確かに心の余裕をなくす程の風雨ではあったが、残念なことをした。

右側に瀬底島を見ながら国道449号線を歩いて行く。島に架かる瀬底大橋の横を通る頃、雨は再び降り出した。海側からの風は相変わらず強烈だ。この雨につられるように、歩道にはたくさんの小さなカタツム

2018、03、08　10:25　小雨
瀬底大橋の横を通る。
雨が降り、風は強く
スケッチなど
している場合
でないのだが。

2018、03.08　10:40
雨もようの中、名護へ歩いている。歩道に
カタツムリがたくさん出てきたので気をつける。

リがはい出ている。それらを踏まないように注意して歩く。瀬底大橋を過ぎると名護湾が見えてきた。山側には砕石工場が多いようだ。海からの風を避けるために、砕石工場がある側を歩く。昼食を食べることができる場所を探すが、容易に見つからない。本部町交通安全碑があり、雨はかかるがかろうじて風を避けることが出来るので、しゃがんでおにぎりを食べた。雨を気にする余裕もないくらいすごい風が吹いていた。

6　名護（2）

名護　国道58号線　ソテツ

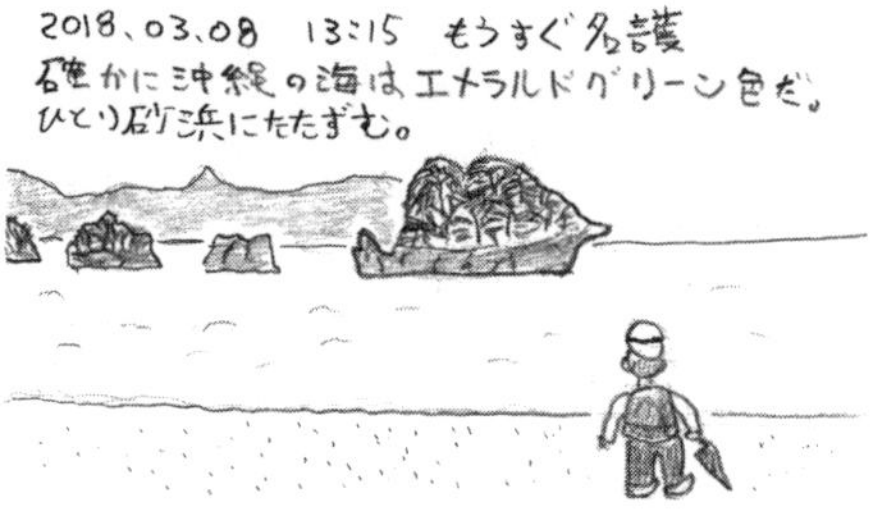
2018、03、08　13:15　もうすぐ名護
確かに沖縄の海はエメラルドグリーン色だ。
ひとり砂浜にたたずむ。

2018
03、08
15:00
名護市庁舎
なんともすごい建物だ。
いかにも沖縄の建築だ。

名護（2）

2018年3月8日～9日

名護湾の砂浜にひとりたたずみ、エメラルドグリーンの海を眺めていた。沖縄の海は「素晴らしいな」の一言に尽きる。

エメラルドグリーンの海を見ながら、時々海岸の砂浜に下りたりして歩いて行く。名護市街に入り、名護バスセンターの近くを歩いていると、宮里前の「御嶽のハスノハギリ林」がある。こぶのある木が南洋的な雰囲気を醸し出している。本来は海岸の砂地に生える木とのことだ。さらに少し行くと名護市庁舎があった。この建物はすごかった。「象設計集団」が設計した名建築である。私は大学の専攻が建築なので、一度見たかった建物だ。よくこの様な複雑で独特な形を創ったと感心している時に、雨が強くなってきた。もう少し見ていたかったので市庁舎の中に入ろうかと思ったが、地元の方の迷惑になると思い、近くの名護博物館に移動した。ここでは田、畑、家畜などの暮らしに密着した物が展示されていて、2階では捕鯨の様子などが紹介されていた。辺戸岬でクジラを見たように、沖縄周辺にはクジラがたくさんいるようだ。パンフレットによると、昔は名護湾にも毎年大群が現れ、漁をしていたとのことだ。

こぶがたくさんあり.南洋的な雰囲気がする
2018
03.08
14:30
名護
宮里前の
御嶽の
ハスノハギリ
林

宿泊するホテルに着いたのは16時。屋上に大浴場があるとのことで行ってみる。私が一番風呂のようだ。この大浴場は脱衣室だけが室内で、浴槽と洗い場は屋外だった。洗い場で体を洗っていると風が通り抜けて非常に寒い。洗うのを早々に切り上げて、逃げ込むように浴槽に飛び込んだ。風が吹くと浴槽の水面が動くのが面白い。体を温めながらエメラルドグリーンの海を思い出して、ゆっくりと浸かっていたかったが、雨が降り出した。頭に雨が直接かかるので早々に退散した。沖縄に来てから5泊目。ずうっとシャワーですましてきたが、初めて浴槽に浸ったので、もう少しゆっくりとくつろぎたかったのだが。

翌日は5時に起床。天気予報では今日の最高気温は17℃とのこと。これでも沖縄では真冬の寒さらしい。8時にホテルを出発。どんよりとした天気だ。道路中央にソテツが植えられた国道58号線を歩き始める。昨日名護市街に入ってから交通量が多くなった。許田インターチェンジ付近で「temizu Mrs. Garden」と書かれた小さな花壇で休憩。名前は分からないが、赤、ピンク、黄、白色の花がきれいに植えられている。沖縄

2018、03、09
8:10AM
名護から
恩納村へ行く。
名護の海岸
にて

2018、03、09 9:10AM
国道58号線を歩いている。
許田付近
根元の方が細いのが
不思議だ。

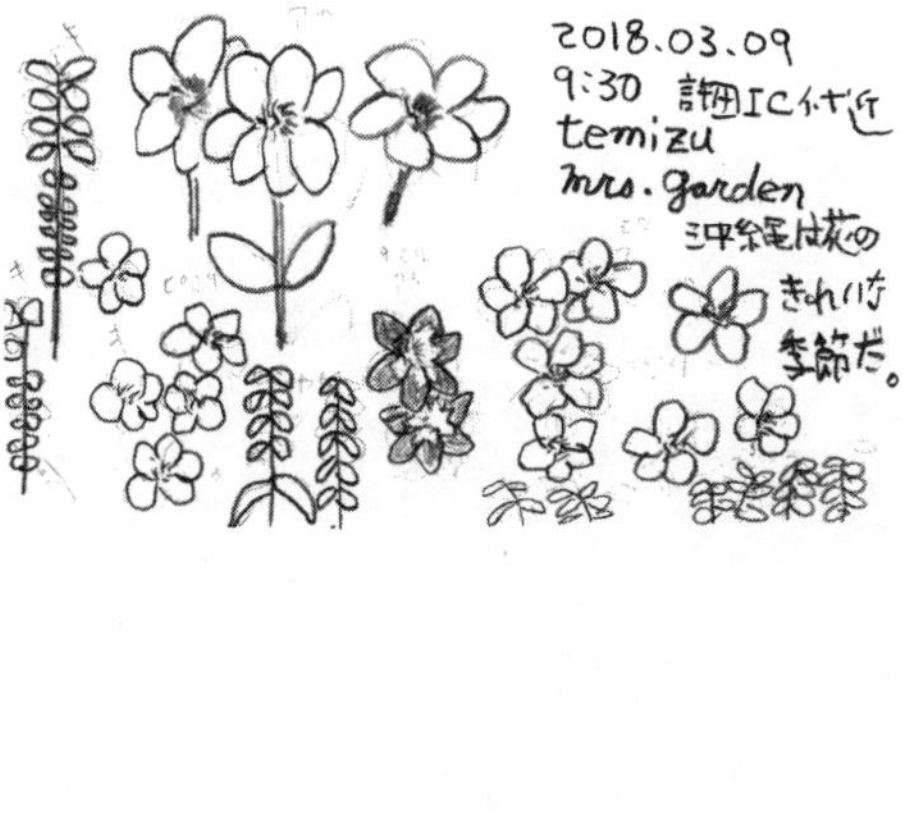
2018.03.09
9:30 許田IC付近
temizu
Mrs. garden
沖縄は花の
きれいな
季節だ。

名護　幸喜　エメラルドグリーンの海と砂浜

は花のきれいな季節に入ったらしい。私はいい季節を歩いている。
沖縄では道路の横にお墓をよく見かけた。そのお墓の多くは立派な造りで、各々に屋根がある。人が雨で濡れないくらいの大きな屋根だ。初めて見るお墓の形を不思議に思い、沖縄独特の文化を感じた。そして美しいビーチが多い。そこには大きなリゾートホテルが建っている。宿泊料金は当然高額だが、多くの宿泊客で埋まるのだろう。幸喜地区で国道を離れて、ビーチからエメラルドグリーンの海と黄色の砂浜を見ていると、海を見ながらゆっくりと流れる時間を楽しむ人の気持ちが分かる気がした。少し慌ただしい私の旅とは対照的である。

7　恩納

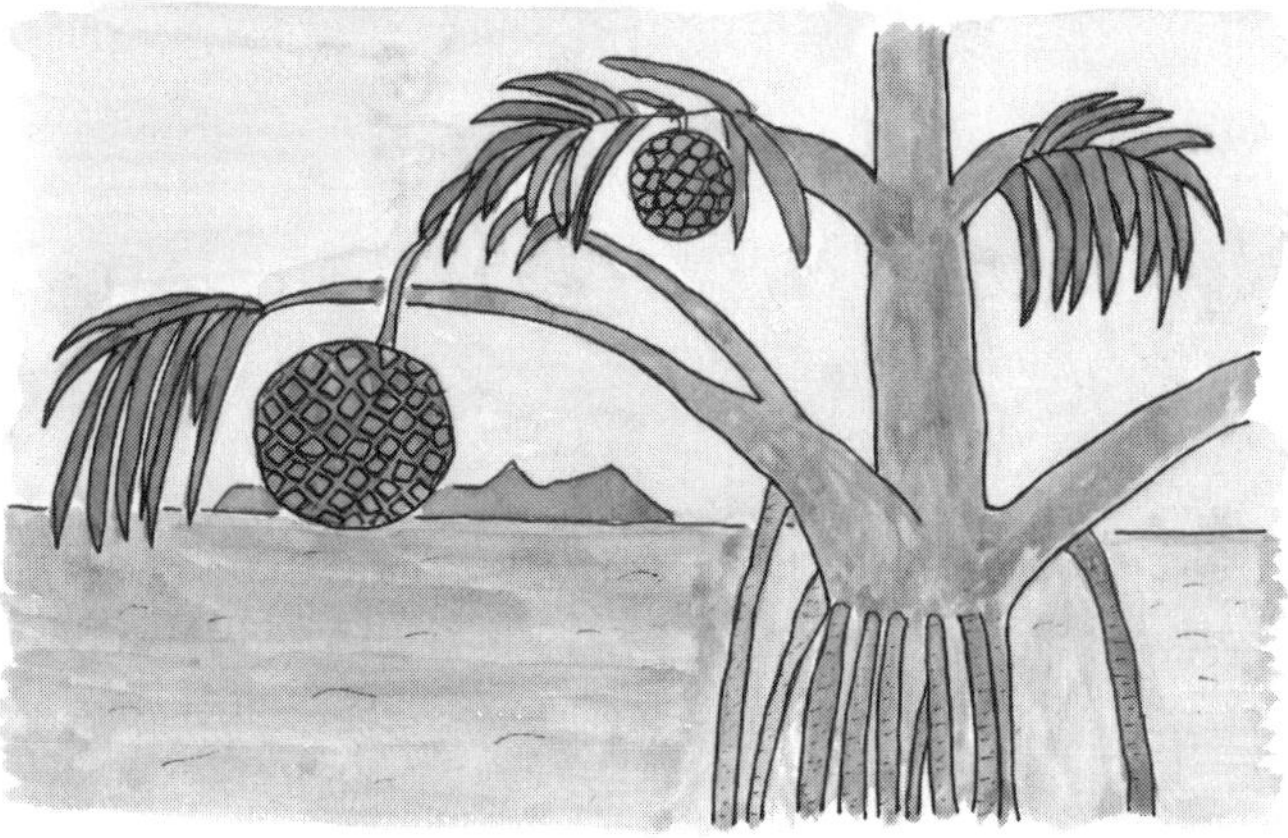

恩納　東シナ海と植物　画家「田中一村」の世界

2018.03.09　13:40　恩納村役場
風が強い中を
歩いてきた。
恩納村

2018.03.09
18:30 恩納村
山内荘から日の入りにオレンジ色になった雲を見ている。

恩納

南国風の木の向こうに、島が浮かんでいた。それは、奄美大島で活動した画家「田中一村」が描いた世界を想わせた。

2018年3月9日～10日

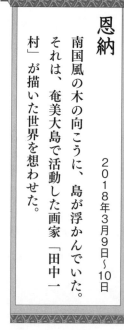

海側からの強い風を受けながら国道58号線を歩く。景色はすこぶるきれいだが寒い。恩納漁港に寄り、恩納村役場に着いたのは13時半。神社でよく見る狛犬の像があると思ったが、これは当然シーサーだろう。しかし、無学な私にはその見分けができない。さらに先を行くとガラス工芸店があり、製品を作る作業場があるので外から見学をした。赤く溶けたガラスを筒に巻き付けて、口から空気を吹き込み形にしていく。正に職人芸である。

ところで、私の好きな画家に「田中一村」と言う奄美大島で活動した人がいる。奄美の景色を取り入れながら、色鮮やかな作品を描いた。その作品を思わせるような光景に出会うことができた。国道58号線横の砂浜に、根が地面から抜き出たような木があった。その木は大きな丸い実をぶら下げていて、枝は大きく腕を広げた感じで、手のような葉が先端に繁っている。背後には東シナ海が広がっていて、枝や葉の間からは水平線に浮かぶ島が見える。海はもちろんエメラルドグリーンで空は青一色だ。このような景色を見る為に、私はこの沖縄に来たのだと思う。「田中一村」の世界を疑似体験できた気がして大満足だった。

今日の宿泊は恩納村の「民宿山内荘」。ここは食事の用意がないので、約2㎞手前のコンビニで夕食と朝食を購入してから宿へ向かった。「民宿山内荘」はアパートのような建物で、キッチンがあり風呂は独立していた。冷蔵庫や洗濯機、電子レンジもあり、実に快適に過ごせた。食事のない宿泊は時間の制限がないので、自由気ままに行動できる。最大のメリットは早い時間に出発できることだ。部屋のバルコニーから見た日の入りの景色は、オレンジ色に染まった雲が美しかった。

翌朝は5時前に起床。この日は歩く距離が約37㎞と長いので、宿を7時前に出発した。歩き始めて直ぐに、

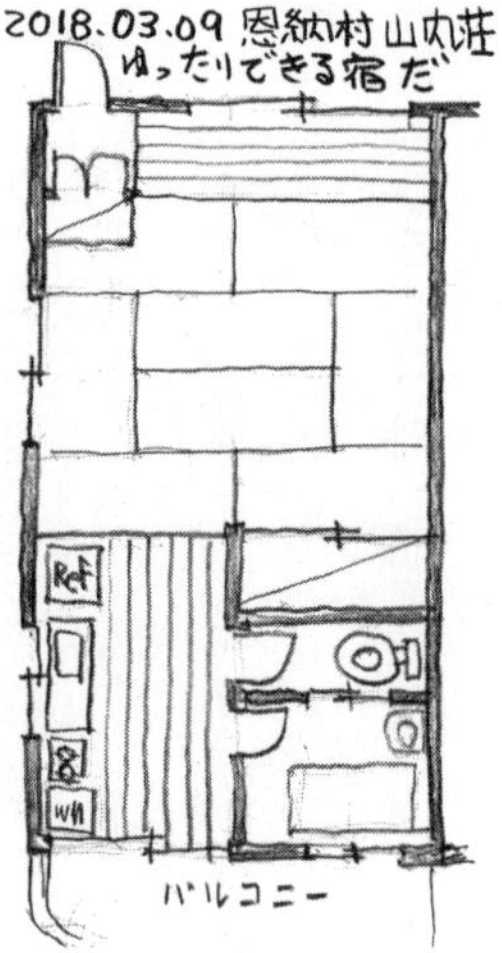
2018.03.09 恩納村山内荘
ゆったりできる宿だ
Ref
W/M
バルコニー

蜂・ハブに注意して下さい。
2018.03.10 7:05
恩納村
雑木林に入るが
注意板を見て引き
返すことにする。

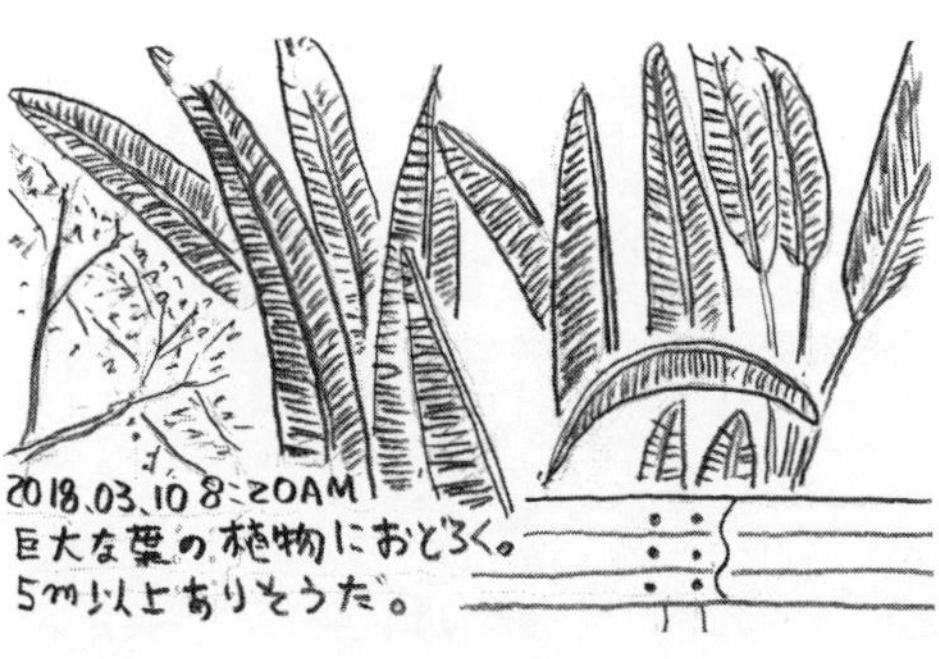
2018.03.10 8:20AM
巨大な葉の植物におどろく。
5m以上ありそうだ。

何が書かれているのか分からないが案内板を見つけた。雑木林のような所に入って行くと、「蜂・ハブに注意して下さい」と書かれている。急に落ち着かない気分になり、早々に引き返すことにする。結局何があったのか確認出来なかったが、やはり蜂はともかくハブは怖い。そもそも何があるのか分からない所に行ったのが間違いだった。冷静に考えると、蜂だってかなり危ない。

琉球村には8時に到着。まだ早いので開館していない。8時半が開館時間のようだ。沖縄の建物や文化を知るために少しでも見学したかったが、先を急ぐのを言い訳にして、建物の外観だけを描くことにした。屋

恩納　琉球村

根にはお馴染みのシーサーが座っている。従業員の方が「おはようございます」と声をかけてくれた。私が開館を待っていると思ったのだろう。中に入らないのが申し訳ない気がした。そして歩き始めた直後だが、道路の横に巨大な葉の植物が繁っていることに驚く。高さは５ｍ以上あるのではないだろうか。何ともすごい光景だ。木ではなく葉なのだ。ただ、周りは草や木で覆われているので、葉の根本の部分の状態はよく分からない。これぞ南国の植物と思わせるものすごいものだった。

8　読谷

国道
58
ROUTE
読谷村
親志

読谷　親志　巨大な牛のオブジェ

2018.03.10 9:35
喜名番所の松林で休む。気温が低いので歩きやすい。

2018.03.10
10:30
読谷村の紹介スクリーン。
日が差してきた。
これから暑くなりそうだ。
読谷村

読谷

国道58号線を歩いていると、巨大な牛のオブジェがあった。本物の牛より、はるかに大きい。迫力のある宣伝に感心をした。

２０１８年3月10日

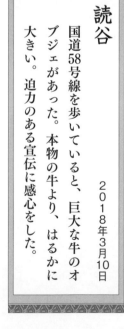

琉球村を過ぎて道を登って行くと読谷村に入る。先に通った「なきじんそん」や「おんなそん」もそうだが「よみたんそん」も、沖縄らしい感じの響きがする村名だ。やがて道は国道58号線に合流する。そして親志地区に来ると巨大な牛のオブジェがあった。沖縄ハムの工場があるので、その宣伝用なのだろう。実に迫力がある宣伝に感心した。

さらに少し行くと喜名番所に到着。松林があるので木陰で休む。この日は曇り空の下、涼しい中を歩いてきたが、ここで日が差してきた。ここからは暑い中を歩くことになりそうだ。松を見ながら道路端の縁石に座っていると、歩く旅人には、日差しを遮る松は本当にありがたい存在だと思う。歩く旅で一番の大敵は日射と風雨だろう。松はその全てを遮って旅人を守ってくれる。松は各々枝ぶりが異なり、姿が違うので見ていて飽きない。私の目の前にある松は左側にだけ枝を伸ばしている。常に右側からの風にさらされてきたのだろうと想像する。そう言えば、本州の街道歩きの旅ではよく出会った松並木だが、沖縄では初めて見た気がした。

那覇市に近づくにつれ国道58号線の道幅が広くなったこともあるが、読谷村は明るい感じの開発された街という印象だ。読谷村を紹介する大きなモニターを見ている時に日が再び差してきた。今日の目的地の那覇まで先は長い。普段は道路の左側を歩く私だが、ここからは建物の影になる側を歩く。私が長い旅の中で会得したテクニックのひとつである。

9　嘉手納

嘉手納　米軍嘉手納基地

2018.03.10 11:00
奥から100kmの地点。
奥は辺戸岬付近。
後は米軍嘉手納基地。
だいぶ歩いて来た。
今帰仁や本部にも寄ったので150kmくらいは歩いたな。

2018.03.10 11:45 嘉手納基地横
確かにジェット戦闘機が通ると、少したってからすごい音がする。

嘉手納

嘉手納基地の横を歩いた。ジェット戦闘機が通過した後から響く轟音は、空気を切り裂くような音だった。

２０１８年３月10日

比謝橋を渡ると嘉手納町だ。にぎやかな通りを歩いて嘉手納町役場の横を通ると、米軍嘉手納基地の横に出た。基地内の建物の間に米軍機が見える。でも軍用機は灰色一色なので、いまいち描く気にならない。ここからは左側に嘉手納基地を見ながら歩いた。「奥まで１００㎞」の表示を見つける。「奥」は沖縄本島北端の辺戸岬付近だが、私は今帰仁村や本部町にも寄ったので１５０㎞くらい歩いてきたようだ。

日を遮るものが何もない中、昼食を食べるのに適当な場所を探しながら歩いて行くと、電波受信施設の太い柱があった。その点検用マンホールが柱の日陰なので、そこに座って昼食とした。ここまで来る間、飛行機はあまり見かけなかったと思いながらおにぎりを食べていた。この日は土曜日だから飛行機は飛んでいないのだろうと考えていたら、突然ジェット戦闘機が現れたので驚いた。その後、ジェット戦闘機は2分間隔くらいで次々と基地に着陸していった。ジェット戦闘機はあまりに速いからだろう。通り過ぎた後に轟音が聞こえてくる。この轟音が頻繁に聞こえる中を生活するのは大変だと思う。私は埼玉県に在住で、子供の頃、家の近くに米軍「ジョンソン基地」があった。今は航空自衛隊「入間基地」になっている。そのため飛行機の音には慣れているつもりだが、このジェット戦闘機から発する騒音は、空気を切り裂くような鋭い感じの音で、今まで体験したことがないものだった。

10 北谷

北谷　米軍嘉手納基地横の雑草

2018、03、10　12:35　北谷
国道58号線沿いの沼でシギを見つける。
ハマシギ

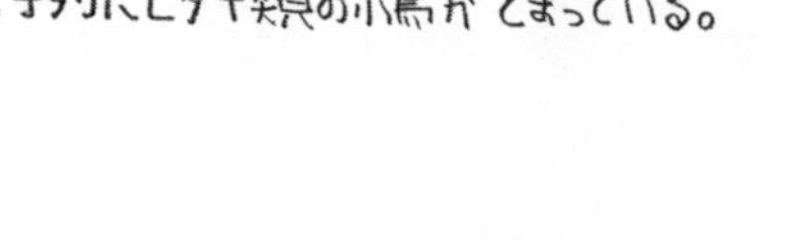
家に戻ってから調べよう。
2018、03、10　13:10　北谷交差点を渡る。手すりにヒタキ類の小鳥がとまっている。

北谷

２０１８年３月１０日

北谷町に入っても嘉手納基地は続いていた。基地の横に咲く、野の花に励まされて歩いた。嘉手納基地は大きかった。

嘉手納町を越えて北谷町に入る。北谷は「ちゃたん」と読む。沖縄らしい感じの呼名に私もなんとなく慣れてきた。左側には米軍嘉手納基地が続いている。やはり大きな基地なのだ。フェンスと道路の間は草地になっていて、所々に春の花が咲いている。赤色や黄色の花を見ながら歩き続けた。国道58号線の横に沼があり、そこでシギが1羽動き廻っている。双眼鏡で確認するとハマシギのようだ。歩道の手摺にはヒタキ類と思われる目がクリクリした可愛らしい鳥が留まっている。エゾビタキだと思われる。私が近づいても逃げない。沖縄の鳥はあまり人を恐れないようだ。双眼鏡を出さなくても目視で観察できた。下手に動くと逃げてしまう。私は楽しい気分で鳥と「お見合い」と思っていたが、鳥の方は邪魔者を見て「睨み合い」と思ったことだろう。案外、沖縄の鳥は人になれていると言うより、気が強いのかも知れない。頑張って自分のなわばりを主張していたような気もする。

北谷町を通過すると次は宜野湾市だ。ここには移転問題を抱える米軍普天間飛行場がある。どのような基地か、周囲の状況を知りたいと以前から思っていた。地図を確認すると、左側の坂道を上がれば行けそうだ。しかし、時計を見ると往復に要する時間が取れない。せっかくの機会なのに残念だが、先を急がざるを得なかった。

牧港川を渡ると浦添市だ。国道から離れて左側の県道に入る。ここは那覇市に隣接しているので、住宅が多くなってきた。伊祖公園の横を通り過ぎて、パイプライン通りを歩いて那覇市へと向かって行った。

11 那覇（1）

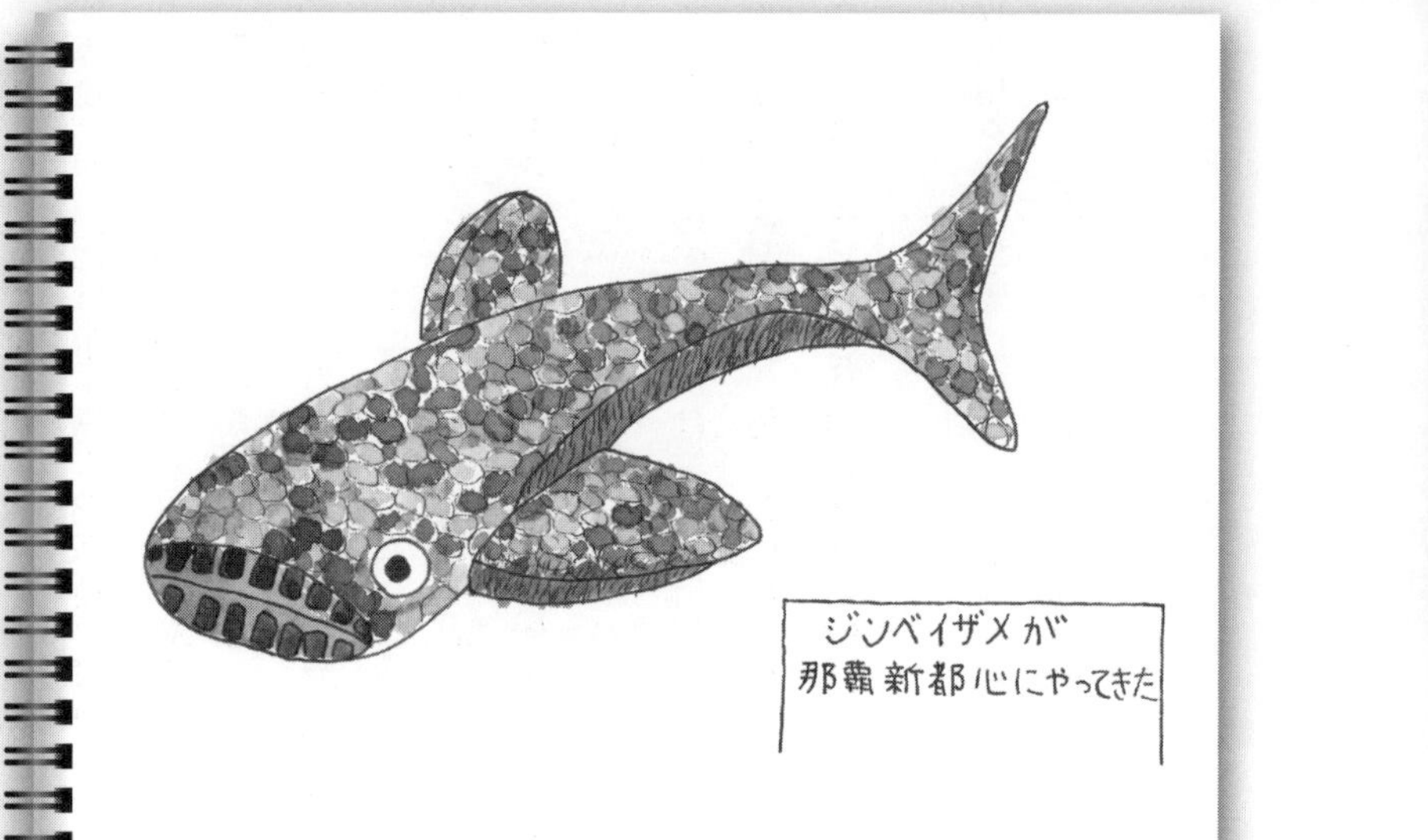

ジンベイザメが
那覇新都心にやってきた

那覇　沖縄県立美術館前　花のジンベイザメ

2018.03.10 16:10
沖縄県立美術館
涼しい
風が通
り抜けて
心地
よい。

那覇（一）

2018年3月10日〜11日

那覇に到着。「沖縄県立美術館」では、花で出来たジンベイザメが私を出迎えてくれた。赤、ピンク、緑色をした実物大で、実に華やかだ。私は「沖縄美ら海水族館」で見た光景を思い出しながら、那覇まで歩いてきたことに満足して眺めていた。

浦添市を過ぎて那覇市に入ると、直ぐに沖縄県立美術館があった。到着したのは16時。この日は暑い中、長い距離を歩いて疲れていたので、美術館の裏庭の芝生で休憩する。そこに金属で出来たジンベイザメをイメージしたと思われる大きな作品があった。コバンザメもいる。それを眺めながら、沖縄美ら海水族館で見たジンベイザメを思い出して休んだ。美術館にも入りたいが、もう宿へ急がなくてはいけない時間だ。そして美術館の正面に来ると、こちらには花で出来たジンベイザメがあった。長さは５ｍくらいあるので実物大らしい。赤とピンクの花が咲き誇っている。花が咲いていない時期は葉の緑色が主体なのだろうが、丁度花が咲く時期に見られたのは嬉しい限りだ。実にカラフルで面白い。クジラ版も造ってほしいものだ。しかしそれでは10ｍくらいになり、道路まではみ出てしまうので、ちょっと無理かも知れない。辺戸岬で観たクジラがいまだに頭を離れない。

美術館を後に国際通りを歩いて行く。この通りは沖縄を代表する観光地なので、さすがに人が大勢いる。外国人の方が日本人より明らかに多い。「国際通り」の名前にふさわしい状況だ。先を急ぎたいが人が多くて思うように前へ進めない。沖縄県庁の横を通り宿泊するホテルに着いたのは17時半。この日は約37㎞歩いたので遅い到着となった。

翌日は5時に起床。この日は3月11日なので、テレビのニュースでは東日本大震災から7年が経過したことを伝えている。7年前のこの日、私は下水道施設の設計、計画をする職場にいて、工事検査のために長野県に出張していた。検査を終えてから、善光寺付近を歩いている時に、東北地方に大きな地震が起きたことを知った。新幹線はストップしたので、その日は長野市内のホテルで一泊した。その夜のことだ。長野県北部の栄村で大きな地震があった。私も宿泊したホテルで大きな揺れに襲われて不安な夜を過ごした。翌朝、JR長野駅で新聞を買ったが、第一面は東北地方の大地震ではなく栄村の地震報道だった。東日本大震災に隠れがちだが、栄村の地震も忘れてはいけない。その後、何とか長野駅からバスで東京に戻ることが出来た。その日を境に職場では、地震で被害を受けた下水処理施設の復旧工事の設計及び発注業務で、忙しい日々を送ることになった。あれから7年後の今日、この様な旅をすることが出来る幸せを感じていた。

今日は「沖縄本島縦断徒歩の旅」の最終日である。7時にホテルを出発。沖縄本島最南端の喜屋武岬を目

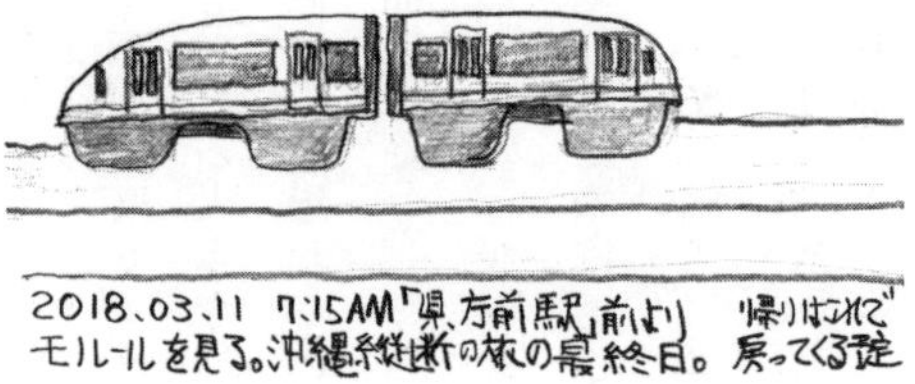
2018、03、11 7:15AM「県庁前駅」前より 帰りはこれで
モノレールを見る。沖縄縦断の旅の最終日。 戻ってくる予定

2018、03、11
7:55AM
明治橋を渡る。
横には那覇港。
ヒタキが出向えてくれた。
今日は沖縄縦断
歩きの最終日。
天気は晴れ。

2018、03、11 8:15AM
那覇港
海上保安庁の巡視船
のようだ。
くだか
PL.03
JAPAN COAST GUARD

差す。天気は快晴。モノレールに沿って歩いて行くと明治橋に到着。明治16年（1883年）に初代の橋が架けられて、現在の橋は4代目である。龍のような飾りの横にエゾビタキと思われる鳥が留まっている。肉眼でもよく観察できるくらいの近さだ。昨日、北谷で見たのと同じ種類の鳥である。あの時は直ぐ近くで観察が出来たので、「お見合い」でもしているように思ったものだ。あのエゾビタキが「沖縄本島縦断徒歩の旅」の最終日に、私を激励するために駆けつけてくれたのだろうか。そんなことはないだろうが、今日の旅の出発を見送ってくれた唯一の仲間だった。この明治橋の右側は那覇港で、海上保安庁の巡視船が停泊している。そして橋の南端が国道58号線の終点だ。沖縄本島北端の辺戸岬から那覇まで歩いた国道58号線だが、ここでお別れだ。ここからは国道331号線の旅が始まった。

12 豊見城

豊見城　与根高架橋

豊見城

東シナ海に面した与根高架橋を歩いていると、上空に次々と航空機が現れた。まるで自分が近未来にワープした感じがした。

２０１８年3月11日

2018.03.11 9:15
331号線、那覇空港の
横を歩いている。

国道331号線を歩いて行く。地図で確認すると右側は海上自衛隊那覇航空基地、航空自衛隊那覇基地とある。先程、那覇港で海上保安庁の巡視船を見たこともあり、沖縄は防衛、監視のための施設が多いことが分かる。そして那覇空港が見えてきた。着陸態勢に入った航空機が次々と現れる。いろいろな絵柄の機体があり、見ていておもしろい。空港を通り過ぎ、瀬長島へ続く道路を横断して豊見城市に入った。「豊見城市」の読み方だが、私は今まで「とみしろし」だと思っていたが、地図で確認すると「とみぐすくし」が正しいと知る。私が思い違いをしていた理由は、甲子園に「豊見城高校」が出場した時、テレビのアナウンサーが「とみしろ高校」と言っているのを聴いたからだ。今回の旅で寄った今帰仁城が「なきじんぐすく」であったように、沖縄では「城」は「ぐすく」と呼ぶと思っていた。しかし「首里城」は「しゅりじょう」と言っているので、あまりこだわる必要はないのかも知れない。豊見城市では、その呼び方が混在しているようだ。沖縄では「恩納村」、「読谷村」、「今帰仁村」、「北谷町」など、いい語感のする地名がたくさんあった。「豊《と》見城《みぐすく》」もそのひとつだ。昔から受け継がれてきた地名の呼び方は大切だ。それは伝統と文化の継承につながる事だと思う。話は少し違うが、市町村の合併などにより受け継がれてきた地名の消失は、日本の全国各地で共通する問題である。

東シナ海に面して架かる大きな橋を何度か通過する。その中でも一番大きな橋が与根高架橋だ。きれいな橋で、橋の上から見る周りの景色は素晴らしい。上空に次々と現れるカラフルな絵柄の航空機を見ていると、まるで自分が近未来にワープした感じがしてきた。歩道は広くて、この日は日曜日ということもあり、地元のランナー達が走り抜けて行く。晴れなので気温は既に高い。この炎天下のジョギングはあまり健康によくない気がしたが、元気なランナー達を見て考えを改めた。まだ3月である。このくらいの気温でひるんでいては沖縄では暮らしていけないのだ。

橋を渡り終えると「道の駅豊崎」があった。人が大勢集まっていて何かイベントをしているらしい。暑い中を歩いてきたのでマンゴージュースを飲みたかったが、トイレだけをお借りして早々に退散した。そして歩きながら考えた。一人旅が好きな私はこの様に人が多勢集まる状況は苦手だ。それでいて今回の旅のように、一人でいる時間が長いと、人が恋しくなることがある。その様な時に人から正しい道順などを教えていただいたり、親切を受けると、強い印象となり、いつまでも記憶として残る。「日本縦断徒歩の旅」をしている中、美しい景色はたくさん見て覚えているが、出会った人との会話や困っている時に受けた親切はそれ以上に印象に残っている。私は決して人が嫌いな訳ではなく、人と群れることが好きでないのだと思う。

13 糸満

糸満　喜屋武岬

糸満

２０１８年３月11日

喜屋武岬に着いた。そして「ひめゆり学徒散華の碑」や「ひめゆり平和祈念資料館」を見て、平和の大切さを改めて考えた。

2018.03.11
14:00
喜屋武岬灯台
ハブに注意
糸満市
喜屋武岬灯台

「道の駅豊崎」から少し行くと糸満市に入る。西崎運動公園、糸満海のふるさと公園を通り、糸満高架橋を渡ると糸満市役所に到着。時刻は11時半。この糸満市には今回の旅の最終目的地である喜屋武岬がある。真栄里南の交差点で国道３３１号線から離れて、右側の喜屋武岬へ続く道へと進む。ふと電柱を見上げるとカンムリワシが留まっている。最初に見たのは北部の国頭村だったので、沖縄本島全域に生息しており、地元では普通に見ることができる鳥のようだ。喜屋武小学校の横を通り喜屋武岬を目差すが、その途中にある具志川城跡に寄った。今帰仁城跡ほど規模は大きくないが、似たような感じで小ぶりの石が積まれて城壁を構成している。ここから望む海の景色がすばらしいので日陰で昼食とした。今日も暑いが、通り抜ける風は心地よい。

喜屋武岬は具志川城跡から歩いて15分程の所にあった。13時10分に「沖縄本島縦断徒歩の旅」の最終目的地に到着した。ここから見る海は右側が東シナ海、左側は太平洋だ。その分岐点に私は立っている。風はほとんど吹いていない。最北端の辺戸岬では、強烈な風に見舞われたのが今では懐かしい思い出だ。近くの喜屋武岬灯台を見に行くと「ハブに注意」との注意板が立っている。沖縄に来てからハブは一度も目撃していないが、何となく怖い。

この広場には「平和の塔」が建立されている。このあたりは先の戦争の激戦地だった。南部に戦線が移る

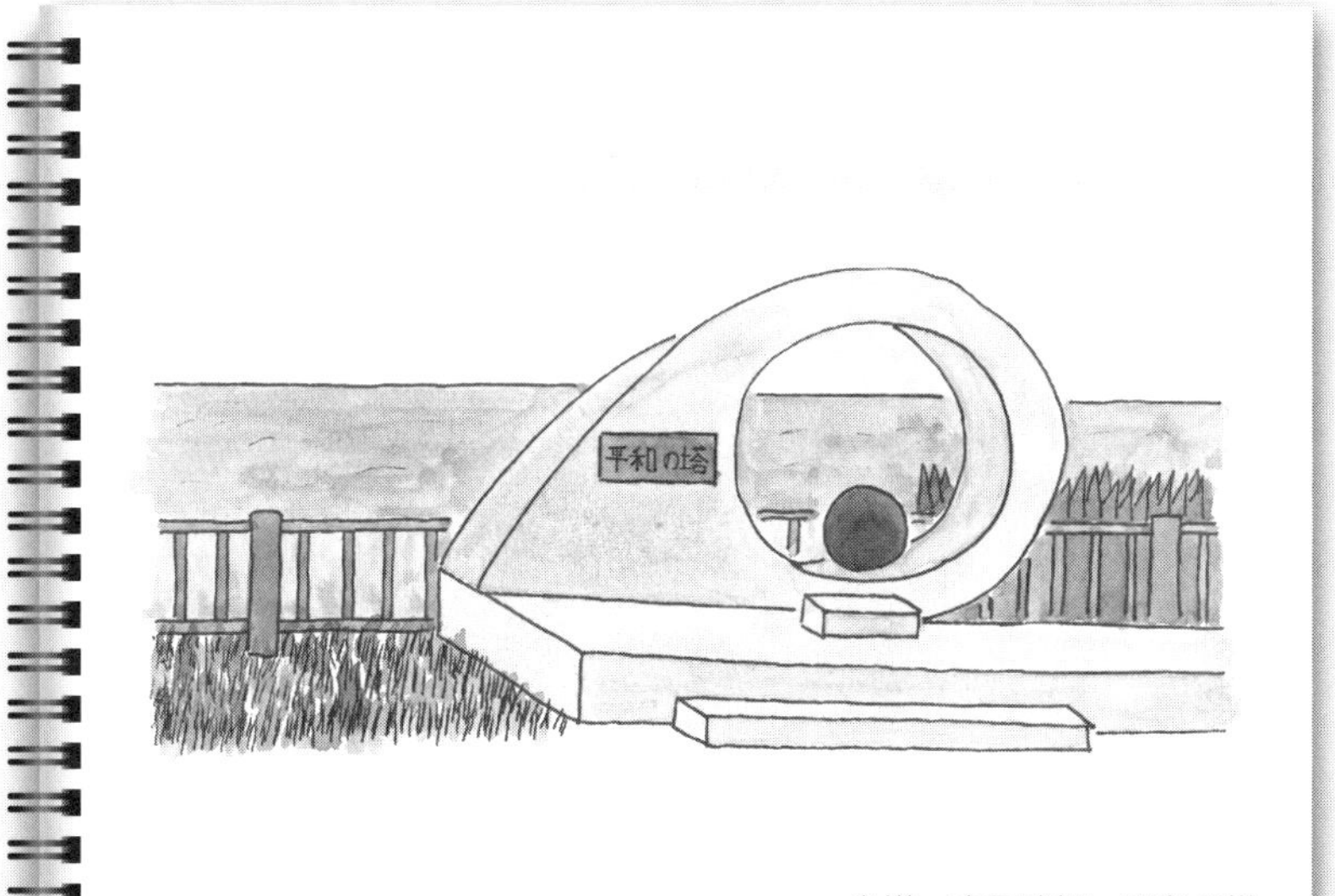

糸満　喜屋武岬　平和の塔

中、次第に米軍に追い詰められた住民や日本軍が自決した所である。今、私の前にはエメラルドグリーンの海がおだやかに広がっているが、戦時中は沖に米軍の艦船がたくさん停泊していたことだろう。そして私が今日ここまで歩いてきた道からも、米軍が押し寄せてきたのだろう。私がしている「日本縦断徒歩の旅」は、平和な時代だからこそ出来ることだ。戦争が終わって約10年後に生まれた私だが、本当に今までよい時代に、平和な地で生きてきたことに感謝した。

喜屋武岬を後に「ひめゆりの塔」まで歩くことする。約５㎞あるが暑い中を歩き出した。太平洋側沿いの舗装されていない道を進む。車両が通らないので、一人のんびりと道の真ん中を歩ける。しばらく行くと「ひめゆり学徒散華の碑」の案内矢印板を見かけた。その案内にしたがって荒崎海岸へと下りて行った。木々に覆われた道を通るの

糸満　荒崎海岸

で、喜屋武岬灯台で見かけた「ハブに注意」の看板が頭をよぎる。そして荒崎海岸に着いた時、目の前に広がる太平洋はきれいだった。だが「ひめゆり学徒散華の碑」がどこにあるのかわからない。最初に海に向かって右側を探したが見当たらないので、引き返して反対側を見ると岩の向こうに細い道が続いている。歩いて行くとそこに碑はあった。近くには赤い花が一輪咲いている。本物の花か造花かは分からない。また、私も確かめる気にならない。ただ碑に向かい手を合わせた。しばらく沖を眺めていると、今朝、那覇の明治橋を渡った時、那覇港に停泊していた海上保安庁の巡視船が航行していた。紛争のない平和がいつまでも続くように願った。私が立っている荒崎海岸は喜屋武岬より南にあるので、ここを今回の旅の終着地とすることにした。

ひめゆりの塔に向けて歩き出す。１㎞程歩くと舗装された道に出た。そこではサーファーやダイバーの姿をした人達が海岸側から出てきた。私も含めて皆が平和な時代を楽しんでいる。さらに歩いて行くと「ひめゆり平和祈念資料館」に着いた。そこでは生き残った学徒の証言映像が映されていた。先程まで私が立っていた荒崎海岸をバックにして証言をされている方もいた。あまりに悲惨な体験だが、戦争とはこのようなものなのだろう。パンフレットには「私たちに何の疑念も抱かせず、むしろ積極的に戦場に向かわせたあの時代の教育の恐ろしさを忘れていません。」と記載されている。考えさせられる言葉だ。一人一人が周りに流されるのではなく、自分の頭で考えて判断をし、行動しなくてはならない。しかし、その判断をするのに必要なのは何なのだろう。資料館を出た後、戦争は絶対悪であると思いながら、糸満バスターミナル行きのバスを待っていた。

14 那覇（2）

那覇　玉陵　3つの獅子石像

2018
03.12
9:30AM
観音堂
長老樹
幹と根と枝とがよくわからない。

中健児之塔より
2018.03.12 13:40
ガジュマルとゲットウ
ガジュマルは枝が複雑だ。

那覇（2）

玉陵で見た3つの石像はユニークだった。私のお気に入りは、真ん中で胸をそらしている石像だ。玉陵の主役である。

2018年3月12日

「沖縄本島縦断徒歩の旅」は昨日3月11日で終わったが、せっかく沖縄に来たので1日だけ那覇を観光することにした。もちろん歩いての観光だ。最初に首里城に向かった。その途中に観音堂がある。長老樹というガジュマルの木の横で休憩したが、根と幹と枝が一体となったような姿で神秘的な感じがする。この木には「キジムナー」という精霊が住むと言われている。また大宜見村では「ふながや」という平和と自然を愛する不思議な生き物を紹介していた。沖縄には自然と共生して暮らすことを大切にする文化が根付いているのだろう。

首里城は先の沖縄戦で破壊されたが、１９９２年に復元された。外国人の観光客が多い。高台にあるので周りの景色はすこぶるよい。奉神門を通って中に入ると、朱に彩色された正殿が目立つ。正面の妻壁は彫刻などで装飾されて華やかだ。パンフレットによると、これは「唐破風妻飾」と言い、中央に火焔宝珠と大蟇股、両脇には金龍と瑞雲の彫刻が施されているとのこと（蟇股とは梁や桁の横木に設置し、荷重を分散して支えるために、下側が広くなっている部材。その形が蛙の股のように見えることから呼ばれるようになった）。龍の形をした柱がある。龍は国王の象徴で阿形と吽形があることを知る。そして南殿、番所、書院、北殿など、琉球王国の建築を見ることが出来たのは嬉しい限りだ。正殿に塗られた建物内外の朱色は、強烈な印象を私に残した。

首里城の隣にある玉陵《たまうどぅん》に寄った。こちらは観光客が少ないので落ち着いて観ることができた。パンフレットによると、ここは１５０１年に尚真王が、父の尚円王の遺骨を改葬するために築かれた陵墓とのこと。墓室は３つに分かれ、墓室の横には石垣がありその頂上に３つの獅子の石像がある。双眼鏡で観ると石像の表情がおもしろい。左側の像は舌を出して子供の獅子を抱いており、右側の像は綱を咬みしめて、足元に鞠を置いている。私のお気に入りは中央の像だ。胸をそらした堂々とした姿で、玉陵の主役に見えた。

玉陵を後にして、金城の石畳を見に行った。その途中に「一中健児の碑」がある。沖縄戦当時の県立第一中学校卒業生達の碑だ。隣に資料館があるので入館した。その際に、「誰か知り合いの人をお捜しですか」と声をかけられた。戦争が終わってから約10年後に生まれた私だが、沖縄では私の年代くらいの人でも、戦争で親族や知人を亡くした人はたくさんいるのだろう。

金城の石畳は急な坂道に石が敷き詰められていた。その石垣にはあちこちに「石敢當」という文字がはめ込まれている。これは邪気のある風は真っ直ぐにしか通れないという言い伝えから、T字路やY字路で風がぶつかる場所を、「石敢當」の文字で守るという中国由来の風習からきている。この沖縄ではこの文字をよく見かけた。石畳の坂道を登って行くと休憩所があった。その縁側に腰をかけていると、目の前の赤と黄色の花をつけた木を見ながら、沖縄で出会った色々なことが思い出されてきた。辺戸岬で突然現れたクジラ。強烈な風を受けながら歩いた国道58号線。フクギ並木を通り抜ける心地よい風と水牛が運ぶ荷車。エメラルドグリーンの海と砂浜。「田中一村」の世界を想わせる亜熱帯風の木からぶら下がった大きな実。「またんめんそーれ」と書かれたヤンバルクイナの看板。その言葉につられて、何時の日かまた来る

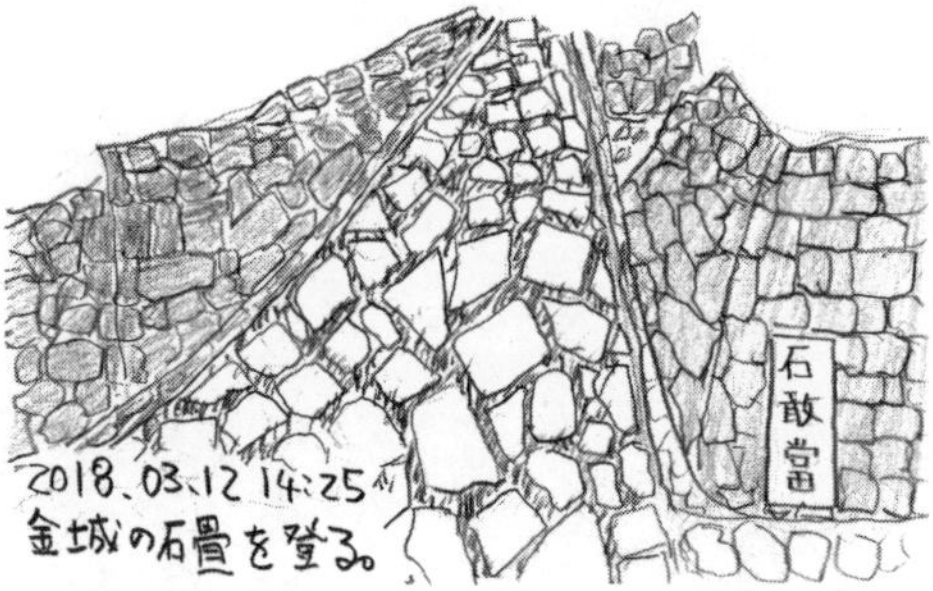
石敢當
2018.03.12 14:25
金城の石畳を登る。

那覇　金城の石畳休憩所

ことがあるだろう。楽しい9日間の旅だった。

ホテルには16時に到着。夕食とオリオンビールを購入してから部屋に入る。風呂に入った後にビールを飲みながら沖縄の印象を振り返った。3つ挙げると何だろうと自分に問いかける。「シーサー」と「道端の街路樹等の植物」、そして「立派なお墓」だなと思いつくままに列挙している内に眠たくなってきた。翌朝目が覚めると、テーブルの上には

2018.03.12
19:00
ホテルリブマックス那覇の部屋にて。オリオンビールを飲む。沖縄と言えばオリオンビール、だが、これが、うまいのだ。関東でも販売して欲しい。
Orion
DRAFT BEE

2018.03.13 5:00AM
今日は帰る日だ。初めて沖縄に来たが楽しかった。街路樹や道端の植物が南の島を歩いていることを実感した。家々のシーサーとエメラルドグリーンの海とりっぱな造りの墓も印象に残る。そしてオリオンビールも。
ORION'S ORIGINAL BEER
Orion
DRAFT BEER

昨日飲んだビールの空き缶がある。４つ目を挙げるとすれば「オリオンビール」だなと思いながらまどろんでいた。それにしてもこのビールは旨かった。さて朝風呂に入ってシャキッとしようか。

【約一年半後】２０１９年10月31日

この日、首里城で火災が発生し、建物群はほぼ全焼したとのニュースが報道された。正殿から火が上がり、その後北殿、南殿に燃え移ったという。沖縄の人達は皆悲しんでいると報じているが、私にとっても衝撃的な出来事だ。沖縄を象徴する建物であり、一刻も早い復旧を願っています。

15 旅を終えて（沖縄）

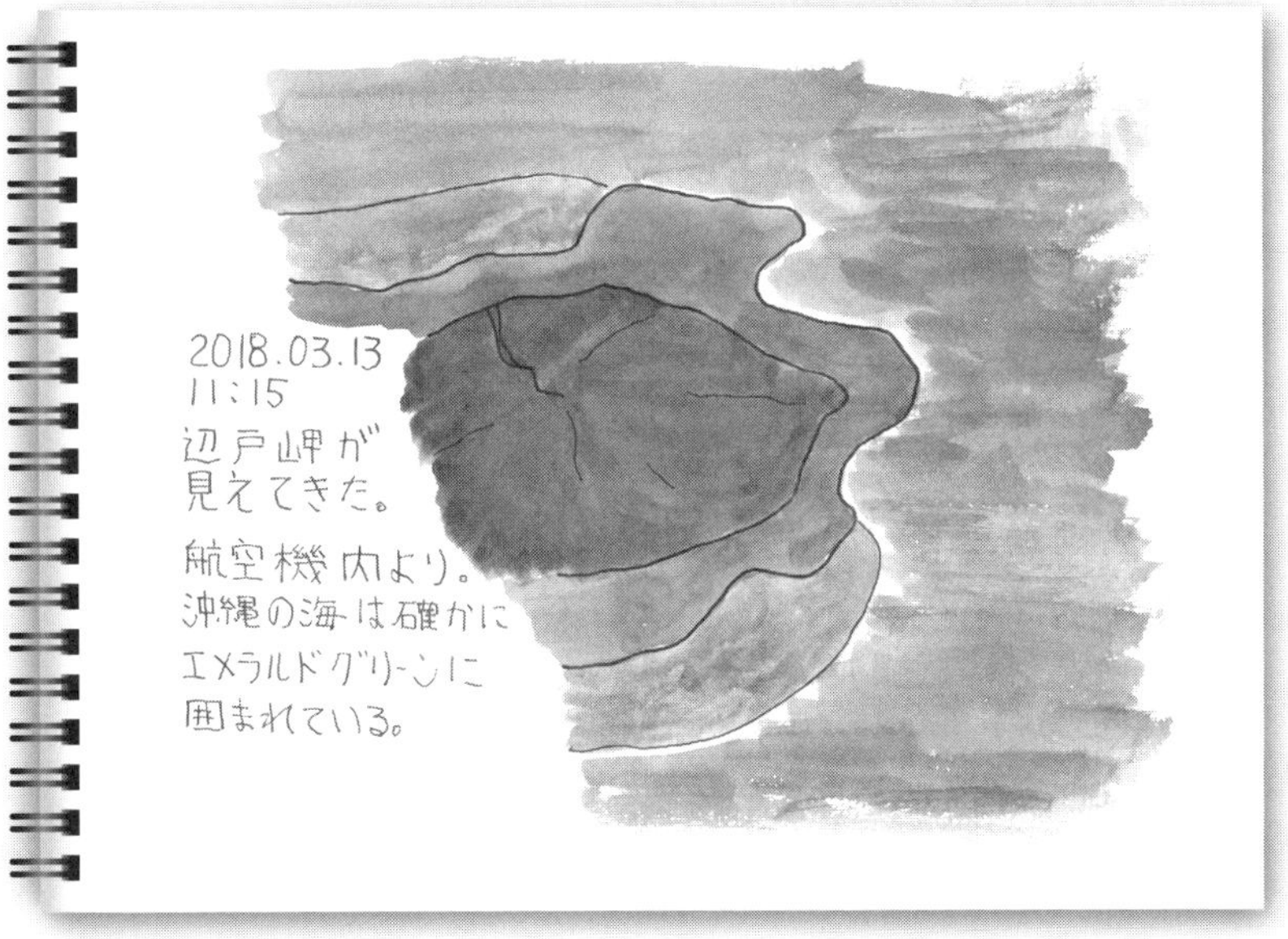
2018.03.13
11:15
辺戸岬が
見えてきた。
航空機内より。
沖縄の海は確かに
エメラルドグリーンに
囲まれている。

2018.03.13 8:45 晴れ。
那覇空港
沖縄縦断歩きの旅
を終えて羽田に戻る
航空機を待っている。
航空機は右旋回をして降りてくる。

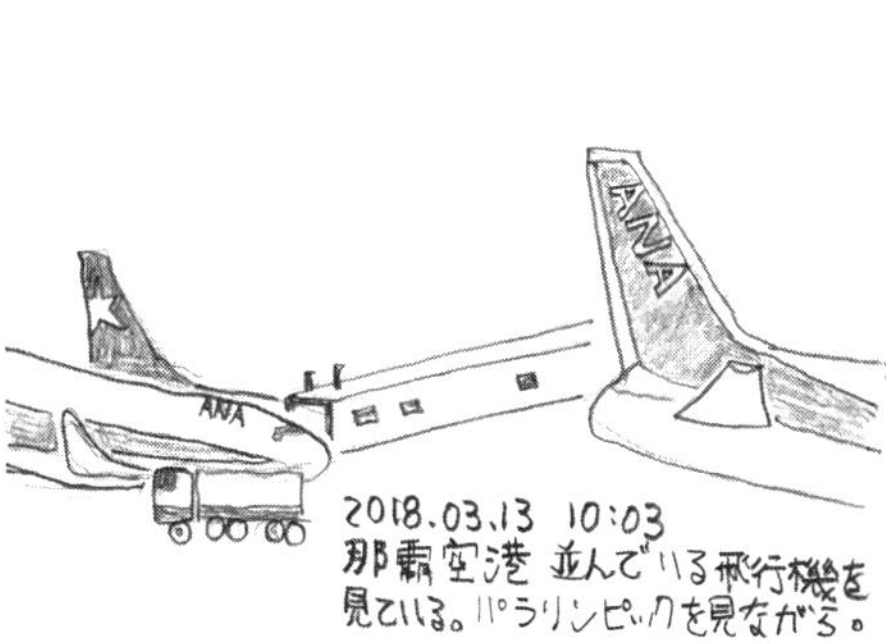
ANA
ANA
2018.03.13 10:03
那覇空港 並んでいる飛行機を
見ている。パラリンピックを見ながら。

旅を終えて（沖縄）

2018年3月13日

上空から見た沖縄はエメラルドグリーン色に囲まれ、その外側に青い海が広がっていた。正に海と陸とのグラデーションだ。

2018.03.13 12:30
機内から富士山が見える。
左は南アルプスだろうか。
ぼんやりした景色の中、富士山だけが白く光っている。

沖縄の道中記を終えるのが名残惜しく、もう少し引っ張りたくなり「旅を終えて」と題して記載する。

那覇空港では「海ぶどう」を旅の土産に買いたくなった。本部に泊まった時の夕食を思い出していた。あの時は旅の途中なので、酒を飲み過ぎるといけなと思い、「海ぶどう」の注文を自重した。そして今回の旅は終わった。今夜は自宅で、「海ぶどう」の食感を味わいながらビールを飲み、次の旅の構想を練ることにしよう。

私が乗る航空機の搭乗が始まった。窓側の席なので海に浮かぶ島々の景色が見られそうだ。離陸すると直ぐに辺戸岬が見えてきた。クジラが潮を吹き上げた瞬間を思い出す。そして沖縄の海は上空から見ると、確かにエメラルドグリーン色だ。一般に航空機から海岸線を眺めると、陸地沿いに白い波が見え、その外側が青い海だ。しかし沖縄ではエメラルドグリーン色の海が島を囲み、その外側に青い海が広がっている。陸地の深緑と青い海との間にエメラルドグリーンが入ることで、海と陸が一体となったグラデーションとなる。陸からもこの状況を見てきたが、改めて上空から見た眼下の光景は感動的な美しさだった。この時が雲のない晴れの天気でよかった。「またんめそーれ」の声につられて、再び訪れる機会があるだろう。

旅回数	年月日	歩程	宿泊場所	備考
2	11.16	（湯之元温泉）→伊集院宿→鹿児島宿	鹿児島	ホテルリブマックス鹿児島
	11.17	鹿児島宿→（錦江湾）→（霧島）	霧島	アパホテル鹿児島国分
	11.18	（霧島）	帰宅	バスで国分駅から鹿児島空港へ移動
3	2018.04.10	（霧島）→（鹿児島市内見学）→（霧島）	霧島	バスで鹿児島空港から鹿児島中央駅へ移動 電車で鹿児島中央駅から国分駅へ移動 アパホテル鹿児島国分
	04.11	（霧島）→（垂水）→（桜島）	桜島	有村温泉さくらじまホテル
	04.12	（桜島）→（垂水）	垂水	古民家の宿たるみず
	04.13	（垂水）→（鹿屋）→（錦江）→（南大隅）	南大隅	ねじめ温泉ネッピー館
	04.14	（南大隅）→（佐多岬）	佐多岬	ホテル佐多岬
	04.15	（佐多岬）	佐多岬	ホテル佐多岬
	04.16	（佐多岬）→（霧島神宮）→（霧島）	霧島	バスで佐多岬から霧島神宮まで移動 バスで霧島神宮から国分駅へ移動 アパホテル鹿児島国分
	04.17	（霧島）	帰宅	バスで国分駅から鹿児島空港へ移動

※1. 長崎街道、薩摩街道の宿場があった街は「○○宿」と記載
※2. （　　　）は宿場以外の場所で本文に取り上げた項目
※3. ［　　　］は駅、バス停等の交通機関

九州縦断徒歩の旅概略一覧

旅回数	年月日	歩程	宿泊場所	備考
1	2017.10.03	小倉	小倉	小倉リーセントホテル
	10.04	小倉→（八幡）→黒崎宿	黒崎	アルクイン黒崎PLUSホテル
	10.05	黒崎宿→木屋瀬宿→飯塚宿	飯塚	ビジネスホテルセンチュリー
	10.06	飯塚宿→内野宿→（冷水峠）→山家宿→原田宿	鳥栖	電車で原田駅から鳥栖駅へ移動 サンホテル鳥栖
	10.07	原田宿→田代宿→轟木宿→中原宿→（吉野ヶ里遺跡）	吉野ヶ里	電車で鳥栖駅から原田駅へ移動 ホテルAZ佐賀吉野ヶ里店
	10.08	（吉野ヶ里遺跡）→神埼宿→境原宿→佐賀宿	佐賀	旅館あけぼの
	10.09	佐賀宿→牛津宿→小田宿→北方宿	武雄温泉	電車で北方駅から武雄温泉駅へ移動 国際観光旅館なかます
	10.10	北方宿→塚崎宿→嬉野宿	嬉野温泉	電車で武雄温泉駅から北方駅へ移動 旅館一休荘
	10.11	嬉野宿→（俵坂峠）→彼杵宿→松原宿→大村宿	大村	チサンイン大村長崎空港
	10.12	大村宿→永昌宿→［肥前古賀駅］	長崎	電車で肥前古賀駅から長崎駅へ移動 ホテルウイングポート長崎
	10.13	［肥前古賀駅］→矢上宿→日見宿→長崎→（茂木）	長崎	電車で長崎駅から肥前古賀駅へ移動 バスで茂木港から長崎へ移動 ホテルウイングポート長崎
	10.14	長崎	帰宅	バスで長崎駅から長崎空港へ移動
2	2017.11.08	長崎→（茂木）	茂木	長崎駅からバスで茂木港まで移動 長崎ハウスぶらぶら
	11.09	（茂木）→（富岡）	天草 富岡	茂木港からフェリーで富岡港へ移動 あまくさ温泉ホテル四季咲館
	11.10	（富岡）→（苓北）→（サンセットライン）→（大江）	天草 大江	平野屋旅館
	11.11	（大江）→（小高浜）→（﨑津）→（牛深）	天草 牛深	民宿とみかわ
	11.12	（牛深）→（長島）	長島	牛深港からフェリーで蔵之元港へ移動 民宿夕暮荘
	11.13	（長島）→出水宿→阿久根宿	阿久根	民宿あくね
	11.14	阿久根宿→（肥薩おれんじ鉄道）→向田宿	薩摩川内	川内ホテル
	2017.11.15	向田宿→串木野宿→市来宿→（湯之元温泉）	湯之元温泉	湯之元温泉　旅館江楽園

沖縄本島縦断徒歩の旅概略一覧

旅回数	年月日	歩程	宿泊場所	備考
1	2018.03.04	那覇空港→国頭（辺土名）	国頭（辺土名）	バスで那覇空港から名護を経由して辺土名へ移動 民宿ヤンバルクイナ荘
	03.05	国頭（辺土名）→辺戸岬	国頭（辺土名）	バスで辺戸岬から辺土名に移動 民宿ヤンバルクイナ荘
	03.06	国頭（辺土名）→大宜見→名護→今帰仁	今帰仁	民宿まるや
	03.07	今帰仁→本部	本部	民宿岬
	03.08	本部→名護	名護	ホテルルートイン名護
	03.09	名護→恩納	恩納	民宿山内荘
	03.10	恩納→読谷→嘉手納→北谷→那覇	那覇	ホテルリブマックス那覇
	03.11	那覇→豊見城→糸満→喜屋武岬→荒崎海岸→ひめゆりの塔	那覇	バスで「ひめゆりの塔前」から那覇へ移動 ホテルリブマックス那覇
	03.12	那覇市内見学 首里城→玉陵→金城の石畳	那覇	ホテルリブマックス那覇
	03.13	那覇→那覇空港	帰宅	モノレールで那覇から空港へ移動

おわりに

「九州・沖縄縦断 徒歩の旅」は4回に分けて行いました。最後にまとめた「徒歩の旅概要一覧」を見ると、合計で37泊41日の旅でした。その中で、鮮明に覚えていることのひとつに、激しい風雨の中で長崎街道を内野宿に向かって歩いている時、歩道が池のような状態になっている場所を、足首まで水に浸かりながら歩いたことがありました。それは正に風雨との闘いでした。内野宿に着いてからは、少しでも記録を残そうと、懸命に傘で手帳に雨がかからないようにしながら、濡れた紙にシャープペンシルの芯がほとんどのらないのに、立ち止まって描きました。そして、宿に着いてから、手帳を乾かして、記憶が薄れないうちにスケッチを完成させました。旅を終えてから振り返ると、きれいな風景を見た等の楽しい思い出より、苦労したことの方がよく覚えているものです。しかし、最近の日本に来襲する台風を見ていると、各地に河川の氾濫や土砂崩れ等の大きな被害をもたらしています。そのような事態に遭遇した場合、とても屋外を歩くことなど出来ません。第一、通行規制がかかり、車も人も通してもらえません。そう考えると、私が無事に九州・沖縄本島を歩き通すことが出来たのは、ただ単に運がよかったからだと思います。

日本橋から中山道、西国街道、山陽道、長崎街道、薩摩街道、天草、佐多街道、そして沖縄本島を長い時間をかけて歩きましたが、私なりに歩く旅の本質が分かってきました。旅をしている時でも、ゆったりとした気持ちにならないと気付かないことが多々あります。それは道端に咲いている野草の美しさや、地域に溶け込んだ家並み、何気なく電線に留まっている鳥の可愛らしさ、空を流れる雲が変化する様子などです。これらは、車での旅では決して気付かない、歩く旅人だけが得られる特権です。私は登山を趣味としていますので、山の景色や自然を見て、その美しさに感動することは何回も経験してきました。しかし登山のような非日常的な過ごし方でなく、日々の暮らしの中にも素晴らしいことは潜んでいます。それらを見つける感覚が歩く旅を通して身に付き、今後の人生の中で、退屈しない生き方のコツをつかんだ気がしています。

最後に沖縄の首里城について触れます。私が訪れてから約1年半後の2019年10月に火災で本殿をはじめとする建物が焼失しました。沖縄の歴史と文化が凝縮したような建物群でした。朱色で建物の外側だけでなく、内部も塗られた本殿の空間は、私に強烈な印象を残しました。沖縄県は建物の復元を目差すようです。大変な作業になりますが、一日も早い復旧をお待ちしております。

著者プロフィール

長坂 清臣（ながさか きよおみ）

1956年（昭和31）北海道歌志内市出身。現在は埼玉県に在住。
建築の設備設計、現場監理の業務に携わる。趣味として登山をしていたが、東海道を歩いたことをきっかけに街道歩きに興味を持つ。その延長として日本縦断歩きをして2019年に達成。

資格
　設備設計一級建築士　技術士（衛生工学部門）
著書
　『中山道六十九次 徒歩の旅絵日記』（2018年　文芸社）
　『西国街道・山陽道 徒歩の旅絵日記』（2020年　文芸社）

九州・沖縄縦断 徒歩の旅絵日記

2021年３月15日　初版第１刷発行

著　者　長坂 清臣
発行者　瓜谷 綱延
発行所　株式会社文芸社
　〒160-0022　東京都新宿区新宿1－10－1
　電話　03-5369-3060（代表）
　　　　03-5369-2299（販売）

印刷所　株式会社フクイン

ISBN978-4-286-22422-0